KB116829

THE 10 NATURAL LAWS
OF SUCCESSFUL TIME AND
LIFE MANAGEMENT 성공하는 시간관리와 인생관리를 위한
10가지 자연법칙

THE 10 NATURAL LAWS
OF SUCCESSFUL TIME AND LIFE MANAGEMENT
Proven Strategies for Increased Productivity and Inner Peace
BY HYRUM W.SMITH

THE **10** NATURAL LAWS
OF SUCCESSFUL TIME AND
LIFE MANAGEMENT 성공하는 시간관리와 인생관리를 위한
10가지 자연법칙

하이럼 스미스 지음
김경섭 • 이경재 옮김

김영사

김경섭

미국 펜실베이니아 대학교에서 건설 및 공해 분야로 박사 학위를 취득하였으며 와튼 경영대학원에서 인사관리와 리더십을 전공하였다. 한국에서 고쳐야 할 만성적인 문제점들을 해결할수 있는 대안이 '7가지 습관'에 있다고 보고 『성공하는 사람들의 7가지 습관』을 국내에 번역, 소개하여 수많은 독자들의 내면에 일대 혁명을 일으켰다. 코비 리더십센터 한국 대표로서 한국리더십 센터를 설립, 대표로 활동하고 있다.
역서로 『뉴 리더의 조건』, 『소중한 것을 먼저 하라』 『성공하는 가족들의 7가지 습관들』이 있다.

이경재

1958년 여주에서 태어나 서울사대부고와 고려대학교 법대를 나왔다. 스무살 이후 민주적이고 인간적인 사회 건설을 위해 다양한 사회운동에 참여하며 보다 민주적인 법, 정치, 제도를 마련하고자 노력했다.
최근에는 이러한 제도 못지 않게 제도를 만들고 유지하고 발전시켜 나가는 인간 개개인의 주체성이 우선이라고 보고 인간 내면의 의식혁명에 관심을 갖고 있다. 현재 한국리더십센터의 소장으로 시간관리 분야의 프로그램인 '소중한 것을 먼저 하라' '타임 퀘스트' 들을 강의하고 있다.

성공하는 시간관리와 인생관리를 위한
10가지 자연법칙

저자_ 하이럼 스미스
역자_ 김경섭·이경재

1판 1쇄 발행_ 1998. 10. 20.
1판 59쇄 발행_ 2024. 2. 25.

발행처_ 김영사
발행인_ 박강휘

등록번호_ 제406-2003-036호
등록일자_ 1979. 5. 17.

경기도 파주시 문발로 197(문발동) 우편번호 10881
마케팅부 031)955-3100, 편집부 031)955-3200, 팩스 031)955-3111

이 책의 한국어판 저작권은 Imprima를 통한 Warner Books, Inc.와의
독점저작권 계약에 의해 김영사에 있습니다.
한국 내에서 보호를 받는 저작물이므로 무단 전재와 복제를 금합니다.

값은 뒤표지에 있습니다.

ISBN 978-89-349-0361-1 03320

홈페이지_ www.gimmyoung.com   블로그_ blog.naver.com/gybook
인스타그램_ instagram.com/gimmyoung   이메일_ bestbook@gimmyoung.com

좋은 독자가 좋은 책을 만듭니다.
김영사는 독자 여러분의 의견에 항상 귀 기울이고 있습니다.

내 손가락으로 만든 그림자로
과거와 미래를 나눈다.
그 돌이킬 수 없는 선 뒤로는 사라진 시간,
이제 더 이상 그대의 것이 아니다.

그 선 앞으로는 미지의 시간이 놓여 있나니
어둠 속에 그리고 그대가 마음대로 할 수 없네.
그대의 손안에 있는 것은 딱 한 시간,
그 그림자가 서 있는 지금 현재.

웰슬리 대학교의 해시계 위에 새겨져 있는 시

시간관리의 최고봉, 행복을 향한 청사진

"우리의 가치관, 인간 관계, 그리고 목표는 하이럼 스미스가 이 책에서 설명하고 있는 자연 법칙을 이해하고 따름으로써 얻어지는 마음의 평화, 행복, 그리고 더욱 풍성한 자기 만족에 의해 이루어질 수 있다."
제리 애트킨스 스카이웨스트 항공사 사장 겸 대표이사

"누구든 시간을 내어 이 책을 읽는 사람이라면 이 책이 얼마나 유익하며, 또 시종일관 얼마나 재미있는지 알 수 있을 것이다. …MCI는 하이럼 스미스의 방법론을 적용하여 더욱 성공적인 회사가 되었다."
티모시 프라이스 MCI 통신 공사 사장

"시간관리에 관해서라면 내가 모르는 것이 없는 줄 알았는데, 이 책을 보고 착각이었음을 깨달았다. …이 책에 표현되어 있는 구체적인 방법, 실천 요령, 개념, 철학은 모두 아주 신선하고 실제적이며 유용하다.…정말 훌륭한 책이다."
존 펠로니 「허튼 가의 몰락」의 공동 저자

"10가지 자연법칙은 시간 관리의 최고봉이며, 행복을 향한 청사진이다.…이 책은 여러분의 인생을 바꾸어 줄 것이다."
마크 소렌슨, 비키 소렌슨 부부 전국 피트니스 협회

"하이럼 스미스는 우리가 개인적·사회적인 삶을 만족스럽고 생산적으로 꾸려나갈 수 있도록 실제적인 충고를 아끼지 않는다. 나는 이 책을 펼쳐 읽을 때마다 새로운 것을 배우게 된다."
앤소니 번즈 (주)라이더 시스템 사장 겸 대표이사

"이 책은 향상과 발전에 대한 확신을 심어준다. 10가지 자연법칙은 행동 하나하나에 자신의 개인적인 의무감을 싣는 것으로부터 출발하여 삶을 풍요롭게 하는 '통찰력'이라는 열매를 맺게 해준다."
브루스 크리스텐센 PBS(미국 공영방송) 사장 겸 대표이사

함께 이루어 왔고 이루어 갈 많은 일들

성공적인 교육이나 커뮤니케이션은 혼자만의 노력으로 이루어지지 않는다. 이 책 역시 이 점에서 예외가 아니다. 많은 사람들이 이 책의 내용을 만들었으며, 내 인생과 사고 방식에도 방향을 제시해 주었다. 그런 뜻에서 먼저 그들에게 진심으로 감사한다.

그 가운데서도 프랭클린 퀘스트 사의 공동 설립자인 리처드 윈우드(Richard I. Winwood)는 누구보다도 많은 공헌을 하였다. 우리는 오랜 기간 친하게 지내고 있고, 그는 이 세상에서 가장 가까운 친구이다. 그에 대한 나의 존경과 사랑은 이루 말로 표현하기 어렵다. 내 인생에서 그의 영향이 없었다면, 이 회사도, 이 책도 존재하지 못했을 것이다.

그리고 프랭클린 퀘스트 사의 또 다른 공동 설립자들, 린 로빈스(Lynn Robbins), 데니스 웨브(Dennis Webb), 보브 베넷(Bob Bennett), 그리고 그레그 풀러튼(Greg Fullerton)에게도 마음으로부터 감사를 보낸다. 그들도 내 인생에 수많은 도움을 주었고, 우리 회사를 위해 결정적인 공헌을 하였다.

프랭클린 퀘스트 사의 이사인 알렌 크라우치(Arlen B. Crouch), 제이 애트우드(Jay L. Atwood), 발 존 크리스텐센(Val John Christensen) 역시 큰 활약을 하고 있고, 우리들의 이름을 전세계 기업사에 올릴 정도로 큰 성공으로 이끄는 데 결정적으로 기여했다.

또 깊은 신앙심을 가진 사람으로 사람의 마음을 움직이는 커뮤니케이터인 마리온 행크스(Marion D. Hanks), 그는 오랜 세월 동안 내 인생에서 없어서는 안 될 사람으로 존재하고 있다. 내가 나의 생각, 내적인 확신, 그리고 그것들을 다른 사람에게 전달하는 능력을 가꾸는 데 있어 그는 진실한 스승이다. 그에게 진심 어린 사랑과 감사를 표한다.

진심 어린 감사라면 제리 펄시퍼(Jerry Pulsipher)에게도 아낌없이 보내야 한다. 제리는 이 책의 저술을 도와주었다. 그는 커트 행크스(Kurt Hanks)와 함께 리얼리티 모델, 그리고 프랭클린 세미나에서 가르치고 있는 많은 핵심 개념들을 완성하는 데 도움을 주었다. 동료이자 좋은 상담 상대가 되어준 제리에게 마음으로부터 감사를 보낸다.

특별히 아내 게일(Gail)과 아이들에게 감사한다. 가족들은 지난 25년 동안 나의 모든 힘과 사랑의 원천이 되어 주었다. 게일은 프랭클린 퀘스트 사가 초창기에 겪은 몇 번의 심각한 경제적인 어려움에도 흔들리지 않는 바위처럼 굳세게 잘 견뎌 주었다. 아내가 없었다면 그 어떤 것도 이룰 수 없었을 것이며, 그 어떤 것도 의미가 없을 것이라는 사실에 추호의 의심도 없다. 게일과 자랑스러운 여섯 아이에게 감사와 사랑을 보낸다.

이 책은 개인 발전의 원칙과 과정을 명확하게 밝히는 데 애쓰고 있는 수많은 사람들의 노력의 결정체이다. 내 자신의 생각과 영감도 모두 그 사람들의 영향을 받은 것이다. 나로서는 그들과 개인적으로 알게 된 것이 영광이 아닐 수 없으며, 책이나 이야기를 통해서 영향을 받은 사람들에게도 찬사를 보낸다. 거기에는 많은 사람들이 있고 본문에서도 거론하고 있지만, 특히 앨런 라킨(Alan Lakein), 알렉 매킨지(Alec R. MacKenzie), 찰스 홉스(Charles R. Hobbs), 제임스 뉴먼(James W. Newman)으로부터 도움을 받았다. 그들의 명쾌한 사고와 분석력 덕분에 내 작업은 순탄할 수밖에 없었다.

오랜 세월 나에게 이런 것들을 책으로 펴내도록 격려를 보내준 사람들이 많다. 그 가운데서도 켄 셸턴(Ken Shelton)의 도움을 적지 않을 수 없다. 켄은 처음으로 책의 전체적인 뼈대를 제안했고, 출판사를 찾는 데 도움을 주었으며, 펜을 놓을 때까지 많은 것을 챙겨주었다.

이 책의 원고가 완성되기까지 많은 사람들의 도움이 있었다. 로저 테리(Rogger Terry)는 이 책의 초고에 귀중한 도움을 주었고, 워너 북스의 편집장인 조안 데이비스(Joann Davis)는 끊임없이 격려를 보내 주었으며, 최종 원고가 분명하고도 깔끔하게 다듬어지도록 격려와 제안을 아끼지 않았다. 또 프랭클린 퀘스트 사에서 내 비서로 일하고 있는 캐롤 포스(Carol Force)는 모든 뒷마무리를 깔끔하게 처리해 주었다.

마지막으로, 프랭클린 퀘스트 사에서 일하는 많은 사람들에게 감사를 드린다. 그들 덕분에 오늘의 모든 것이 가능하였다. 우리의 사업이 이만큼 커진 것은 다 프랭클린 퀘스트 직원들의 덕분이다.

우리는 지금, 우리가 함께 이룩할 수 있는 것의 일부분만을 보고 있다고 생각한다. 다른 사람들의 삶에 변화를 가져다 줄 엄청난 일들이 아직도 많이 남아 있고, 우리는 이 사실을 잘 알고 있으며, 그것에 깊이 감사한다.

하이럼 스미스

차례
성공하는 시간관리와 인생관리를 위한 10가지 자연법칙

제1부 시간관리를 위한 5가지 법칙

왜 이 책을 읽어야만 하는가
여기만큼은 꼭 읽어 보라

　가끔 이런 생각을 할 때가 있다. '사람들이 왜 이런 제목이 달린 책을 볼까.' 아마도 그 대답은 시간관리 세미나를 진행할 때마다 경험하게 되는 한 사례에 잘 요약되어 있는 듯하다.

　세미나를 할 때마다 나는 먼저 참가자들에게 이렇게 묻는다. "오늘 왜 여기에 왔습니까?" 그러면 대개 이런 대답이 돌아온다. "좀더 생산적인 사람이 되기 위해서입니다.", "윗사람이 가보라고 해서 왔습니다.", "가족하고 좀더 시간을 보내고 싶습니다.", "8시간 안에 일을 더 많이 하면 집에 일찍 갈 수 있으니까요.", "업무를 여유 있게 하고 싶어서요.", "스트레스를 덜 받고 싶어서입니다."

　모두들 어떤 식으로 표현하든 그 대답은 아주 간단한 결론으로 귀결된다. 즉 '여기 온 것은 나 자신과 내 인생에 대해서 좀더 만족할 수 있는 방법을 찾기 위해서'이다. 그리고 현재 그렇게 하지 못하고 있는 이유는 자신이 삶을 제대로 컨트롤하지 못하고 있기 때문이라고 생각한다. 우리는 하찮은 것들의 노예가 되어 인생에서 가장 중요한 것들을 제대로 하지 못하는 경우가 너무나 많은 것이다.

　그래서 사람들은 시간을 좀더 효과적으로 관리하면 인생을 컨트롤하는 데 도움이 된다고 믿고 세미나에 오고 있다. 물론 그건 사실이다. 그러나 한 가지 점에서만 그렇다. '자신에게서 좀더 많은 만족을 찾을 수

있는 진정한 해결책은 효율적 시간관리 이상의 것이라는 것.'

최근에 이 문제의 핵심에 관해 이야기하고 있는 기사와 책을 본 적이 있다. <타임>지에 따르면 우리는 지금 '시간 기근'의 시대에 살고 있다. 일상의 모든 일은 그 속도가 더욱더 빨라지고 있다. 때문에 제자리를 유지하려면 점점 더 빨리 달려야 한다. 현대인이라면 그 위기감에 시달리지 않는 사람이 거의 없다. 경쟁 시장은 개인의 생산성을 최고로 올릴 것을 요구하고 있고, 생산성이 높지 않으면 그대로 도태되고 마는 실정이다. 그 결과, 실적에 대한 중압감에 시달리게 되고 거기에 더해 미래에 대한 불안감도 엄청나게 커지고 있다.

한편, 업무 외적으로 증가하는 시간에 대한 수요도 우리의 일상생활을 위협하고 있다. 랄프 키스(Ralph Keyes)는 명저 「시간의 노예(*Time Lock*)」에서 우리의 현 상황을 "고속도로에서의 교통 정체"라고 묘사하고 있다. 우리의 인생이라는 것이 '하고 싶은' 일은 제쳐 두고 '해야 하는' 일만으로 가득 차는 바람에 말 그대로 꼼짝도 못하고 갇혀 살게 되었다는 것이다.

스테판 린더(Staffan B. Linder)는 「괴로운 유한 계층(*The Harried Leisure Class*)」에서 우리가 큰 돈을 들여 소유하고 있거나 획득한 것들이 오히려 우리에게 더 많은 시간을 요구하고 있다는 사실을 지적하고 있다. 새 컴퓨터나 차, 심지어 책 한 권을 사더라도 모두 더 많은 시간을 필요로 한다. 그것을 사용하거나 유지하는 데, 아니면 단순히 읽는 데만도 시간이 필요하다. 우리가 살면서 새로운 것이 생기거나, 새로운 사람을 알게 된다는 것은 곧 "자, 나와 함께 시간을 보내주세요" 하는 것과 같다. 그리고 우리는 그 요구에 응하고 싶지 않으면서도 그렇게 시간을 쓰고 있다.

TV 광고에 이런 질문이 있다. '당신은 지금 일은 더 많이 하고 있지만 즐거움은 덜하지 않은가?' 당신이 대다수 사람과 비슷한 경우라면 여기에 공감할 것이다. 인생살이의 속도가 너무나 빠르고 복잡해서 사람들은 더 이상 자신의 삶을 컨트롤하고 있지 못하다고 생각한다.

하지만 사람들은 누구나 자신의 삶을 컨트롤하고 싶어한다. 그것은 인간이라면 누구나 바라는 가장 절실한 바람 가운데 하나이다. 그러나 우리는 지금, 타인이나 외적인 환경이 자신을 지배하고 있다는 느낌, 자신이 꼭두각시처럼 조종당하고 있다는 느낌을 받고 있다. 우리로서는 어쩔 수 없는 힘에 의해 이리저리 휘둘리고 있는 것이다.

심지어 심리학자들의 분석에 따르면 자살이 그 컨트롤을 위한 마지막 선택이 될 때도 많다고 한다. "내가 컨트롤할 수 있는 유일한 것은 내가 사느냐, 아니면 죽어버리느냐 하는 것뿐이다."

뭔가 다른 것, 또는 누군가 다른 사람이 우리의 삶을 컨트롤할 때 우리는 행복할 수도, 생산적일 수도 없다. 그리고 마음의 평화를 경험할 수도 없다. 평화, 생산성, 그리고 행복이라는 3가지 상품의 공급이 모자라는 것이 오늘의 현실이고 그 현실은 불행하다. 왜냐 하면, 사람들이 자신의 삶을 자신이 컨트롤하고 있지 못하다고 생각하기 때문이다.

그런 뜻에서 이 책은 오로지 시간관리에만 초점을 맞추지는 않는다. '마음의 평화' 또한 이 책이 지향하는 또 하나의 초점이다. 시간관리는 우리 인생의 각종 사건들을 효율적으로 컨트롤할 수 있게 해주는 기술과 도구일 뿐이다. 따라서 효율적인 시간관리만으로는 마음의 평화를 얻을 수 없다. 랄프 키스가 정확하게 그 점을 지적하고 있다. "시간관리라는 개념이 널리 보급되었음에도 불구하고 시간 노예 현상은 끈질기게 존재하고 있고 오히려 더욱더 악화되고 있다. …시간관리에 관한 접근법이 좀더 빠른 시간 안에 더 많은 일을 해야 한다고 강조하고 있지만, 해결책이라기보다는 오히려 문제점으로 작용하는 경우가 더 많다."

마음의 평화를 얻는 비결은 '인생에서 우리에게 가장 중요한 것들을 이해' 하는 데 달려 있다. 그리고 그것들을 우리의 일상에서 확인하는 데 있다. 달리 말하면, 시간관리를 잘 한다고 해도 그 시간을 우리의 인생에서 가장 소중한 것들을 위해 쓰고 있지 않다면 아무런 의미도 없다. 그래서 단순히 시간을 관리하는 것을 넘어 우리의 인생을 컨트롤함으로써 그 충만감을 찾아낼 수 있게 하는 것이 이 책의 목적이다. 그리고 이 간단한 개념, 즉 일상적인 활동이 가장 핵심적인 가치들을 반영하도록 하는 것은 나 자신의 인생을 바꾸고 있는 개념이기도 하다. 그 실례를 들어보겠다.

1992년 6월 3일, 나는 가족과 함께 뉴욕 증권거래소로 갔다. 그리고 그날 그곳에서 인생에서 단 한 번뿐일 경험을 했다. 그날은 9년 전 우리 집 지하실에서 탄생한 프랭클린 퀘스트 사를 드디어 뉴욕증권거래소에 상장하는 날이었다.

증권거래소에서 초청을 받은 우리는 아침 일찍이 그곳으로 갔다. 그리고 다른 공동 설립자들과 함께 근사한 아침을 대접받았다. 그런 다음 입회장으로 안내 받았다. 우리 회사의 주식이 현황판에 오르는 것을 처음으로 지켜보게 되는 순간이었다.

먼저, 주식 가격을 산정하기 위한 예비 절차가 진행된 다음, 주당 호가가 결정되었고, 이어 우리 주식에 대한 활발한 거래가 이루어지기 시작했다. 나는 그 커다란 게시판을 올려다보았다. 우리 회사의 주식에 16.50달러라는 표시가 들어와 있었다. 그 순간, 내 온 몸을 가로지르던 느낌들은 지금도 이루 말로 표현할 수 없다. 3,000명이 분주히 오가는 그 현장에 내가 서 있었다. 그리고 나와 함께 회사를 만든 동료들이 내 옆에 서 있었다. 우리는 모두 어린애처럼 흐느꼈다.

내가 눈물을 흘린 이유는 회사의 주식 가치가 올라서 재산이 늘어났다는 것 때문이 아니었다. 마음 깊이 간직하고 있는 핵심가치관에 따라서 살아온 내 삶의 결과를 확인했기 때문이었다. 이 순간까지 오면서 겪었던 수많은 일들이 주마등처럼 스쳐갔다. 초창기의 힘들었던 일들, 꼬박 새우며 지낸 숱한 밤들, 그리고 믿고 우리의 제품을 만들어준 사람들, 그리고 그 제품을 사주고, 연수 과정에 참가했으며, 거기서 얻은 것들에 대한 감사의 글을 보내준 사람들…, 수많은 기억들이 떠올랐다. 그리고 그 무엇보다도, 우리 회사의 성공은 '자신의 가치관에 따라 일하면 실제로 좋은 결과를 얻어낸다' 는 믿음의 생생한 증거라는 사실에 감동하였다.

어디서, 어떤 이유에서인지는 잘 기억나지 않지만, 나는 언젠가 젊었을 때 내 삶을 통해 다른 사람들에게 뭔가 변화를 줄 수 있을 것이라는 확신을 가지게 되었다. 한번은 윈스턴 처칠이 연설하는 것을 들은 적이 있는데 그도 비슷한 확신을 가지고 있다고 했다. 윈스턴 처칠이 영국을 위해서뿐만 아니라 전세계에 미친 영향이 어떤 것인지 알게 되면서, 나는 그가 진정으로 수많은 사람들을 위한 변화를 이루어낸 사람이라는 사실을 알았다. 그리고 나도 그렇게 하리라는 바람을 가지게 되었다. 이렇듯 나는 어렸을 때부터 사람들의 인생에 변화를 주는 사람이 되고 싶었다. 그것은 오랫동안 내 마음 깊은 곳에 자리잡고 앉아서 나를 끊임없이 충동질하고 있었다.

대학교를 졸업한 다음 나는 판매에 재능이 있다는 사실을 알았고, 데이터 프로세싱 회사에 취직했다. 그리고 상대적으로 젊은 나이에 그 회사의 가장 큰 부서인 마케팅과 세일즈 담당 부사장 자리에 올랐다. 이 기간 동안 나는 판매에 흥미를 느꼈을 뿐만 아니라, 어떻게 판매하는지, 그리고 어떻게 해야 성공하는지를 가르치는 것을 매우 즐겼다. 나는 여기에서 연설을 하고 동기를 부여하는 일에 재능이 있다는 사실을 발견했다. 사실 그 기술들은 다른 사람들의 인생에 변화를 주겠다는 내 확신과도 일치하는 기술들이었다.

그런데 1978년 2월, 다니던 교회에서 연락이 왔다. 혹시 3년간 휴가를 내서 캘리포니아에 가서 전도사업을 할 생각이 없느냐는 것이었다. 안 그래도 교회에 열성적이던 나는 변화를 갖고 싶다는 마음 깊은 곳의 충동에 끌렸다. 나와 가족은 캘리포니아로 이사했고, 3년 간 그곳에서 일했다. 그곳에서는 600명이 넘는 사람들이 하루종일 전도 봉사를 하고 있었다.

이 기간 동안 나는 연설 능력과 동기 부여 기술을 갈고 닦았다. 그리고 내 자신이 진정으로 하고 싶어하는 일은 바로 가르치는 일이라는 사실을 깨달았다. 나는 교사가 될 수 있는 기회를 찾아 보았다. 그러나 교사가 되려면 자격증이 필요하다는 사실을 깨달았다. 그것은 다른 사람을 가르치고, 다른 사람에게 변화를 주고자 하는 소망을 이루고자 한다면, 기업체들을 위한 산업교육 뿐임을 뜻했다. 많은 고민과 기도의 시간을 보낸 다음, 아내와 나는 기업교육의 길로 들어서기로 결심했다.

쉬운 결심이 아니었다. 특히나 봉사 기간이 끝나기 몇 달 전부터는 전에 다니던 회사의 고용주들이 찾아와서 뉴욕에 있는 회사의 고위 임원 자리를 제안하기도 했다. 정말 마음이 끌리는 제안이었다. 그러나 나는 스스로 다짐했다. "하이럼, 너의 마음 깊은 곳에서 너 자신이 해야 할 일로 교육을 생각하고 있다면 그 일을 하는 것이 좋아."

이때쯤, 나는 내 가치관이 시키는 대로 따르는 것이 좋겠다는 강한 믿음을 가지고 있었다. 그래서 그 제안들을 물리쳤다. 많은 사람들이 미쳤다고 생각했다. 그 후 몇 달 동안 나 자신도 내가 정말 미친 것이 아닌가 하는 생각을 몇 번이고 했다. 어쨌든, 내면의 가치관에 따라 행동한다는 그 결심은 내 인생에 전환점을 가져다 준 것 가운데 하나였다.

1981년 6월, 아내와 나는 작은 산업교육 회사를 차렸다. 그 회사의 이름은 '젬(Gem, Inc.)'이었다. '황금 독수리와 같은 동기 부여(Golden Eagle Motivation)'의 약자였는데 내 인생을 통틀어서 나를 휘어잡고 있는 또 하나의 대상인 독수리를 상징하는 것이었다. 처음에 우리는 두 종류의 세미나를 개설하였다. 하나는 판매 분야였고 또 하나는 자기 향상에 관한 것이었다. 10년이 지난 지금에 와서 돌이켜보면 그다지 좋은 세미나는 아니었다.

그러나 1년 동안 우리는 기업세계에서 세미나 사업을 성공시키려고 모든 노력을 다했다. 자금 조달에서 기적 같은 일이 한 차례 있었고, 절친한 친구들로부터 도움을 받으면서 재정적으로도 그럭저럭 버틸 수 있었다. 그러면서 세미나 사업이 뭔지 배웠고, 마침내 시간관리 훈련의 영역으로 들어갈 수 있었다. 나는 그 분야에서 전문화된 회사를 위한 독립적인 산업교육 컨설턴트로 일하게 된 것이다.

마침, 오랜 친구인 리처드 윈우드가 그 회사에서 일하고 있었다. 우리는 함께 우리 세미나에서 가르칠 수 있는 시간관리의 원칙과 실천방법들을 찾기 시작했다. 딕은 이미 7년 전에 간단하지만 아주 강력하고, 가치관에 기반을 둔 목표 달성 모델을 개발해 놓고 있었다. 생산성 피라미드(Productivity Pyramid)라고 하는 그 모델은 가치관을 따라야 한다는 내 자신의 생각과 딱 맞아떨어지는 것이었다.

우리는 그 피라미드를 우리 세미나에 이용하기 시작했고, 참가자들에게 많은 감동과 영향을 미친다는 사실을 발견했다. 또한 우리는 특별한 일정관리 도구를 개발할 필요성을 절감했다. 시중에 나와 있는 그 어떤 도구보다도 우리가 가르치고 있는 원칙과 프로세스에 맞는 도구가 있어야 했던 것이다.

한편 우리가 같이 일하고 있던 회사가 당시 우리가 확신을 가지고 확장하고자 하는 분야에 별반 관심이 없다는 사실이 분명해졌을 때 딕 윈우드와 나는 린 로빈스, 데니스 웹, 그리고 그레그 풀러튼과 함께 우리 자신의 시간관리 컨설팅 회사를 만들었다. 이 회사가 후일 프랭클린 퀘스트 사가 되었다. 그런데 우리들은 돈이 없었다. 그런 탓에 일을 한다는 게 보통 어렵지 않았다. 하지만 우리는 세상에 전하고자 하는 분명한 메시지가 있었다. 그것은 틀림없이 인생의 변화를 가져올 수 있는 것이었다.

우리는 우리 집 지하실에 사무실을 차렸다. 딕과 나는 밖으로 나가 세미나와 관련된 자료를 닥치는 대로 모았다. 린 로빈스와 데니스 웹은 우리만의 일정관리 도구인, '프랭클린 데이 플래너'를 만들고 다듬었다. 우리는 그것이 벤저민 프랭클린이 시간 계획을 짜고 생활의 개선에 이용했던 '시간관리 수첩'의 현대판이라고 생각했다. 우리는 생산성 피라미드에 관해서 사람들에게 가르치기 시작했다. 그리고 일상적인 활동과 개인적 가치관을 일치시키는 데 프랭클린 데이 플래너를 어떻게 이용하는지 가르쳤다. 우리는 사람들에게 그 플래너를 21일 동안 이용해 보고, 그것이 그들의 생활에 어떤 변화를 가져왔는지 알려달라고 부탁했다. 편지들이 쌓이기 시작하면서 우리는 우리가 유망사업을 잡았다는 확신을 굳혔고, 기쁜 마음으로 두 배의 노력을 기울였다.

사업을 벌인 초창기에 우리는 운 좋게도 몇 개의 대기업 고객을 확보할 수 있었다. 메릴린치, 시티뱅크, 나이키, 시카고의 노던 트러스트 뱅크는 우리가 가르치는 내용에 흡족해했고, 계속 우리를 초빙해 주었다. 그러다가 우리는 1년이 채 못 되어서 감당하지 못할 정도로 많은 세미나를 열어야 했다. 우리는 다른 컨설턴트들을 고용해서 판촉과 교육 활동을 시켰다.

　그런 초창기를 넘어 지금(1998년 현재)은 그 작던 회사가 매월 라이브 세미나로 5만 명이 넘는 사람을 가르치는 곳으로 성장했다. 그리고 전세계에서 1,500만 명이 넘는 사람들이 프랭클린 데이 플래너를 사용하고 있다. 미국 서부에서 가장 큰 인쇄 공장 하나가 플래너와 관련된 제품을 생산하느라 24시간 내내 바삐 움직이고 있다. 우리는 전세계 176개국에 프랭클린 데이 플래너를 수출하고 있고, 쇼핑몰에 있는 300여 개의 소매점에서 제품들을 판매하고 있으며, 수백 명의 고객 상담원은 매년 발행하는 우편판매 카탈로그를 통해서 들어오는 수신자 부담 전화 주문에 응하고 있다. 현재, 프랭클린 퀘스트 사는 미국과 전세계에 퍼져 있는 지역 사무소, 그리고 소매점에서 일하는 사람을 제외하고도 솔트레이크 시에서만 4,000명 이상을 고용하고 있다.

　그런데, 이 일을 하면서 가장 감동하는 때는 많은 사람들이 우리의 세미나를 통해, 프랭클린 시간관리 시스템의 비밀을 발견하고 그들의 삶을 크게 개선시키고 있다는 사실을 알게 될 때이다.

　다우케미컬 사의 예를 들어보자. 우리가 다우케미컬에서 처음으로 세미나를 한 것은 1985년 1월이었다. 지금까지 우리는 다우케미컬에서 일하는 2만 5,000명의 직원들을 훈련시켰다. 그리고 이 회사의 고유 용도에 맞춘 회사 전용 프랭클린 데이 플래너도 개발했다. 그리고 지금은 대부분의 시간관리 세미나를 사내 퍼실리테이터(프로그램을 가르치고 진행하는 사람을 일컫는 말, 원래 뜻은 '어떠한 일을 촉진하고 장려하는 사람' : 역자주) 가 맡고 있는데 그들은 우리가 특별히 준비한 비디오를 이용해서 다른 사람들을 가르치고 있다.

다우케미컬에서는 지난 4년 동안 2번에 걸쳐서 프랭클린 퀘스트 세미나의 효과와 데이 플래너의 이용도를 측정했다. 첫 번째 조사는 1989년에, 다음 조사는 1992년에 이루어졌다. 2번의 연구 결과 모두, 다우케미컬에서 연수를 받은 사람 가운데 90퍼센트 이상이 여전히 플래너를 사용하고 있고, 또 그들의 평균 생산성이 25퍼센트 이상 향상되었다는 사실을 확인하였다. 그런데 여기서 특이한 점은 그 회사의 직원들이 대부분 과학자와 엔지니어라는 사실이다.

지금 5,000개가 넘는 기업과 정부 기관이 우리에게 훈련을 받고 있으며, 프랭클린 데이 플래너를 사용하고 있다. 또한 우리는 소규모 기업에서 일하는 사람과 일반 대중을 위해서, 400개가 넘는 도시에서 공개 강좌를 열고 있다. 자체 조사 결과, 우리 과정을 거친 사람들 가운데 90퍼센트 이상이 2~3년이 지난 지금도 플래너를 사용하고 있다.

왜일까? 그것은 세미나와 시간관리 도구 모두가 효과가 있기 때문이다. 우리가 가르치는 원칙들이 정말로 사람들이 인생을 컨트롤할 수 있게 해주고 있는 것이다. 그들은 우리가 이야기하고 있는 마음의 평화를 경험하고 있다. 마음이 편해지는 것, 즉 자신이 자신의 삶을 컨트롤하고 있다는 것이 얼마나 유익한지 알고 있는 것이다.

그날 뉴욕 증권 거래소 마루 위에 서 있던 그때 내 머리 속으로는 이 온갖 생각들이 스치고 지나갔다. 그리고 나는 그 꿈이 마침내 결실을 맺고 있다는 사실을 깨달았다. 우리가 변화를 이루어내고 있었던 것이다. 주식 공개는 단지 시작일 뿐, 재정적으로 안정되었기 때문에 더 많은 사람들의 인생에 변화를 줄 수 있게 될 것이었다. 그리고 우리 자신도 지속적으로 더 큰 변화를 이루어낼 것이다.

우리는 듣고자 하는 사람이면 누구에게나 우리의 메시지를 전달하고 있다. 그래서 현재 런던, 도쿄, 홍콩, 토론토, 멕시코시티, 시드니, 그리고 서울 등 60여 도시에 사무실을 두고 국제적으로 활동하고 있다. 우리는 누구나 쉽게 이해할 수 있는 세미나와, 누구나 쉽게 사용할 수 있는 도구를 가지고, 신중하고도 신속하게 컨트롤과 마음의 평화라는 메시지를 전세계에 전파하기 위해서 노력하고 있다.

여기서 이야기하고 있는 자연법칙들이 어떻게 당신의 잠재적인 능력을 발휘하게 해주는가에 관하여 경험했던 예를 들어보겠다. 몇 년 전, 메릴린치 사의 고위 임원 한 사람이 우리의 세미나에 참가했다. 프린스턴에 있는 그 회사의 연수원에서 열린 세미나였다. 그 세미나는 회사에 입사한 지 1년이 지난 직원들에게 교육을 시키는 과정의 일부였다.

이 사람은 세미나를 마친 지 1년이 지난 다음 4장짜리 친필 편지를 보내왔다. 지금 생각해도 정말 가슴이 찌릿한 내용이었다. 그는 편지에 세미나의 효과에 대해서 이렇게 썼다.

"하이럼 씨, 나는 1년 전 프린스턴에서 당신의 세미나에 참가했습니다. 그 전까지는 일상적으로 하는 일이 지배 가치관에 기초해서 행해져야 한다는 생각을 한 번도 해본 적이 없었기 때문에 그렇게 하는 것이 정말 괜찮은 아이디어라고 생각했습니다. 그래서 세미나를 마치고 나온 다음 내가 중요하게 생각하는 가치들이 어떤 것들이 있는지 확인해 보았습니다. 그리고 나에게 정말 소중한 일들을 조용히 반추하는 과정에서 그런 가치 가운데 하나가 바로 아들이 멋진 인생을 살 수 있도록 도와 주는 것이라는 사실을 깨달았습니다. 그러나 그와 동시에 나는 아들을 위해서 해준 일이 하나도 없다는 사실도 인정하지 않을 수 없었습니다. 그래서 나는 그때부터 1년 간 아들에게 멋진 인생을 만들어 줄 수 있도록 노력하기로 결심했습니다."

그리고 그는 아들과 함께, 그리고 아들을 위해서 했던 여러 가지 재미있는 경험들을 적었다. 이제 그 육필 편지의 세 번째 장이다.

"그런데 하이럼 씨, 지난주에 올해 여덟 살 된 아들이 교통 사고로 죽고 말았습니다. 아들을 잃는다는 것은 정말 말로 표현할 수 없는 슬픔이었습니다. 하지만 여기서 나는 내가 심각한 죄의식에 시달리고 있지는 않다는 사실을 꼭 말하고 싶습니다. 그리고 나는 당신이 세미나에서 말하고자 했던 그 생각, 즉 '마음의 평화'가 무엇을 뜻하는지 드디어 알게 되었습니다." 그리고 그는 이렇게 편지를 맺었다. "하이럼 씨, 정말 고맙습니다."

그 사람은 자신에게 진정으로 소중한 일을 하기로 결심했다. 그리고 그 일을 했고, 그런 다음 엄청난 비극을 겪었다. 그러나 그는 우리가 사랑하는 사람을 잃었을 때 느끼는 죄의식에 괴로워하지 않아도 되었다. 우리는 당연히 했어야 할 일, 할 수가 있었던 일, 혹은 꼭 했어야 했던 일들을 하지 못하고 반성하고 괴로워 하는 경우가 너무나 많다. 급한 일에 매달리느라, 그리고 꼭 해야 하는 일로 잘못 알고 정신을 빼앗긴 나머지 소중한 일을 지나치고 말았기 때문에 그런 느낌에 사로잡히는 것이다.

나는 마음의 평화를 위한 추구, 그리고 그에 따르는 행복이 이 지상에 사는 모든 사람이 가지고 있는 평생의 염원이라고 믿는다. 궁극적으로 볼 때 우리는 우리 자신에 대해서 만족하고 싶어 하며 아침에 일어났을 때 희망에 가득차고 싶어한다. 또 컨트롤할 수 있는 것들이라면 컨트롤하고 싶어한다. 그런데 여기서 정말 강조하고 싶은 것은 그게 가능한 일일 뿐만 아니라 쉽게 해낼 수 있다는 점이다.

그러면 왜, 프랭클린 시간관리 시스템과 프랭클린 데이 플래너가 이토록 성공을 거두고 있을까? 그것은 효과가 있기 때문이다. 우리 세미나에 참석하거나, 이 책을 읽고 배운 것을 실천에 옮긴다면 그 누구든 자기 인생을 컨트롤하는 데 의미 있는 변화가 일어나고 있음을 느끼게 될 것이다. 그래서 감히 이 책을 읽고 이 책에서 설명하는 21일 간의 실험을 해보라고 권한다. 그때 당신은 정말로 인생을 컨트롤한다는 것이 어떤 느낌인지, 그리고 마음의 평화가 어떤 것인지 경험하게 될 것이다.

뉴욕 증권거래소에서 특별한 경험을 한 지 오랜 세월이 지났지만 그 일은 절대 잊혀지지 않을 것이다. 내 가족도 마찬가지이다. 대기업에 들어오라는 그 제안을 받아들이지 않기로 한 일, 그 대신 나의 길을 가기로, 그리고 나의 지배 가치관이 나에게 따르라고 아우성치는 일을 해보기로 한 것은 정말 올바른 결심이었다. 오늘도 수많은 사람들의 인생에 커다란 영향을 주고 있는 프랭클린 퀘스트 사는 자신들의 가치관을 고집스럽게 따른 사람들이 이루어낸 결과물이다.

내가 당신에게 이 책을 읽고, 이 책에서 말하는 10가지 자연법칙대로 해보라고 권하는 것은 그게 일시적인 효과가 있을 것이라고 생각하기 때문이 아니다. 그것들이 당신이 인생을 컨트롤하고 마음의 평화를 얻는 데 도움이 될 것이라는 사실을 확신하기 때문에 권하는 것이다. 내 자신이 이미 그 사실을 확인해 보았다.

나는 아침에 일어나서 내가 어디로, 왜, 그리고 어떻게 갈 것인지 정확하게 알 때의 기분이 어떤 것인지 잘 알고 있다. 가족과 함께 시간을 보내고 싶을 때 그렇게 했을 때의 기분이 어떤 것인지도 잘 알고 있다. 내가 그렇게 할 수 있는 것은 사업, 일, 가족 관계, 교회 일, 그리고 내 취미까지 모든 것을 내가 컨트롤하고 있기 때문이다. 또 모든 스케줄이 철저하게 짜여 있기 때문에 '아니오'라고 말했을 때의 기분이 어떤 것인지 알고 있다. 그날 나에게 정말로 중요한 일을 다 했다는 사실을 확인하면서 잠자리에 들 때의 기분이 어떤 것인지도 안다. 물론 내가 꼭 끝내고 싶었던 일들을 다 못했을 수도 있다. 하지만 정말 나에게 중요한 핵심 과제는 전부 다 했다는 사실을 확인할 때의 기분은 말로 이루 다 표현할 수조차 없다.

이 책을 읽어보고 21일 간 실험을 해 보자. 그런 다음 무엇을 배웠고 어떤 기분을 느꼈는지 나에게 편지를 보내주기 바란다. 나도 답장을 할 것이다. 당신이 마음의 평화가 어떤 것인지 그 마법의 비밀을 발견하기를 빈다.

자연법칙이란 무엇인가

1992년 4월 14일, 나는 새로 산 말을 타고 있었다. 목장에서 소를 몰도록 훈련시킨, 아주 힘차고 생기 넘치는 말이었다. 그 말은 목동들이 소떼에서 한 마리를 따로 떼어 낼 때에도 이용할 수 있도록 특별히 훈련시킨 말이었다.

그런데 말을 타고 얼마 안 있어 나는 그 말이 제멋대로 움직인다는 사실을 알았다. 앞에 소가 없는데도 자기 마음대로 움직였다. 말을 많이 타보지 않았던 터라 나는 갑자기 말이 빠르게 움직이는 순간 깜짝 놀랐고, 그 속도가 어찌나 빠른지 순식간에 왼쪽으로 나가떨어지고 말았다. 2미터도 채 안 되는 높이였지만, 너무나 세게 떨어지는 바람에 왼쪽 어깨가 땅에 처박혔다. 덕분에 쇄골과 갈비뼈 5개가 부러졌는데 갈비뼈 하나는 세 동강이 나고 말았다. 당시 나는 간신히 숨만 쉬면서 그대로 널브러져 있었다. '이제 죽는구나' 하고 생각하면서 누워 있기를 20여 분. 그렇게 숨을 헐떡이며 누워 있는데 입에서 이런 소리가 흘러나왔다. "중력의 법칙이 아주 잘 작용하고 있는걸." 물론 중력의 법칙이 '왜' 그런 식으로 작용하는지는 잘 모른다. 하지만 중력의 법칙이 '어떤 식으로' 작용하는지는 분명히 안다. 몸소 경험한 바니까.

이 세상에 자연법칙이 있다는 사실은 다들 알고 있다. 물론 자세하게는 모를 수도 있다. 어쨌든, 우리는 그 법칙들을 경험하며 살고 있다. 또 그 법칙들에 주의를 기울이지 않거나 신중하게 받아들이지 않으면 불행한 결과를 맞게 된다. 예를 들어, 중력의 법칙을 무시하거나 가벼이 생각했다가는 당장 큰코다치게 된다. 또 공기 역학의 법칙들을 제대로 이해하지 못하고 비행기를 만든다면 그 결과는 뻔할 것이다. 댐을 건설할 때도 적절한 자연법칙들을 계산에 넣지 않았다가는 재앙이 뒤따를 것이 분명하다. 바로 자연법칙의 불변성과 일관성 때문이다.

뉴욕에 있는 시티뱅크에서 세미나를 할 때의 일이다. 나는 참석자들에게 자연법칙이 무엇인지 질문을 던져보았다. 물론 평범한 반응들이 나왔는데 그 중에는 중력의 법칙이라고 대답하는 사람도 있었다.

그때 나는 이렇게 대꾸했다. "중력의 법칙은 여러 자연법칙 가운데 한 가지 '예'입니다. 그러면 자연법칙을 어떻게 정의해야 합니까?"

한 사람이 손을 들고 대답했다. "자연법칙이란 절대 폐지할 수 없는 법칙을 말합니다." 그 일을 생각할 때마다 나는 그 사람이 '정말 멋진 대답을 했구나' 하고 감탄하곤 한다.

그렇다. 다들 모여서 중력의 법칙에·대해서 투표를 하자고 한 다음 반대하는 표를 던질 수도 있다. 그러나 그렇다고 바뀌는 것은 하나도 없다. 아니면, 투표를 한 다음 그 법칙을 무시하겠다는 생각으로 높은 건물 옥상에 줄지어 서서 한 발씩 앞으로 내디딜 수도 있다. 그러나 그 결과는 저 아래 아스팔트에 지저분한 흔적만 남길 뿐, 중력의 법칙이 이긴다. 자연법칙에 관해서 우리가 어떻게 할 수 있는 것은 하나도 없다. 우리는 그 법칙을 없앨 수가 없다. 무시한다고 해봐야 미친 짓일 뿐이다.

용어를 명확히

이야기를 더 진척시키기 전에 먼저, 자연법칙이라고 할 때 내가 무슨 뜻으로 이 말을 쓰는지 짚고 넘어가기로 하자. 내가 말하는 '자연법칙'이란 '인간이 경험과 실험을 통해서 유효하다는 것을 증명한 자연과 인생의 근본적인 법칙'이다. '자연법칙은 우리가 어떻다고 생각하든, 또 어떻게 되어 주기를 바라든 그것과는 상관없이 존재하는 법칙이다.' 자연법칙은 우리의 수용 여부를 무시하고 우리의 삶을 지배하고 있으며, 우리의 인식이나 소망과는 상관없이 작용한다. 자연법칙을 인식하고, 또 잘 따라야만 안전하게 살 수 있고 또 성공할 수 있다. 만약 따르지 않거나 맞서려고 하다가는 실패하게 되고, 또 자기 자신과 다른 사람들을 비참하게 만들고 만다.

자연법칙은 우리가 그것을 의식하든 안 하든 언제나 존재하고 있고 또 우리와 함께 있다. 예를 들어 물질 세계를 지배하는 자연법칙들은 태초부터 인간의 삶에 영향을 미치고 있다. 우리는 그 자연법칙들을 이해하게 되면서부터 문화생활의 욕구 충족을 위한 완전하고도 창의적인 해결책을 찾게 되었다.

예를 들어 대형 댐을 생각해 보자. 댐은 비가 많이 올 때 물을 저장해 두었다가 물이 부족할 때 사용할 목적으로 세운다. 댐을 세워서 발전을 하고, 물의 흐름을 일정하게 유지하며, 홍수를 막고, 휴양지로 이용하기도 한다. 댐을 설계하고 건설할 때 엔지니어들은 여러 가지 자연법칙을 고려한다. 물은 어떻게 흐르고, 저장된 물의 수압은 얼마나 되고 지반은 얼마나 강하며, 어떤 모양으로 해야 댐 벽에 물의 무게와 압력을 분산시킬 수 있는지, 그리고 콘크리트는 얼마나 무겁고 강해야 하는지 등의 문제와 관련된 자연법칙을 고려한다.

댐을 지을 때 그런 법칙들을 잘 따르면 그 댐은 무너지지 않고 건설 목적을 충족시킬 것이다. 그런데 댐을 계획하고 세우는 데 그런 법칙들을 무시한다면 그 댐은 무너지게 될 것이고, 댐 아래에 사는 사람들에게 엄청난 재앙을 안겨 주게 될 것이다.

비행기도 마찬가지다. 커다란 747 비행기를 하늘에 띄우고 사람들을 전세계로 안전하게 실어 나를 수 있게 한 것은 공기 역학 법칙들을 이해하고 이용하기 때문이다. 우리가 아름다운 교향곡을 디지털 신호로 바꾸어 그 신호들을 손바닥만한 크기의 디스크에 옮긴 다음, 다시 그것을 읽어서 원래의 소리로 바꾸는 것은 레이저와 컴퓨터 기술 덕분이다. 제멋대로인 전자 소음을 듣는 대신, 각자의 집 거실에서 충실하게 재현되는 교향곡을 들을 수 있는 것은 다 자연법칙을 이해한 것 덕분이다.

이처럼 자연법칙에 대한 전체적이고 일반적인 이해는 정말 감동적이기까지 하다. 그런데 '개별적이고 구체적인' 이해는 쉽지가 않다. 나는 댐을 설계할 수도, 비행기를 디자인할 수도 없거니와, CD 플레이어도 만들 수 없다. 사실, 물리 현상을 지배하는 자연법칙들에 대한 나의 이해력은 기껏해야 중력의 법칙 수준을 넘지 못한다. 중력의 법칙 하나는 확실하게 알고 있지만 말이다.

그런데 사람의 마음속이나 인간 상호관계에는 또 다른 자연법칙이 작용하고 있다. 그런 법칙 가운데에는 내가 잘 이해하고 설명할 수 있는 것들이 있다. 나 자신이 그 법칙들 덕분에 크게 발전했기 때문이다. 이러한 자연법칙들은 우리가 인생을 컨트롤하고 대인관계를 개선하며, 우리의 개인적인 생산성을 향상시키고 마음의 평화를 경험하게 해줄 수 있다.

혹시 이렇게 묻는 사람이 있을지도 모르겠다.

"자연법칙이 인생을 컨트롤하는 것과 무슨 관계가 있단 말입니까? 그런 것들이 생산성이나 행복, 아니면 마음의 평화에 어떤 영향을 끼칠 수 있겠습니까?"

우리는 자연법칙 하면 중력의 법칙이나 유전법칙 같은 것을 생각한다. 하지만 그런 것말고도 '인간 행동의 자연법칙'이란 것이 존재한다. 이 법칙들 역시 무시하거나 역행하면 고통과 불행이라는 대가를 치르게 된다. 이는 마치 중력의 법칙을 어겼을 때 상처받거나 죽게 되는 것과 같은 이치이다. 반대로 이 행동의 법칙들을 이해하고 내면화시켜 따르게 되면 개인의 생산성과 만족감은 크게 향상될 수 있다. 자연법칙들은 일관성 있고 예측 가능한 결과를 가져다 주며 우리의 인정이나 수용 여부에 관계 없이 작용한다.

결국 우리가 살고 있는 이 세상에서 우리가 마음대로 할 수 있는 것은 그리 많지 않다. 세상은 바쁘게 돌아가고 있고, 앞으로 더욱 바빠질 것이다. 모든 사람들에 대해 생산성 증대 요구가 계속 늘어날 것이고, 각 개인들은 더 많은 시간이 필요할 것이다. 그러나 이러한 상황은 제발 바뀌었으면 하고 바라는 것만으로는 해결할 수 없다.

그러나 이것은 '외부 세력에 대한 적절한 응전'을 통해 상당 부분을 우리 스스로 해결할 수 있다. 우리가 할 수 있다고 생각하는 것보다 훨씬 더 잘 자신의 인생을 컨트롤할 수 있는 것이다. 그 비결은 바로 주요 자연법칙에 대한 이해와 적용에 있다.

이 책에서 소개하는 주요 자연법칙은 개인의 생산성과 업무수행 능력을 지배하는 법칙들이다. 여기서 내가 선택한 10개의 법칙은 우리가 이용할 수 있는 수많은 자연법칙 가운데 일부에 불과하다.

제1부는 시간을 관리하는 데 도움을 주는 5개의 자연법칙에 초점을 맞추고 있고 제2부는 5개의 추가적인 자연법칙을 다루고 있다. 그 법칙들을 완전히 이해하고 자신의 것으로 만들면 인생을 더욱 효과적으로

성공하는 10가지 자연법칙

컨트롤할 수 있을 것이다.

제1부 : 시간관리를 위한 5가지 법칙

제1법칙 : 시간을 잘 관리하면 인생을 잘 관리할 수 있다.

제2법칙 : 성공과 자기실현의 토대는 지배가치이다.

제3법칙 : 일상활동에서 지배가치에 따라 행동하면 마음의 평화를
　　　　얻는다.

제4법칙 : 더 높은 목표에 도달하려면 현재의 편한 상태에서
　　　　벗어나야 한다.

제5법칙 : 일일계획의 수립과 실행은 집중력과 시간 활용도를 높여
　　　　준다.

제2부 : 인생관리를 위한 5가지 법칙

제6법칙 : 행동은 자신에 대한 진실한 믿음의 반영이다.

제7법칙 : 믿음과 현실이 일치할 때 욕구를 실현할 수 있다.

제8법칙 : 그릇된 믿음을 바꾸면 부정적인 행동을 극복할 수 있다

제9법칙 : 자부심은 자신의 내면으로부터 나와야 한다.

제10법칙 : 더 많이 주면 더 많이 얻는다.

이 10가지 자연법칙을 따랐을 때의 효과는 대단하다. 나 자신과 이 법칙들을 시험해 본 수많은 사람들의 경험이 이 점을 증명하고 있다. 당신도 해 보면, 마음의 평화를 얻을 수 있다. 그리고 그 마음의 평화는 당신이 이 세상에서 얻을 수 있는 가장 귀한 선물이 될 것이다.

제1부

시간관리를 위한 5가지 법칙

제1법칙: 시간을 잘 관리하면 인생을 잘 관리할 수 있다.
제2법칙: 성공과 자기실현의 토대는 지배가치이다.
제3법칙: 일상활동에서 지배가치에 따라 행동하면 마음의 평화를 얻는다.
제4법칙: 더 높은 목표에 도달하려면 현재의 편한 상태에서 벗어나야 한다.
제5법칙: 일일계획의 수립과 실행은 집중력과 시간 활용도를 높여 준다.

"나중에 시간이 나면…을 하겠다." 도대체 살면서 이 말을 얼마나 자주 하는지 모르겠다. '주변을 정리하고 싶다, 일에 치이지 않고 내가 일을 컨트롤하며 살고 싶다, 정말 하고 싶은 일을 할 시간이 있었으면 좋겠다….' 이런 욕망을 한두 번쯤 안 느끼며 사는 사람은 거의 없을 것이다. 기업 연수에서 가장 많이 가르치는 내용이 시간관리이고, 여러 나라에서 많은 사람들이 시간관리나 체계적인 일 처리 방법에 관한 세미나에 끊임없이 참가하는 것도 다 그런 이유에서이다.

그런데 시간관리 교육에서 흔히 나타나는 문제점은 일을 좀더 효율적으로 처리하는 방법을 가르치는 데에만 초점을 맞춘다는 데 있다. 자신에게 이런 질문을 던져보라고 하는 강사는 드물다.

"나는 왜 이 일을 하고 있는가? 나는 이 일을 꼭 해야만 하는가? 나는 이 일을 하고 싶어서 하고 있는가?"

자신에게 중요하고 의미 있는 일만을 지속적으로 처리하지 않는 한 체계적인 일 처리라는 것은 오히려 당신의 시간을 더 바쁘게 만들고 더욱더 큰 좌절감에 빠지게 만들 뿐이다.

제1부에서 설명하는 5가지 자연법칙, 특히 당신의 시간관리에 관련된 자연법칙들을 파악해 보라. 그러면 내가 이야기하는 것들이 당신이 진정으로 원하는 것들을 확인할 수 있도록 도와 주기 위함이라는 사실을 금방 알 수 있을 것이다. 당신이 하고 있는 일을 기계적으로 파악해 보라는 그런 이야기가 아니다. 당신이 일상적으로 하고 있는 일에 당신이 가장 소중하게 생각하는 가치관이 반영되어 있지 않다면 절대 마음의 평화를 얻을 수 없다.

제1법칙

시간을 잘 관리하면
인생을 잘 관리할 수 있다

만약 길거리에서 내가 누군가를 붙잡고 이렇게 묻는다고 하자. "지금 몇 시입니까?(What time is it?)" 그러면 어떤 반응을 보일까? 십중팔구 손목시계를 들여다본 다음 "몇 시 몇 분입니다"라고 대답할 것이다.

그러면 이번에는 단어의 순서를 바꾸어서 물어보자. "시간이라는 것이 무엇입니까?(Time, what is it?)" 그러면 상대방은 '별 미친 사람 다 보겠네' 하는 얼굴로 나를 볼 것이다.

도대체 시간이란 무엇인가?('당신은 어떻게 정의하고 있는가?')

이 질문에 답하고자 한 사람으로 성 아우구스티누스(Saint Augustine)가 있다. 그는 이렇게 말했다.

"시간이란 무엇인가? 누가 과연 그것을 쉽고, 간결하게 설명할 수 있을까? …우리는 시간에 관해서 웬만큼은 알고 있다고 생각한다. 그렇다면 시간이란 과연 무엇인가? 누군가 내게 묻지 않는다면 나는 알고 있다. 그러나 누군가에게 설명해야 한다면 솔직히 나는 알지 못한다."

이 문제에 관한 한 저 위대한 성 아우구스티누스의 말도 별 도움이 되지 않는다. 수많은 세월에 걸쳐 철학자와 현인들이 이 시간이라는 것을 설명하고자 애를 쓰고 있다. 뉴턴이 이렇게 말한 적이 있다. "시간은 절대적인 것이며, 우주의 존재 여부와 상관없이 존재한다"고.

그런데 라이프니치가 등장, 뉴턴의 정의를 뒤집었다. 그는 "시간은 단순히 여러 사건들의 순서일 뿐이다. 실체가 있는 것이 아니다"라고 했다. 아인슈타인은 라이프니치의 뒤를 따랐고, "시간은 사건들의 순서일 뿐, 독립적인 존재가 아니다. 우리는 사건의 순서를 통해서 시간을 측정한다"고 했다. 그리고 그는 '동시 발생 사건(simultaneous events)'이라는 개념을 도입했다. 이 개념에 따르면 열차가 오후 7시에 도착하는 것이 아니라, 시계의 작은 바늘이 7자를 가리키는 그 순간에 열차가 도착하는 것이 된다.

사전에서는 시간을 이렇게 정의하고 있다. "시간이란 과거로부터 현재를 거쳐 미래로 이어지며 일어나는 사건들의 연속체이다."

이렇듯, 시간의 기본 요소는 바로 크고 작은 사건이다. 모든 것이 하나의 사건이다. 이 책을 읽는 것도 사건이고 잠자리에서 일어나는 것도 사건이다. 운전하는 것도, 일하는 것도, 전화벨이 울리는 것도 사건이다. 점심을 먹는 것도 사건이다. 시간이란 이 모든 사건들이 줄지어 연속해서 일어나는 것을 말한다.

뉴욕에서 메릴린치 사의 임원들을 대상으로 세미나를 진행하고 있을 때의 일이다. 한 참가자가 나에게 카드 한 장을 주었는데 거기에는 그가 생각하는 시간의 정의가 적혀 있었다. "시간이란 골치 아픈 일이 다른 일과 동시에 일어나지 않도록 만들어주는 것이다." 그렇다. 이처럼 시간은 일련의 사건들, 또는 그 연속체이다.

벤저민 프랭클린은 이렇게 말했다. "당신은 인생을 사랑하십니까? 그렇다면 시간을 낭비하지 마십시오. 인생이라는 것은 바로 시간으로 이루어져 있습니다." 이 말이 진실이라면, 인생을 컨트롤한다는 것은 시간을 컨트롤한다는 것이고, 시간을 컨트롤한다는 것은 인생에서 벌어지는 사건들을 컨트롤한다는 것이다.

사건을 컨트롤한다는 것

사람들이 이런 말을 하는 것을 자주 들을 것이다. "도대체 생활이 컨트롤이 안 돼⋯." 그리고 나 자신도 때로 거울을 들여다보면서 "이 친구야, 자네는 지금 컨트롤 불가능이야!"라고 할 때가 많다.

그것은 '나는 지금 내 인생을 이루고 있는 사건들을 컨트롤하지 못하고 있다. 그저 대응하기에 급급할 뿐이다. 나는 지금 남들이 내 일이라고 생각하는 바로 그 일을, 남들이 내가 해야 한다고 생각하는 그 시간에, 그 일을 하고 있다'는 뜻이다. 컨트롤할 수 없을 때의 느낌은 정말 끔찍하기 그지없다.

여기서 인생을 컨트롤하는 것과 직접적으로 관련이 있는 문제를 생각해보자. 직업과 관련된 문제이다. "자신의 직업에서 일어나는 사건들을 거의 완벽하게 컨트롤하고 있는 사람은 누구일까?" 하는 것이다. 한번은 제너럴모터스의 직원들에게 이 질문을 던진 적이 있는데 한 사람이 이렇게 대답했다. "엄마들요." 그 방에는 83명의 여성들이 있었는데 일시에 분노에 찬 눈빛으로 그를 노려보았다.

일부 전문가가 내놓는 대답은 교향악단 지휘자이다. 교향악단 지휘자

하면 당신은 어떤 모습이 떠오르는가? 주빈 메타(Zubin Mehta)나 그와 비슷하게 생긴 사람이 지휘봉을 드는 모습을 상상해 보자. 그 다음은 어떻게 되는가? 110명이 단원들이 시작 신호에 맞추어 일제히 움직이고, 지휘봉이 움직일 때마다 따라 움직인다.

정말 멋진 컨트롤이다. 당신도 인생을 그렇게 컨트롤하고 있는가? 우리가 살아가면서 생기는 사건들을 그렇게 컨트롤할 수 있다면 얼마나 좋을까?

그러면 평균 수명이 제일 짧은 사람들은 누구일까? 아마도 교향악단 단원일 것이다. 그들이 사는 세상은 수동적인 세상이다. 그들은 평생을 지휘봉을 든 사람에게 맞추려고 노력하면서 산다.

그러면 여기서 말하고자 하는 바가 명확해진다. '과연 우리는 얼마나 컨트롤하면서 살고 있는가' 하는 점이 바로 그것이다.

아래의 그림은 내가 컨트롤의 연속성이라고 부르는 것을 보여준다.

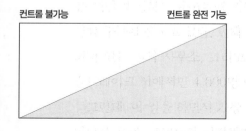

오른쪽 끝은 사건들을 완전하게 컨트롤하고 있는 상태이고, 왼쪽 끝은 전혀 컨트롤하지 못하고 있는 상태이다. 그리고 그 사이는 부분적으로 컨트롤하는 상태이다. 컨트롤할 수 없는 사건들에는 어떤 것들이 있을까? 아침에 해가 떠오르는 것, 갑자기 찾아드는 병, 태풍, 직장의 윗사람, 주식 시장. 우리가 어떻게 할 수 없는 일은 헤아릴 수 없이 많다.

그러나 중요한 점은 인생에서 컨트롤할 수 없는 사건이 많다는 사실이 아니고, 거기에 우리가 어떻게 반응하느냐 하는 데 있다. 때로는 '적응' 이 가장 현실적인 반응일 수 있다. 그것을 따르고, 수용하면서 사는 것이다. 어떻게 할 수 없는 일을 가지고 안달복달하는 것은 아무런 의미도 없다. 적응하지 못하면 영원히 스트레스를 받게 될 것이다.

세미나에 참가한 사람들에게 컨트롤할 수 없는 사건에 부딪혔을 때 어떤 느낌이 드는지 묻곤 한다. 그러면 사람들은 대개 '좌절감, 스트레스, 분노, 공포' 들을 느꼈다고 말한다. 이런 단어들은 자부심의 수준과 어떤 관계가 있을까? 당연히 이들은 자부심을 낮춰버린다. 컨트롤할 수 없는데 마음이 편할 리가 없다.

스키를 잘 타는 사람도 있겠지만, 나에게 그것은 컨트롤 불가능의 세계이다. 나는 하와이에서 자랐는데 거기는 눈이 거의 오지 않아 스키를 탈 수도 타 본 적도 없었다. 그런데 1982년 솔트레이크로 이사한 지 3년째 되던 때의 일이다. 거기서 아내와 나는 스키를 타기로 결심했다. 별다른 이유는 없었고 단지, 그래야 이웃과 스키에 대한 대화가 가능하기 때문이었다.

우리는 파크시티에 있는 스키장으로 가서 거기에서 제일 긴 리프트 앞에 줄을 섰다. (왜냐고?) 다들 거기 서 있었기 때문이다. 안내를 받거나 할 생각은 하지도 않았다. 드디어 리프트에 올라탔고, 산을 반쯤 올라갔을 때 불현듯 한 가지 걱정이 엄습해 왔다. 리프트는 타고 있는 사람이 내릴 수 있도록 멈춰서는 법이 없는 것이다. 아내에게 물어보았다. "리프트에서 어떻게 내리는지 알아?" 물론 곧 방법은 알 수 있었다. 스키 타듯이 리프트에서 내리면 되는 것이었다.

그러나 지금도 리프트에서 처음으로 탈출하던 때의 내 모습을 비디오테이프로 찍어 두었으면 좋았을 걸 하는 생각을 하곤 한다. 그것은 나로서는 컨트롤할 수 있는 일이 아니었다. 그리고 그때 나는 방금 전에 거

론한 감정들 전부를 한꺼번에 느꼈다. 한 가지 덧붙이자면 아픔이 함께
했다. 여기서 이 점은 확실하다. 컨트롤할 수 없다면 기분이 좋을 수가
없다는 것!

하지만 완전히 컨트롤할 수 있는 사건들도 있다. 이제 그 점에 관해
생각해 보자. 그런 것들로는 뭐가 있을까? 상당히 많은 일들을 들 수 있
을 것이다. 아침에 일어나는 시간, 입는 옷, 다른 사람의 태도에 대한 반
응, 그리고 먹는 것 들이 있다.

이런 사건들이 의미하는 바는 무엇인가? 바로 당신. 즉, 당신이 완벽
하게, 그리고 절대적으로 컨트롤할 수 있는 유일한 대상은 바로 당신 자
신이라는 점이다. 그 외의 것은 전부 부분적으로 컨트롤할 수 있거나,
아니면 아예 컨트롤 대상이 아니다.

자, 당신의 생활 속에서 몇 가지 사건을 적어 보라. 그런 다음 당신의
컨트롤 정도에 따라 1에서 5까지 수치를 매겨 보라. 여기서 5는 완벽한
컨트롤을, 그리고 1은 전혀 컨트롤을 할 수 없는 상태를 말한다. 아마 아
래와 비슷한 리스트가 나올 것이다.

사 건	컨트롤 정도
아침에 일어나는 시간	5
먹거리	4
옷가지(회사 근무복 규정에 맞추어서)	3
통근 시간	2
윗사람과의 회의 약속	1
부하 직원과의 회의 약속	4
점심시간과 같이 먹을 사람	3
좋아하지 않는 동료에 대한 반응	5
퇴근길의 교통 상황	1
오늘 저녁에 할 일	5
내일 밤에 할 일	1

물론 사람마다 리스트는 다를 수 있
다. 하지만 살면서 마주치는 사건 가
운데 가장 전형적인 것들을 포함하도
록 만들어야 한다. 그런 다음 리스트
를 보면서 이렇게 자문해 보라. "나는
내 인생을 얼마나 컨트롤하고 있는
가?" 그 결과, 컨트롤하는 정도가 매
우 낮게 나올 수 있다. 하지만 앞으로

제시하는 방법과 도구들을 사용하면 지금 현재보다 훨씬 더 높은 컨트롤 능력을 발휘할 수 있을 것이다.

그렇다면 당신이 부딪히는 일들을 컨트롤할 때 느끼는 감정을 표현하는 말로는 어떤 것들이 있을까? 아마 '자신감, 행복, 상쾌함, 자부심'들일 것이다. 딴에는 '놀라움'을 포함하는 사람도 있을지 모르겠다.

그런데 모든 사건들을 확실하게 컨트롤했을 때 갖게 되는 여러 감정을 아우르는 말이 있다. 바로 '마음의 평화'이다. 마음의 평화란 무엇일까? 마음의 평화는 생활 속에서 발생하는 사건들을 적절하게 컨트롤함으로써 얻은 평온함, 균형, 그리고 조화의 상태를 말한다.

그렇다. 시간관리의 목표는 마음의 평화이다. 이제부터 '시간관리'라는 생각은 접어두고 '사건 컨트롤'이라고 생각해야 한다. 시간관리 하면 으레 시계와 연관지어 생각하는 경향이 많다. 그러나 시계를 들여다보아서는 태양이 떴다가 지는 데 얼마나 걸리는지 알 수 있을 뿐이다. 그것은 우리가 컨트롤할 수 없는 사건이다. 진짜 문제는 과연 '나는 어떤 사건들을' 컨트롤할 수 있느냐 하는 것이다. '사건 컨트롤'에 초점을 맞추면 모든 것이 달라진다.

길들여지기

우리가 사건을 컨트롤할 수 없는 일부 이유는 각자가 이 세상에 길들여져 버렸기 때문이다. 많은 사람들은 자기가 가질 수 있는 것보다 더 적은 것에 만족해 버리고 현재보다 더 큰 성취를 할 수 있다는 생각조차 하지 못한다.

친구인 딕 윈우드가 들려준 이야기에 그 점이 분명하게 나타난다. 한

번은 그가 딸 사라를 데리고 서커스 구경을 갔다. 거기서 그는 깜짝 놀랄 일을 보았다. 8마리의 커다란 코끼리가 있었는데 그 코끼리들을 묶고 있는 밧줄이 생각 이상으로 가늘었던 것이다. 족쇄에 달린 고리에 붙어 있는 그 가느다란 밧줄은 다시 좀더 굵은 밧줄에 연결되어 있었고, 그 굵은 밧줄은 말뚝에 묶여 있었다. 그러나 그 정도로 큰 코끼리라면 힘도 엄청나게 셀 것이고, 그대로 뛰쳐나가 서커스 장을 마구 휘저을 수도 있을 터였다. 딕으로서는 왜 저 영리하고 호기심 많은 동물이 자유롭게 돌아다니고 싶어하지 않는지 그 이유가 궁금했다.

나중에 딕은 코끼리들이 줄을 끊고 마음대로 돌아다닐 힘이 있는데도 왜 그대로 묶여 있는지 그 이유를 알아보았다. 사람들은 그 코끼리들을 아주 어렸을 때 꼼짝도 못하게 말뚝에 묶어 놓는다. 그러면 코끼리들은 몇 주 동안 벗어나고자 안간힘을 써 본다. 그러나 서너 주가 지나면서부터 조금씩 코끼리들은 그것에 길들여져 버린다.

즉 오른쪽 발목이 묶여 있으면 자유롭게 움직일 수 없다고 스스로 믿어버리는 것이다. 이 조건 형성 이후부터는 아주 가느다란 줄로 묶어놓아도 코끼리들은 아예 움직이려고도 하지 않는다. 서커스의 코끼리들은 할 수 없다고 믿기 때문에 묶여져 있는 것이다. 그 어떤 쇠줄이나 밧줄보다도 마음속의 줄이 더 강했던 것이다.

물론 우리는 코끼리가 아니다. 그러나 우리 역시 여러 가지 이유로 길들여져 버렸고 스스로와 주위 환경에 대해서 어떻다고 믿어버리는 경우가 많다. 만약 컨트롤과 마음의 평화를 원한다면 이 길들여짐으로 인한 2가지 잘못된 생각을 말끔히 지워버려야 한다. 여기서 말하는 2가지 잘못된 생각이란 다음과 같다.

먼저, '우리가 컨트롤할 수 있다고 믿고 있지만, 실제로는 전혀 컨트롤할 수 없는 사건들이 있다.' 우리는 날씨가 좋지 않다고 불평하면서 시간을 보낸다. 또 쓸데없이 배우자나 종업원, 또는 아이들을 컨트롤하거나 조종하려고 쓸데 없는 노력을 한다.

그 반대로 '우리가 컨트롤할 수 없다고 믿고 있지만, 실제로는 완전히 컨트롤할 수 있는 사건들이 있다.' 예를 들어, 많은 사람들이 자신은 정말로 싫어하는 직장에 얽매여 있다고 생각한다. 그러나 그것은 스스로 부과한 속박이다.

말 그대로 컨트롤 능력 밖에 있는 사건들이 있다. 그런데 어떤 이유에서인지 머리 속에서는 그것들이 컨트롤 가능하다고 믿고 있다. 최근에 한 세미나에서 우리가 컨트롤할 수 없는 것의 예를 들어보라고 했다. 그러자 참가자 한 사람이 "마누라요"라고 대답했다. 맞는 말이다. 일반적으로 다른 사람이나 다른 사람의 행동은 컨트롤할 수 없다. 억지로 컨트롤하려고 하다가는 감옥 신세를 져야 할 것이다. 물론 다른 사람들의 행동에 영향을 미칠 수는 있다. 하지만 컨트롤할 수는 없다.

아이들의 경우는 어떨까? 흔히들 아이들이 장성하기 전에는 우리가 컨트롤 할 수 있다고 믿는다. 아기가 태어나는 것 자체를 우리가 거의 완벽하게 컨트롤할 수 있기 때문이다. 때로는 컨트롤이 안 되는 것도 있지만 아기들은 거의 완벽하게 우리에게 의지하고 있고, 또 우리가 많은 부분 컨트롤할 수 있다.

그러나 시간이 흐르면서 아기는 조금씩 '컨트롤 불가능' 쪽으로 나아가기(또는 기어 나가기) 시작한다. 그리고 10대가 되었을 때 아이들은 그 쪽으로 뛰어 가는 것 같다. 차라리, 아이들이 젊은이가 되었을 때는 부모 스스로 아이가 컨트롤에서 벗어가기를 기대하는 편이 낫다. 컨트롤의 권한이 부모로부터 아이에게 자연스레 넘어가도록 도와주는 것이 우리가 부모로서 성공하는 비법이자 척도인 것이다.

길게 보았을 때 자식조차도 컨트롤할 수 없는데 과연 다른 사람을 컨트롤할 수 있을 거라고 기대하는 것이 과연 현실적일까? 그만큼 가깝지도 않은 사람을? 물론 어느 정도까지는 다른 사람의 행동에 영향을 미칠 수는 있다. 그러나 궁극적으로 보았을 때 '다른 사람의 행동은 우리가 컨트롤할 수 없다.'

반면, 실제로는 우리가 컨트롤할 수 있는 사건들이라도 정신적으로 우리는 할 수 없다고 믿고 있는 것들이 있다. 예를 들어, 당신은 지금 뉴욕시에 있는 매리엇 마키스 호텔에 있고 나는 케네디 국제공항에 있다고 하자. 내가 당신에게 전화를 걸어서 "4시 30분에 공항 내의 델타 항공 터미널에서 나를 만나준다면 50만 달러를 주겠소"라고 제안을 한다. 그런데 지금 시간은 4시 15분 전. 45분밖에 여유가 없다.

제일 먼저, 방법이 없다는 생각이 들 것이다. 택시를 타고 간다면 아무리 빠른 길로 돌고 돌아도 체증이 심한 오후의 교통 상황에서는 한 시간 반은 족히 걸린다. 이 상황을 컨트롤할 수 있는 방법이 떠오르지 않는다. 50만 달러를 벌 수 있는 기회인데 방법이 없다니.

그런데 잠깐만. 지금 돈이 한두 푼도 아니고 자그마치 50만 달러가 오가는 상황이다. 50만 달러라면 보통 때는 생각지도 못하던 방법들을 궁리해낼 수 있다.

그렇다. 당신은 전화기를 들고 호텔 교환원을 부른다. "호텔에 헬기 착륙장이 있습니까?" 그러면 교환원은 "없습니다. 하지만 조금 떨어진 팬암 빌딩에는 있습니다." "좋아요! 그럼, 내 이야기를 잘 들으십시오. 당신이 나를 급행편 헬기 서비스에 연결시켜 준다면 1,000달러를 주겠습니다." 여기서 교환원은 1,000달러를 번다. 이제 당신은 수화기에다

대고 "여보세요. 그쪽에서 다른 손님이 있더라도 30분 안에 나를 먼저 케네디 공항에 데려다준다면 5만 달러를 내겠습니다"라고 제안한다. 그러면 상대방은 경영진과 의논한 다음 이렇게 말할 것이다. "여기까지 얼마 만에 오실 수 있습니까?" 약간의 우여곡절이 있겠지만 이런 식으로 주선하면 약속 시간 이전에 델타 항공 터미널에 도착할 수 있을 것이다.

여기서 말하고자 하는 요점은 바로 필요성이 충분히 클 때 우리는 평소에는 컨트롤할 수 없다고 믿는 사건들도 다 컨트롤할 수 있다. 문제는 '필요성의 차이'이다.

나는 하와이의 호놀룰루에서 자랐다. 11살 때, 이제는 하나우마 만을 헤엄쳐 건널 수 있을 거라는 자신이 섰다. 오하우 섬의 남단에 있는 하나우마 만은 폭이 약 2킬로미터 정도, 수심은 25미터 남짓한 아름다운 곳이었다. 어느 날, 나는 물 속에 뛰어들어 헤엄을 치기 시작했다. 그런데 그날따라 파도가 높아서 반대쪽이 보이지 않았다. 반쯤 건넜을까, 드디어 몸에 힘이 빠지고 가라앉기 시작했다. 나는 발을 젓고 얼굴을 내밀며 숨을 쉬려고 안간힘을 썼다.

그런데 갑자기 몇 미터 앞에서 상어 지느러미 하나가 나를 향해 미끄러져 오는 것이 보였다. 이때, 나는 빨리 반대쪽에 닿아야 한다는 필요성을 절박하게 느꼈다. 물에 빠져 죽는 건 괜찮지만 잡아먹히는 것만은 안 된다는 생각을 한 것이다.

이 컨트롤이 문제이다. 우리는 실제로는 컨트롤할 수 있는 사건들도 할 수 없다고 스스로를 세뇌시키고 있다. 모든 방도를 다 취해보지도 않고 포기하고 마는 것이다.

생산성의 3등식

심리학자이자 「자부심의 심리학(*The Psychology of Self-Esteem*)」의 저자인 나테니얼 브랜든(Nathaniel L. Branden)은 자부심과 생산성 사이에 직접적인 연관이 있음을 지적했다. 그 요점은, 자신을 좋게 생각할수록 더욱 생산적이 된다는 것, 그리고 생산적이면 생산적일수록 더욱 더 자신을 좋게 생각한다는 것이다.

브랜든의 관찰이 정말 마음에 든다. 하지만 내 성에는 차지 않는다. 이 방정식에 제3의 요소로 사건 컨트롤을 추가하면 '3등식'이 되는데 바로 이것이 '생산성의 3등식'이다.

잠시 중학교 때 배운 수학을 생각해보자. 한 방정식의 왼쪽에서 얼마를 빼면 오른쪽에서도 그 만큼을 빼야 등식이 성립한다. 우리의 3등식에 그 이치를 대입하면 이렇게 된다.

자부심이 내려가면 생산성이 떨어진다. 그리고 생산성이 떨어지면 사건 컨트롤 역시 떨어진다. 그리고 그 역의 명제도 성립한다. 자부심이 올라가면 생산성과 사건 컨트롤이 올라가는 것이다.

이 3등식의 제일 쉬운 부분은 당연히 사건 컨트롤 쪽이다. 살아가면서 사건을 더 많이 컨트롤할 수 있으면 더욱더 생산적이 된다. 또 일을 훨씬 더 조직적으로 처리할 수 있으며, 가치 있는 활동에 더 많은 시간을 투자할 수 있다. 물론 자연히 자부심이 올라가는 부산물도 얻는다.

그렇다고 인간에게 자신만의 가치관이 있음을 부정하는 것은 아니다.

그것은 분명히 존재한다. 다만, 강조하고자 하는 바는 자신의 생활에서 일어나는 사건을 보다 잘 컨트롤하면 할수록 자신에 대하여 더욱 만족하게 된다는 것이다. 그리고 자신에게 정말 중요한 것들을 컨트롤하면 할수록 정말 자신이 더 자랑스러워진다. 우리는 자신에게 소중한 사건들을 컨트롤하고 싶어한다는 점을 명심하면서 다음의 질문들을 생각해 보자.

1. 인생에서 가장 우선 순위가 높은 것들은 무엇인가?
2. 그 가운데 가장 소중한 것은 무엇인가?

앞으로 몇 개의 장에 걸쳐서 인생에서 가장 우선 순위가 높은 것들을 확인하고 또 먼저 처리하는 방법에 관해서 알아볼 것이다. 우선 순위가 높은 것이란 우리에게 정말 중요한 것, 그리고 우리가 마음의 평화를 경험하고자 할 때 해야만 하는 것을 말한다.

위의 두 질문에 대한 대답도 중요하지만 그 대답을 어떻게 실행할 것인가 하는 점 역시 중요하다. 첫 번째 질문은 우리의 핵심가치, 즉 우리에게 소중한 것들을 파악하는 작업에 관한 것이다. 이것은 다음 장에서 좀더 자세히 다룰 것이다.

두 번째 질문은 처리 순서를 의미한다. 왜냐하면 중요하고 우선 순위가 높은 것일지라도 다른 것들과 비교해서 더 중요한 것이 분명히 있기 때문이다. 일단 정말 중요한 사건들을 확인하게 되면 그것들을 어떻게 처리할 것인가, 가장 핵심적인 사건들을 어떻게 컨트롤할 것인가 하는 것만이 문제가 되는 것이다.

시간에 대한 2가지 착각

우리가 인생을 컨트롤한다는 것은 곧 우리가 시간을 컨트롤하는 것이라는 점, 그리고 우리가 시간을 컨트롤한다는 것은 우리 인생의 사건들을 컨트롤하는 것임은 이미 확인한 바와 같다.

그러면 왜, 가장 중요한 일들을 처리하는 데 그토록 어려움을 겪는 경우가 많은 것일까? 왜 우리는 진정으로 중요하다고 생각하는 일에 손을 댈 여유가 없을까? 이 딜레마에 대해서는 여러 가지 대답이 가능하다. 그 가운데 하나는 우리가 시간에 관한 2가지 착각에 빠져 있다는 것이다. 우리는 그 2가지 착각에 빠져서 우리 인생의 사건들을 효과적으로 처리하지 못하고 있다.

첫 번째 착각은 '우리가 지금보다는 언젠가 미래의 어느 때에 더 많은 시간을 가지게 될 것'이라고 생각하는 것이다. "그래, 다음 주에 하지 뭐. 다음 달 아니면 내년도 좋고. 그것도 아니면 아이들이 다 크거나 은퇴하고 나면 시간이 있겠지."

두 번째 착각은 '어쨌거나 시간을 저축할 수 있을 것'이라고 생각하는 것이다. 그러나 우리가 가지고 있는 시간은 지금뿐이다. 하루는 24시간이고, 마지막 1초까지 다 쓰게 되어 있다. 하루는 더도 덜도 아닌 딱 8만 6,400초, 나중에 쓰겠다고 저축할 수가 없다. 즉, "시간이 없다"는 말은 거짓말이다. 누구나 똑같은 시간을 가지고 있다.

당신이 오늘 내게 전화를 해서 "하이럼 씨, 오늘 저녁이나 같이 합시다"라고 했을 때 내가 "미안합니다. 저녁을 같이 하고는 싶지만 시간이 없어서"라고 했다면 나는 거짓말을 한 것이다. 내 말인즉 "같이 저녁을 먹는 것보다 더 중요한 일이 있습니다"라는 뜻이다.

그런데 나는 왜 솔직하게 그렇게 말하지 않은 걸까? 그것은 "시간이 없다"는 말이 문화적으로 용인되기 때문이다. "당신하고 저녁 먹는 것보다 다른 일이 더 중요합니다. 그래서 갈 수 없습니다"라고 말하는 것은 문화적으로 용인되지 않는다. 상대에 대한 모욕일 따름이다.

우리는 다른 사람에게 시간이 없다고 말할 때 자신이 한 말의 의미를 정확히 모르고 말하는 경우가 대부분이다. 물론 이것은 듣는 사람들 역시 마찬가지이다. 이 말을 듣고도 별로 화를 내지 않는 것도 바로 그런 이유에서이다. 우리는 자신에게도 뭔가를 할 시간이 없다고 스스로를 납득시키느라 그럴싸한 거짓말을 얼마나 자주 하고 있는가? '시간이 없다'는 생각에 중요한 일을 뒤로 미루는 경우가 얼마나 많은가?

그때 우리의 솔직한 대답은 아이들과의 놀이나 이웃과의 교제, 아니면 언젠가는 꼭 써야지 하고 생각했던 편지 쓰기 같은 의미 있는 일보다는, 텔레비전 시청이나 낱말풀이 같은 시시껄렁한 것들을 훨씬 더 가치 있는 일이 되도록 허용했다고 해야할 것이다.

가치관과 우선 순위, 그리고 소중한 것을 확인하는 방법은 다음 장에서 구체적으로 이야기하기로 하고, 여기서는 우리가 항상 소중하다고 생각하는 일을 하고 있지는 않다는 사실만큼은 인정하자. 우리에게 주어진 시간은 한정되어 있다. 그리고 항상 누군가 훔쳐가기라도 한 듯이 순식간에 사라지고 만다.

시간도둑

소중한 일이 별로 중요하지 못한 일 때문에 미루어지는 경우가 많다는 사실을 느껴본 적이 있는가? 때로는 모든 사람, 그리고 모든 일들이 마치 무슨 음모를 꾸민 것처럼 우리가 진정으로 하고 싶은 일을 못하게 막는 것처럼 보일 때가 있지 않은가?

예상치 않았던 사건이 갑자기 생겨나 눈길과, 주의를 끌어 버려, 정말 중요한 일에는 정신을 쓰지 못하게 만든다. 그런 사건들이 우리를 컨트롤해버리는 것이다. 그렇게 되면 생산성이 떨어지고 자부심도 없어진다. 이런 사건들은 우리가 정말로 꼭 해야 하는 일을 하지 못하게 만들기 때문에 비싼 대가를 치르게 만든다.

기회비용이라는 말을 들어보았을 것이다. 예를 들어, 내가 당신에게 100달러짜리 현찰로 1만 달러를 주면서 자정이 되기 전까지 써야 한다고 조건을 내걸었다고 하자. 다만 자정이 되는 순간 내가 당신 앞에 나타나 그 동안 쓰지 않은 돈이 있으면 다 돌려 받기로 한다. 과연 당신은 자정이 될 때까지 돈을 가지고 있을까? 물론 아닐 것이다. 대부분의 사람들은 그 돈을 재빨리 회사에 투자해 버릴 것이다. 그런데 당신은 그 돈을 옷을 사는 데 쓴다고 하자. 그렇다면 당신은 다른 것에는 돈을 못 쓰게 된다. 옷 이외의 다른 모든 것을 포기하는 것이다. 당신이 옷을 샀기 때문에 못 갖게 되는 다른 것들을 기회비용이라고 한다.

시간도 바로 돈과 같다. 1시간 동안 텔레비전을 보기로 결정하면 무언가 다른 일을 하지 않기로 결정하는 셈이다. 텔레비전을 보는 것 이외의 다른 일을 못하게 되는 것이다.

만약 누군가 당신의 은행 구좌에 들어와서 돈을 빼간다면 엄청나게 화가 날 것이다. 그런데 온갖 도둑들이 자신의 인생에 침입해 들어와 시간을 도둑질해 가는 데도 눈 하나 깜짝하지 않는 사람이 너무나 많다.

다음에 열거한 '시간도둑들'의 리스트가 완벽한 것은 아니다. 그러나 당신의 가장 소중한 자산인, 시간을 훔쳐갈 수 있는 온갖 요소들에 대해서 방어를 하는 데 다소나마 도움은 될 것이다. 내가 이 시간도둑들을 2

가지 그룹으로 나눈 데는 이유가 있다. 그룹 A는 대개 당신의 직장 환경과 관련된 시간도둑이고, 그룹 B는 대부분 당신이 스스로 만들어낸 것들이다.

이런 시간도둑들이 모두 다 피할 수 없는 것은 아니다. 회의나 권위 부족처럼 컨트롤할 수 없는 것들도 있다. 그러나 어쨌든, 그것들은 우리의 인생 속으로 살며시 스며들어와 우리의 시간을 훔쳐가고 있다. 물론 우리는 그런 사실을 의식조차 못한다. 시간은 어디론가 갑자기 사라져버리고, 어느새 주어진 시간이 모두 없어져 버렸음을 알게 된다.

그러나 시간이 어디로 사라졌는지도 알지 못한다. 이런 시간도둑들의 기회비용은 엄청나게 높다. 특히 사건 컨트롤, 개인의 생산성, 자부심이라는 측면에서 보면 그 기회비용은 이루 말로 할 수 없을 정도로 높다.

옆의 리스트를 읽으면서 당신을 제일 곤란하게 만드는 시간도둑들을 확인해 보라. 그리고 그것들에게 1에서 10까지 순위를 매긴 다음 가장 심각

시간 도둑들	
그룹A : 남들이 부과한 것	그룹B : 스스로 부과한 것
방해에 의한 중단	위임 실패
대답 기다리기	무기력한 태도
불분명한 직무 정의	개인적 혼란
불필요한 회의	건망증
과도한 업무	남의 말을 못 알아듣는 것
커뮤니케이션 부족	우유부단함
우선 순위의 변경	사교/접대
장비 고장	피로
무계획적인 상사	실천력 부족
형식주의	완수하지 않은 일의 방치
우선 순위의 충돌	정리되지 않은 서류
직장 내 사기 저하	뒤로 미루기
훈련되지 않은 직원	외부활동
동료/직원의 부탁	어지러운 작업공간
권위 부족	불분명한 목표
직장 내 유희	완벽주의
다른 사람의 실수	엉성한 계획
데드라인 변경	괜한 걱정
회의	과도한 의욕

한 도둑을 없앨 방법을 생각해 보라.

다른 사람들의 리스트는 어떨까 궁금할 것이다. 나는 세미나 참가자들에게 그들의 시간도둑들을 확인해 보라고 요청한다. 다양한 직업과 부류의 사람들의 응답을 모은 결과, 가장 많이 거론되는 시간도둑의 순위는 다음과 같다.

1. 방해에 의한 중단
2. 뒤로 미루기
3. 우선 순위의 변경
4. 엉성한 계획
5. 대답 기다리기

이 악당들 가운데 셋은 그룹 A에 속하고, 둘은 그룹 B에 속한다. 그런데 이 5가지 시간도둑들과 관련해서 안타까운 점은 이 모두가 우리들 대부분에게 이미 습관화되어 있다는 사실이다. 다시 말해 오늘 시간을 낭비한 방식 그대로 지난주에도, 그리고 지난달에도 시간을 낭비한 것이다. 그리고 앞으로도 '주요 범죄자들을 확인, 그들을 제거할 계획을 세우지 않는다면 남은 인생도 똑같은 유형으로 시간을 낭비하며 살게 된다.' 이 점을 명심하면서, 이 흔하디 흔한 시간도둑들을 없애기 위한 몇 가지 방법을 검토해 보자.

방해에 의한 중단

받고 싶지 않은 전화나 불쑥불쑥 나타나는 방문자들은 우선 순위가 높은 일들 틈새로 마치 고기 자르는 칼처럼 끼여 든다. 그럴 때 겉으로는 그 방해를 참고 있지만 속으로는 침입에 대해서 분개하고 있는 경우가 많다.

이런 방해를 처리하는 방법을 제안해 보라고 하면, 대부분 장문의 작전일지를 내놓는다. 모두 침범을 막아내거나 무시, 또는 되도록 짧게 끝내는 방법들이다. 방해 처리가 곧 방해자의 제거와 같다는 생각에 그런 방법들을 내놓는 것이다. 그러나 불필요하고, 부당하고, 심지어 화나게 하는 것도 있지만, 정말 필요한 방해도 있다. 만약 이틀 동안 아무런 방해도 받지 않고 일한다면, 그것은 곧 실직을 뜻하는 경우가 대부분이다.

여기서 진짜 문제는 '어떻게 하면 우선 순위가 높은 중단과 역기능적 중단을 구분할 수 있는가?' 하는 것이다. 중단은 일반적으로 세 부류로 나눈다.

1. 불필요한 중단. 사전에 알리지 않고 들른다거나 전화를 걸어올 때 불필요한 중단이 발생한다. 그들은 당신이 반길 것이라고, 또 필요한 정보를 가지고 있다고, 그리고 당신이 책임자라는 오해에서 그런 행동을 취한다. 그러나 이것이 사실이 아니라면, 그것은 불필요한 침범, 일종의 시간 낭비인 셈이다. 이 중단은 최대한 빨리 피하거나 끝내야 한다.

2. 필요한 중단. 당신이 신경 쓰는 일에 관련된 것이다. 당신이 정보를 가지고 있거나 책임자일 때이다. 필요한 중단은 가치가 있고, 당신은 그것을 그 즉시 처리해야 한다. 안 그러면 시기를 놓치게 된다.

3. 시의 적절하지 못한 중단은 필요하지만 부자유스럽거나, 적절하지 못한 시간에 벌어지는 일이다. 좀더 적절한 시간에 처리할 수 있도록 시간을 조정해야 한다.

중단의 유형을 되도록 빨리 결정하는 효과적인 도구가 바로 '정곡 돌파형 질문'이다. 정곡 돌파형 질문은 상대방의 기분을 상하게 하지 않으면서 곧바로 방해의 요점을 묻는 것이다. 예를 들면 이런 것이다.

"반갑습니다. 오늘은 무슨 일입니까?"

"용무는 무엇입니까?"

"무얼 필요로 하세요?"

다른 사람이 당신을 방해할 때에는 무슨 용무를 가지고 있는지 먼저 말하는 법이 절대 없다. 그러므로 먼저 정곡 돌파형 질문을 던지도록 한다. 대화의 '주체'를 상대방에게 넘기는 것이다. 상대방에게 자신의 침입을 빨리 정당화하라는 뜻을 담은 미묘한 메시지를 보내는 것이다. 상대방이 어떤 요구나 질문을 하면, 당신은 그 즉시 우선 순위와 대응에 필요한 시간을 판단, 적절한 행동을 취하도록 한다. 여기 한 예를 들어 보겠다.

지금 자네트는 오후 시간을 몽땅 투여해야 할, 긴급하고도 중요한 일에 몰두하고 있다. 그런데 갑자기 전화가 울린다. 자네트는 전화기를 집어들고 대답한다. 상대방은 다른 부서에서 일하는 동료이다.

"자네트, 나 탐이야. 요즘 어때?"

"좋아, 탐. 그런데 무슨 일이야?"

"아, 지난주에 점심을 같이할 때 한 말 있지. 우리 부서하고 공동 작업을 해야 할 제안이 있다고 말이야. 한번 논의하자고 했잖아. 지금 1시간 정도 여유가 있거든. 그래서 시간이 괜찮은지 물어 보려고 했어."

"탐, 우리가 만나기는 꼭 만나야 하는데 지금은 중요한 일이 걸려 있어. 내일 2시면 어떨까?"

"2시면 나도 괜찮아. 그럼 내일 2시에 보자고."

"좋아, 그때 봐."

앞의 대화가 어떤 이야기로든 벗어날 수 있는 말로 시작했다는 점에 주의하길 바란다. 여기서 자네트의 질문이 탐을 요점으로 인도했고, 자네트는 이 중단의 유형(시의 적절성)을 판단, 적절하게 대응(시간 약속)했다.

당신에게 어떤 관심사나 질문을 가지고 빈번하게 들르는 사람이라면 적절한 일대일 만남을 통해서 그 중단을 피할 수 있는 경우가 많다. 이렇게 하면 긴급하고, 우선 순위가 높은 문제가 아닌 경우, 다시 말해서 필요한 중단이 아닌 경우에는 다른 사람들의 방해로 인한 중단을 충분히 막을 수 있다.

물론, 중단이라고 해서 모두 다 나쁜 것은 아니다. 지금 하고 있는 일보다 그 방해가 훨씬 더 중요할 때도 있다. 또 기회라는 것이 아무 예고도 없이, 순간에 찾아오는 일도 있다. 그러므로 당신이 방해에 대처하는 법을 숙지하고 있다면, 그리하여 방해를 긍정적인 관점에서 본다면 그런 기회도 훨씬 더 쉽게 포착할 수 있고, 나아가 유리한 쪽으로 방향을 돌릴 수도 있다.

뒤로 미루기

방해에 의한 중단이 외부 부과형 시간도둑의 가장 많은 형태라면 미루기는 가장 흔한 자기 발생형 시간도둑이다. 어떤 사람에게는 미루기가, 오늘 왔다가 내일이면 가버리는 우연한 방문자격이고, 어떤 사람에게는 주말에 잠시 볼일 있다는 핑계로 왔다가는 그대로 눌러 붙는 성가신 장모격이다.

나는 미루기의 2가지 기본형을 확인했다.

의식적 미루기: 정신이 말짱한 상태이고 자신이 무엇을 하고 있는지 알고 있다.
무의식적 미루기: 자신이 무엇을 하고 있는지도 거의 모른다.

의식적 미루기는 확인하기도, 그 대응책을 마련하기도 쉽다. 그런데 무의식적 미루기는 어렵다. 먼저 자신이 그렇게 하고 있다는 사실을 알아차려야 하기 때문이다. 어느 쪽이든 미루기는 높은 기회비용이 뒤따른다. 뒤로 미루기가 시간관리의 다른 모든 문제보다 훨씬 더 많은 실패와 아픔을 낳고 있으리라는 것은 충분히 짐작이 갈 것이다. 기회가 문을 두드리는 것은 일을 뒤로 미루는 사람이나 그렇지 않은 사람이나 다 마찬가지이지만, 미루는 사람은 대답을 하지 않는다는 점이 다르다.

그러면 왜 일을 미룰까? 다시 말해, 우리는 왜 정말 중요한 일을 별로 중요하지 않은 일의 처분에 맡기는 것일까? 아마도 그 가장 흔한 이유는 중요한 일이 즐겁지 않기 때문일 것이다.

예를 들어, 업무기획서 만들기를 죽도록 싫어하는 사람도 있고, 월별 결산보고서 작성을 피하고 싶은 사람도 있다. 그런 일로는 세금 신고나 여러 사람 앞에서 발표하기, 편지 답장 쓰기, 쓰레기통 비우기, 건강진단 받기, 운동하기 등 끝이 없다.

우리는 때로 쉽고 편하게, 생산적으로 일하고 성공하고 건강하게 살기를 바라는 경우가 있다. 사실 즐겁지 않은 일에 대한 자연스러운 반응도 그 일을 미루는 것이다.

그러나 일을 미루면 결국 사건이 우리를 컨트롤하도록 하는 셈이 된다. 그렇게 하면 생산성은 물론 자부심도 떨어진다. 이 하향성 소용돌이를 피할 수 있는 유일한 길은 인생의 사건들을 컨트롤하는 것이다. 불쾌한 사건일지라도 컨트롤해야 한다.

여기 미루기를 극복하는 방법을 몇 가지 제안한다.

- 데드라인을 정하라. 데드라인을 정하면 없을 때와 비교해서 긴박감을 만들어낼 수 있다.
- 싫은 것부터 먼저 처리하라. 그렇게 하면, 갈수록 기분 좋은 일이 기다리고 있다는 기대를 할 수 있고, 긍정적인 기분으로 그날을 마감할 수 있다.
- 게임 하듯 하라. 고역을 즐거움으로 바꾸는 효과적인 방법이다.
- 스스로에게 상을 주어라. 일을 빨리 완수하고자 하는 유인책이 된다.

일을 미루는 또 다른 이유에는 일이 너무나 엄청나 보이기 때문일 경우가 있다. 일의 크기나 기한, 또는 복잡성이 부담이 가는 것이다. 빠르고, 쉬우며, 재미있는 일이야 언제나 즐겁다. 그러나 아무리 엄청난 일이라도 헨리 포드의 충고를 받아들인다면 그래도 덜 압도당할 것이다.

"일을 잘게 나눈다면 특별히 어려운 일이란 없다."

중요한 일을 미루는 또 다른 이유들도 여러 가지가 있다. 지나친 약속(이것은 일을 마비시키는 결과를 낳는다), 정보 부족, 불분명한 목표, 실패에 대한 두려움, 시의 적절하지 못함, 그리고 일에 대한 잦은 혼란 들이 있다. 또는 무관심 때문에 일을 미루는 경우도 있다. 그 일이 제대로 되든지 말든지 신경을 쓰지 않는 것이다. 일을 미루는 이유를 인식한다면 좀더 직접적으로 처리할 수 있다.

그 이유야 어쨌든지 미루기는 치명적인 시간도둑이다. 그리고 미루기를 극복하는 최선의 방법은 그 미루고 있는 일에 어떻게 해서든지 긴박감을 불어넣는 것이다.

우선 순위의 변경

직장에서 그 어떤 것보다도 더 많은 혼란을 불러오는 시간도둑이 여기 있다. 그런 직장에서 일하게 되면 매주 한 번씩 위기상황을 맞게 될지도 모른다. 우선 순위가 바뀐다는 것은 일이 급속도로 변화하는 직장환경과 동일시된다. 경영진은 문제나 기회에 빠르게 대응하기 위한 노력의 일환으로 상황에 따라 조직의 에너지를 이쪽 '전선'에서 다른 쪽으로 이동시킨다.

이런 조치는 매우 자극적일 수 있고, 일부에게는 엄청난 추진력으로 작용하기도 한다. 그러나 그 이동과 추진이 의미와 목표를 가지고 있을 때에만 그런 효과를 낳는다. 목적이 보이지 않으면 사람들은 뭔가에 휘둘리는 것 같은 느낌을 받는다. 특히, '직면한 위기'를 해결하지 못한 채 다시 새로 발생한 위기로 몰려가야 할 때 이런 일이 일어난다.

우선 순위 변경의 효과는 실험에서도 증명되고 있다. 쥐에게 일정한 소음, 냄새, 그리고 절차들에 익숙해지는 훈련을 시킨다. 여기서 쥐들은 그 절차들을 익히고 난 다음에는 언제든지 원할 때마다 먹이를 얻을 수 있다. 이럴 때 쥐들은 아주 건강하고 즐거운 행동을 보인다.

일단 쥐들이 그 행복한 상태에 이르렀을 때 과학자들은 규칙의 변화(우선 순위의 변경)를 준다. 곧 쥐들은 평소의 절차를 따른다고 해서 원하는 결과가 얻어지지 않는다는 사실을 알게 된다. 그리고 쥐들이 이 새로운 절차를 익혔을 때 다시 규칙의 변화를 준다. 쥐들은 또다시 처음부터 다시 시작해야 한다. 이런 과정을 여러 번 되풀이하면 쥐들은 민감해지고 서로 싸우기 시작한다. 그리고 혼란이 극도에 이르면 가만히 앉아서 아무 움직임도 취하지 않는다. 심지어 그대로 죽기도 한다.

물론 우리는 쥐가 아니고, 우리의 작업 환경도 그렇게 극단적인 방식으로 조종되는 것은 아니다. 그러나 흥미로운 공통점이 있다. 만약 당신이 그런 우선 순위의 변경으로 혼란을 겪고 있다면 윗사람과 이야기해 보는 것이 좋을 것이다.

그 대화에서 찾아야 할 것은 상황에 대한 이해, 최선의 적응, 그리고 생산성을 올리기 위한 방법이다. 그게 아닐 때 선택할 수 있는 길은 정말 간단하다. 도망가거나(회사를 떠나 새로운 일자리를 찾거나 가만히 앉아서 아무 것도 하지 않을 수도 있고, 이것저것 다 싫으면 죽는 길이 있다) 아니면 흘러가는 것이다(상황에 맞추어 움직이는 법을 배우면서 즐기는 것이다).

여기서, 앞에서 사건의 연속체에 관해서 이야기한 것들을 생각해 보라. 우선 순위의 변경이 심한 직장이라는 것은 당신이 거의 컨트롤할 수 없는 상황이다. 그리고 거기에 대응할 수 있는 유일한 해결책은 함께 흘러가는 것, 즉 적응하는 것이다.

엉성한 계획

오래 전부터 내려오는 격언이 하나 있다. "계획에 실패하면 실패를 계획하는 것이다." 엉성한 계획이 자기 스스로 만들어내는 시간도둑이라는 점은 너무나 분명하다. 그래서 그 해결책도 금방 떠오른다. 멋진 계획이 바로 그것이다. 그런데 엉성한 계획이라는 증후군은 당신이 일하고 있는 환경, 또는 계획을 통한 컨트롤의 이점에 대한 이해 부족에서 나오는 경우가 대부분이다.

예를 들어, 이 일 저 일 모두 당신에게 신경을 써달라고 아우성을 치고 있고, 끊임없이 일에 쫓기는 상황에서는 그 결과가 '어떻게 시작하든 무슨 차이가 있지?' 하고 생각할 수도 있다. 또한 작업 환경이 이런저런 이유로 혼란스럽다면 계획을 세우려고 노력하는 일 자체가 좌절감만 더 할 수도 있다. 그럴 때는 이런 생각을 할 수도 있다. '뭐, 꼭 그렇게까지 할 필요는 없지. 그냥 하고 있는 일이나 하자고.'

진정으로 인생을 컨트롤하고 싶고, 진정으로 마음의 평화를 원하는 사람이라면 상황으로 모든 것을 정당화하지는 않을 것이다. 이 책에서, 그리고 세미나에서 계획과 우선 순위의 방법에 대해서 그토록 많은 시간을 할애하는 것, 그리고 계획을 세우는 일과 계획을 철저하게 실천하는 일에 중요성을 강조하는 것도 바로 그런 이유에서이다.

엉성한 계획이 당신의 시간을 훔쳐 가는 주요한 시간도둑의 하나라는 사실을 인정한다면 뒤에서 소개하는 제4법칙과 제5법칙에 특히 주의를 기울이기 바란다.

대답 기다리기

"기다리는 자에게 복이 있나니." 누군가 이런 말을 했다. 물론 나는 아니다. 나는 기다리는 것을 지독히도 싫어한다. 대답 기다리기도 흔히 나타나는 시간도둑의 하나이다. 모든 사람이 이 도둑에게 수시로 당하고 있다. 이것은 환경으로부터 강요당하는, 당신이 어찌 해볼 수 없는 도둑이다. 따라서 적응, 즉 함께 가기로 해결할 수밖에 없는 경우가 대부분이다.

그런데 한번은 대답을 기다리다가 기대 이상으로 이 문제도 컨트롤이 가능하다는 사실을 깨달았다. 다만 우리가 이용하고 있지 않았을 따름이었다. 만약 조직이 내가 하는 일이 지극히 중요한 일이라고 우선 순위를 두고 있다면 나는 무슨 일을 해서든 그 '침묵'을 깨고 내가 필요로 하는 대답(또는 정보나 제품, 장비 들)을 얻어내야 한다. 여기 내가 직접 효과를 본 방법을 추천한다.

1. 대답을 줄 사람에게 전화를 걸어 상황과 문제를 설명한다. 특별한 도움을 청하거나, 아니면 작은 도움이라도 받을 수 있는 사람을 물어본다.
2. 단서가 될 만한 것은 모조리 검토하되, 필요와 긍정적인 결과에 강조점을 두고 검토한다. 상황을 개선하는 데 당신이 할 수 있는 일이 무엇인지 물어본다.
3. 당신보다 지위가 높은 사람을 상대해야 할 때는 당신의 상사에게 도움을 청한다. 문제가 해결될 때까지, 아니면 막다른 골목에 이를 때까지 파고 들어가 본다.
4. 주변의 관련자 모두에게 좋은 대답이나 정보가 있을 때는 즉시 당신에게 연락하도록 해둔다.

말 그대로 아무 것도 할 수 없을 때에는 그 다음으로 당신을 누르고 있는 문제로 옮겨가야 한다. 이제는 함께 흘러갈 시간이다.

5가지 주요한 시간도둑에 대해서 검토해 보았다. 이제는 다른 시간도둑들에 대해 짧게나마 살펴보기로 하자. 전세계의 많은 사업가들에게 중요한 문제로 떠오르고 있는 것들이다.

먼저, 우리 스스로 만들어내고 있는 시간도둑들인 그룹 A를 보자.

불분명한 직무 정의

이런 상황에서라면 도대체 내가 무엇을 해야 할지 알 도리가 없다. 이런 경우는 고속도로에서 한창 가속도를 내어 달리는데 갑자기 안개지대로 들어가는 것과 같다. 이때는 일단 속도를 낮추고 천천히 움직여야 한다. 왜? 앞이 보이지 않는데 빨리 달리는 것은 위험천만하기 때문이다. 안개가 사라지고 시야를 확보했을 때 빨리 달리도록 한다. 여기서 무엇이 변했는가? 단 한 가지, 앞이 잘 보이게 되었다는 사실뿐이다.

직장에서도 지금 어디에 있는지, 어디로 가고 있는지 모를 때 생산성이 떨어진다. 당신의 업무를 명확하게 정의할 책임을 누가 지고 있는가? 만약 당신이 직접 할 수 없다면, 윗사람과 마주 앉아서 당신의 책임 한계를 분명하게 확인하라. 그 일을 완료하지 않으면 엄청난 시간만 속절없이 흘러간다.

불필요한 회의

미국에서만도 하루에 1,100만 건 이상의 회의가 열리고 있는 것으로 추산하고 있다. 그런데 이 가운데 많은 수가 너무나 길고 심지어 불필요하다. 어떻게 해야 할까? 회의를 소집할 때는 회의의 목적을 확인하는 일을 잊지 말아야 한다. 그리고 의사록도 만들고 꼭 필요한 사람만 참가하도록 확인한다. 만약 그 자리에 있을 필요가 없는 사람이 있다면 좀더 생산적인 일을 하도록 배려해 준다. 다른 누군가가 주최하는 회의에 참가하라는 요청을 받았을 때에는 거기에 자신이 꼭 참석해야 하는지 물어본다. 그리고 그 필요성의 정도에 따라 양해를 얻어 가지 않을 수도 있다.

과도한 업무

당신이 과중한 부담을 지고 있는 경우를 말한다. 우리 모두 '만재흘수
선[滿載吃水線, 플림솔 라인(Plimsoll line)]'을 가지고 있다는 점을 명
심하자. 1880년, 영국의 새뮤얼 플림솔(Samuel Plimsoll)은 과도한 짐
을 실은 배가 바다에 빠지는 문제를 해결하고자 씨름했다. 그는 모든 영
국 배의 선체에 하나의 선을 그리자는 법안을 의회에 제출했다. 배에 짐
을 실을 때 그 선에 물이 올라오면 더 이상 싣지 못하도록 규제하는 법
안이었다. 그 선이 바로 만재흘수선이다.

사람들은 모두 자신의 만재흘수선을 가지고 있다. 그것은 눈에 보이
지는 않지만 코 바로 아래에 그려져 있다. 어떤 때는 "이 이상은 곤란한
데요"라고 점잖게 거부해야 할 때가 있을 것이고, 또 단숨에 안 된다고
해야만 할 때도 있다. 하루의 일을 제대로 계획하고만 있다면 안 된다고
말할 수 있는 방어책이야 충분할 터이다. 그러면 그 일이 다른 사람에게
돌아갈 수도 있다. 아니면 당신이 그 긴급한 과제를 처리할 시간을 낼
수 있도록 다른 일들을 재평가할 수도 있다. '아니오'라고 말하는 것을
배우도록 하라.

커뮤니케이션 부족

서로 간에 의사 소통이 잘 되지 않을 때에는 정말 엄청난 시간이 헛되
이 버려진다. 몇 날, 몇 주 심지어 몇 년이 날아갈 수도 있다. 그런데 이
문제는 당신이 얼마나 명확한 그림을 가지고 있는가에 달려 있다. 지금
어떤 결과를 기대하고 있는지 확실히 파악하고 있고, 또 그 업무를 완수

하기 위해 참가하고 있는 사람들에게 당신의 뜻을 제대로 전달할 수 있다면 엄청난 시간을 절약할 것이다. 반대로, 무엇을 기대하고 있는지도 모르고 있고, 다른 사람들에게 분명한 그림도 전달할 수 없다면 상당한 시간을 낭비하게 된다.

장비 고장

여기에 무슨 말이 더 필요하겠는가? 컴퓨터가 다운되기를 바라는 사람은 한 사람도 없을 것이다. 여기에는 2가지 방안이 있다.

1. 예방적 유지 보수. 우선, 고장나지 않도록 사전에 조치를 취한다.

그리고 나서 2. 고장 수리를 위한, 또는 최소한 즉각적인 백업을 가능하게 하는 표준 조작 절차를 마련해 둔다. 그래야 장비가 고장나더라도 그로 인한 시간 손실을 최소한으로 줄일 수 있다. 장비 고장으로 인해 매년 엄청난 돈이 날아가고 있다. 개선이 시급하다.

무계획적인 상사

천성이 계획적인 사람이 무계획적인 사람 밑에서 일하는 것은 정말이지 맥빠지는 일이다. 하지만 여기서도 다시 한번 더 커뮤니케이션의 열쇠를 사용하자. 윗사람이 당신이 지금 하고 있는 일을 이해하고 있는지, 그리고 당신의 생산성에 대한 기대치에 대해서, 그리고 소요시간에 대해서 의견이 일치하고 있는지 확인하라. 이런 일이 쌓이다 보면 그 윗사람도 점점 더 계획적인 사람으로 바뀌어 갈 것이다.

형식주의

회사가 성장하고 관료주의가 팽배해지면 형식주의가 실로 중대한 문제가 된다. 이 문제는 어떻게 해결해야 할까?

1. 형식주의가 존재한다는 사실을 이해한다.

그러고 나서 2. 형식주의가 당신에게 방해가 되지 않도록 사전에 조치를 취한다. 형식주의가 방해가 된다는 사실을 인식하는 순간 그것을 돌아갈 길을 찾아야 한다. 금지선이 그어져 있어도 돌아갈 길은 있는 법이다.

우선 순위의 충돌

윗사람과 하급자 사이에 주어진 과제들에 대해서 우선 순위에 대한 합의가 이루어지지 않을 때에는 중대한 문제가 발생하게 마련이다. 우선 순위에 대한 합의를 확실하게 이끌어내고, 급한 일들을 처리하는 데 최선을 다하라.

직장 내 사기 저하

자부심이 부족할 때, 무엇을 기대하고 있는지 모를 때, 그리고 개인이나 조직이 약속이나 결정한 것을 지키지 않을 때 사기가 떨어진다. 물론 그 외에도 많은 원인이 있다.

이 문제의 해결책은 모든 사람이 매일 승리를 경험하도록 하는 데 있다. 조직이든 개인이든, 하루하루 아무리 작은 일이라도 성취감을 느낄 수 있어야 한다. 어떻게 해야 할까? 그 대답은 생산성을 향상시키기 위해서 당신이 해야만 하는 일을 제대로 해내는 것이다. 매일매일 작은 승리나마 얻어 가는 것, 그것이 최선의 해결책이다.

훈련되지 않은 직원

당신이 윗사람이면 직원들을 훈련시켜라. 훈련을 받아야 할 사람이면 훈련을 받도록 하라.

동료/직원의 부탁

이것은 '아니오'라고 말할 수 있는 능력을 키우는 것이 해결책이다. 하루의 계획을 적절하게 세워놓고 있다면 오늘 할 수 있는 일에 대해서 확실한 느낌을 가지고 있을 것이다. 그런데 동료나 다른 직원들로부터 관계없는 요구가 들어온다면 그들에게 지금 그들이 요구하는 것이 일과 맞아떨어지지 않는다는 점을 확인시킨다. 하지만 이해시키기가 쉽지 않을 때는 그날 당신이 무엇을 해야 할지에 관해서 집단적인 결정을 이끌어내도록 한다. 물론 당신이 적절한 계획 아래 움직이고 있다면 그런 일은 거의 없다.

권위 부족

전세계 어디서나 관리자나 경영진의 경우, 이 문제는 아주 심각한 도전이다. 그런데 의사 소통 부족이 이 문제를 초래하는 경우가 많다. 어떤 책임을 맡을 때에는 먼저, 당신에게 확실한 비전이 있는지 스스로 점검하라. 그리고 그 일을 완수하는 데 필요한 당신의 권위가 어떤 유형의 것인지 당신의 윗사람과 확실히 해 두도록 하라. 일을 완수하는 데 필요한 권위를 가지고 있다는 판단이 드는 일을 시작해야 극단적인 좌절감이나 스트레스를 느끼지 않는다. 일단, 당신의 권위에 대해서 아무도 놀라지 않도록 확실한 합의를 확보하라.

직장 내 유희

어느 조직이건 이 사무실 저 사무실 돌아다니면서 무슨 새로운 일이 없나 살피고, 잡담을 즐기는 사람이 있다. 이 문제에 있어서는 방해에 의한 중단에 관한 부분을 참고하기 바란다. 그러면 막을 수 있다.

다른 사람의 실수

왕왕 있는 일이다. 어차피 그런 사람은 있다. 참으면서 함께 살아가야 한다. 대신, 실수가 있으면 긍정적이고 건설적인 방법으로 공개적인 자리에서 이 문제를 해결해야 한다는 점을 명심하라. 시간이 흐르면서 점점 없어질 것이다.

데드라인 변경

사실, 데드라인이 있어야 잘 돌아가는 조직이 있다. 데드라인을 설정하지 않으면 완전히 풀어질 수도 있다. 일단 설정하면 확실하게 지켜라.

이번에는 그룹 B, 스스로 만들어낸 것들에 관해서 생각해 보자.

위임 실패

참 신경 쓰이는 문제이다. 예를 들어, 여러 사람과 함께 차를 탄다고 하자. 이럴 때 당신은 누가 차를 몰았으면 하는가? 당신이 보통 사람이라면 당연히 '내가'이다. 당신이 보기에 당신보다 더 잘 모는 사람은 없을 것이다. 그리고 당신이 몰아야 제일 안전한 것 같다. 우리가 하는 모든 일에서도 이런 경향이 나타난다.

"내가 직접 해야지. 안 그러면 제대로 되질 않아." 사실, 당신이 다음과 같은 점을 인정할 수만 있다면 엄청나게 스트레스를 줄일 수 있다. 누군가 다른 사람도 당신처럼 할 수 있고, 인정하기 싫겠지만 오히려 훨씬 더 잘할 수도 있다는 사실을….

무기력한 태도

무기력한 태도는 치명적인 결과를 낳는다. 생산성을 서서히 좀먹는 것이다. 그렇다면 어떻게 해야 이런 태도를 고칠 수 있을까? 내가 경험한 바로는 대개 대화가 중요한 열쇠가 된다. 사람들은 자신이 무기력한 태도를 보이고 있다는 점을 전혀 모르고 있는 경우가 대부분이다.

만약 당신이 그런 무기력한 태도를 보이고 있다면 당신 주위의 사람들이 용기를 내어 당신이 문제의 일부라는 것을 알려주기를 비는 수밖에 없다.

제2부에서는 자신에게 믿음을 가지는 법을 다룰 것이다. 그런 믿음들이 우리의 행동에 어떤 영향을 미치는지, 그리고 그런 믿음과 거기서 연유하는 태도를 어떻게 바꿀 것인지 자세히 살펴보기로 하자.

개인적 혼란

남들보다 2배 이상 시간을 들여 일을 하고 있다면 그것은 분명 선중한 치유를 필요로 하고 있다고 보아야 한다. 여기서 한 가지 해결책을 들자면 매일매일 계획 세우는 것이다. 무슨 일이 중요한지 확인한 다음, 그것에 당신 나름대로 순서를 매기고 그에 따라 처리하라.

건망증

모든 사람이 어느 정도는 다 건망증을 가지고 있다. 제5장에서는 그 어떤 일이라도 틈새로 빠져나가지 못하도록 시간관리를 하는 도구를 소개할 것이다. 절대로 사건이나 시간, 약속을 잊어버리지 않는다고 능력을 과신하지 말라. 일단 그것을 어딘가에 적어두고 완벽한 추적 시스템을 만들어라. 그러면 이 문제는 씻은 듯이 사라진다.

남의 말을 못 알아듣는 것

남의 이야기를 듣는 법을 다룬 책은 많다. 그러나 이 문제를 단칼에 해결한다는 것은 말도 안 되는 소리다. 어쨌든, 남의 이야기를 듣는 능력을 키워 의사소통과 이해의 속도를 높이도록 한다. 그러면 엄청난 시간을 절약할 수 있다.

우유부단함

지금 해결해야 하는 문제나 과제에 대해서 충분한 정보를 가지고 있지 못할 때 우유부단한 행동이 나타난다. 또 결정을 내려야 하는데 그것이 위험성이 있을 때 그렇게 되기도 한다. 실패를 좋아하는 사람은 없다. 따라서 가능한 한 모든 정보를 수집, 상대적인 이점을 비교한 다음 최선의 결정을 내리도록 한다. 아무런 결정도 내리지 않고 있으면, 외부 상황이나 다른 사람들이 더 불리한 결정을 내려버리는 경우가 많다는 것을 명심하라. 생산적인 사람은 피할 수 없는 손실이 우유부단함으로 인한 일의 마비보다는 훨씬 더 낫다는 사실을 잘 알고 있다.

사교/접대

캘리포니아에 사는 한 경영자가 편지를 보내왔다. 그는 자기 통제용 시간표를 작성한 결과, 매주 9시간을 사업상의 사교에 쓰고 있다는 사실을 확인했다고 적었다. 그 정도면 하루 근무 시간이다. 물론 사교 활동이 모두 나쁜 것은 아니다. 가끔은 사교 활동을 통해서 정말 좋은 정보를 얻기도 하기 때문이다. 그러나 그 사실을 염두에 두더라도 사실 매주 많은 시간을 비생산적인 활동에 소비하고 있다. 커피포트나 자판기 주위에 몰려 있는 그룹은 모든 조직에서 암적인 존재다.

피로

세일즈 관리를 하고 있을 때의 일이다. 나는 세일즈맨들에게 육체 건강이 판매량에 중요한 영향을 미친다는 점을 강조하곤 했다. 많은 사람들이 그 말을 믿지 않았지만, 그 말을 믿은 사람들은 멋진 외모, 충분한 수면, 그리고 적당한 식사의 비밀을 발견할 수 있었다. 사람은 피로하면 맥이 빠지게 되어 있다. 그리고 피로를 느낄 때마다 생산성은 뚝뚝 떨어진다.

실천력 부족

내 동료 가운데는 책상 앞에 "실천, 지금 실천, 지금 당장 실천"이라는 글이 들어 있는 액자를 두고 일하는 사람이 있다. 매일 마음먹은 일을 다 해치울 수 있다면 자부심에 실로 엄청난 영향을 끼칠 수 있다. 마음먹은 대로 하지 못했을 때는 그 반대의 영향을 받는다. 뿐만 아니라 생활의 모든 면도 영향을 받는다. 할 수 있을 때 하자.

완수하지 않은 일의 방치

이것은 일의 상대적 가치를 정하거나 인식하는 능력이 결여되어 있을 때 나타나는 결과로 시급히 바로잡아야 할 시간도둑이다. 이 책에서 소개하는 개념과 방법들을 적절히 이용하면 해결에 문제가 없다. 프랭클린 데이 플래너 같은 시간관리 도구는 일이 빠져나갈 틈새를 허락하지 않는다. 또한 일의 위임에도 도움이 되며 당신과 함께, 또는 당신 밑에서 일하는 사람들이 일을 그대로 남겨두는 일도 막을 수 있다.

정리하지 않은 서류

일의 우선 순위를 정하듯 서류의 우선 순위도 정한다. 서류를 필수, 중요, 보통의 세 종류로 분류해서 처리하자. 나는 책상 바로 옆에 서류함을 놓고 A, B, C의 세 서랍을 마련했다. 직원들에게도 그 분류에 따라 서류를 놓고 가라고 말해 두었다. A의 서류들은 제일 먼저, 그리고 B와 C의 순서로 일을 처리한다.

외부활동

다들 자신의 직업 외의 분야에 관심이 있고, 또 직접 관여하는 경우도 있다. 단순한 취미나 관심을 넘어 공동체, 지방, 그리고 나라를 보다 살기 좋은 곳으로 가꾸는 데 도움이 되는 기회에 참여한다는 것은 좋은 일이다. 그렇지만, 거기에도 분명한 선이 있어야 한다.

일에 손해를 입힐 정도로 그런 활동에 정신과 시간을 써서는 안 되는 것이다(물론 은퇴를 했거나, 아니면 일을 하지 않아도 될 정도로 수입이 충분하다면 외부활동에 자유롭게 시간을 쓸 수 있을 것이다). 여기서 외부활동에 적정한 정도 이상의 시간을 쓰지 않는 해결책은 매일매일의 일과 사건에 대해 순서를 정하고 우선 순위를 매기는 것이다. 하루에 할 수 있는 일은 얼마인가? 그리고 그 중에서 가장 중요한 사건과 과제는 무엇인가?

어지러운 작업공간

책상이나 작업공간을 어떻게 정리할 것인가에 관해서 나름대로 다들 생각이 있을 것이다. 그리고 이 문제는 어느 정도 개인적인 특성 문제이기도 하다. 그러나 중요한 서류나 정보를 빨리 손에 넣을 수 없다면 생산성은 떨어질 수밖에 없다.

친구 딕 윈우드는 중요도가 높고 자주 이용하는 물건이 가장 가까운 곳에 있도록 작업공간을 정리하라고 제안한다. 한편 중요도가 떨어지는 것들은 조금 멀리 놓는다. 앞에 나온, 정리하지 않은 서류 항목에서 설명한 방법들을 확대하면, 서랍과 입출용 정리함에서 서류란 서류는 모두 꺼내 책상 위에 올려놓는다.

그리고 그 서류 더미들을 하나하나 검토하면서 A(매우 중요), B(중요), C(보통) 그리고 D(쓸모 없음)으로 분류한다. 이제 A, B, C는 따로 쌓아놓고 D에 속하는 것들은 쓰레기통으로 보낸다. 그리고 C에 해당하는 것들은 책상 서랍이나 서류함의 아래쪽에 넣는다. B의 것들은 '중요'라는 딱지를 붙인 파일에 넣어 쉽게 꺼낼 수 있는 곳에 둔다. 그리고 가장 중요한 A의 것들은 '매우 중요' 딱지를 붙인 파일에 넣어 책상 위, 언제나 쉽게 손이 가는 곳에 놓는다.

그런데 여기서 주의할 점 한 가지. '접수' 명목의 서류함은 절대 책상 위에 두지 말아야 한다. 그런 것이 있으면 무엇이 들어왔나 자꾸만 들여다보게 된다. 대신, 캐비닛이나 책장 등 새로운 서류들을 쉽게 보관할 수 있는 곳에 놓아둔다. 하지만 점검해야겠다고 마음을 먹기 전까지는 눈길이 가지 않는 곳이어야 한다. 명심해야 할 점은, 혼란과의 전쟁은 정기적으로 주의를 기울여야 하는 현재 진행형이라는 것, 그리고 반드시 이겨야 한다는 사실이다.

성공하는 10가지 자연법칙

불분명한 목표

앞으로 제1부의 나머지 장에서는 자신만의 생산성 피라미드를 만드는 법을 배우게 될 것이다. 자신의 생산성 피라미드를 만드는 시간을 갖기 전까지는 지금 어디로 가고 있는지, 왜, 또는 어떻게 그곳에 이르는지 전혀 알 수 없다. 이 책에서 소개하는 개념들을 잘 익혀 당신만의 생산성 피라미드를 만들어 보라. 그 힘이 어떤 것인지 직접 볼 수 있을 것이다.

완벽주의

'완벽주의의 족쇄'라는 말이 있듯이 아무리 매혹적인 개념이라도 생산성에는 정반대의 효과를 낳을 수 있다. 사실, 많은 사람들이 일을 완벽하게 처리하여 처음부터 다시 하는 일이 없도록 완벽한 상태에서 시작해야 한다는 생각을 가지고 있다. 심지어, 점을 봐서 좋다고 나와야만 시작하는 사람도 있다. 해야 할 일이 있다면 즉시 달려들어 최선을 다하라. 그런 다음, 다음 일로 넘어가라.

괜한 걱정

괜한 걱정 역시 심각한 시간도둑 가운데 하나이다. 일에 초점이 없을 때 공상에 빠질 시간이 나온다. 하루를 계획하지 않고, 우리의 귀중한 시간을 가지고 무엇을 할 것인지 확실한 생각이 없을 때 가만히 앉아서 괜한 걱정에 빠지기 쉽다. 공상으로는 얻어지는 것은 없다. 이럴 때는 차라리 30분이면 30분, 1시간이면 1시간, 다리를 책상 위에 올려놓고 생각에 잠겨 보라. 물론 이것은 공상이 아니다. 오히려, 창조적인 사고와 계획의 시간이다.

과도한 의욕

실제로 할 수 있는 것보다 더 많은 일을 할 수 있다는 함정에 빠진 사람의 '영웅 신드롬'이 바로 이것이다. 이 영웅주의에 빠지지 않으려면 먼저 계획을 돌아보아야 한다. 월별, 주별, 일별 계획을 치밀하게 짜야 한다. 당신의 생산성 피라미드를 적절하게 만들고, 모든 것에 적절한 우선 순위를 정해 준다면 당신은 주어진 날에 할 수 있는 것에 대해서 좀 더 현실적으로 접근하는 당신의 모습을 발견하게 될 것이다.

이 책에서 제시하는 자연법칙, 개념, 그리고 그 방법들을 잘 활용하면 이 시간도둑들을 제거하고 통제하는 데 많은 도움을 받을 수 있다. 어쨌든, 이제까지 제시한 아이디어들이 많은 시간도둑들에 대해서 당신이 생각하는 것 이상으로 힘을 발휘한다는 점을 당신이 깨달았으면 하는 것이 나의 바람이다.

'긴급'이 '매우 중요'는 아니다

여기서 우리는 '매우 중요한' 과제와 '긴급한' 과제 사이에는 중요한 차이점이 있음을 인식하고 넘어갈 필요가 있다. 긴급한 과제는 즉시 주의를 기울여야 하는 것을 의미한다. 그 일이 옆에서 나타나 이렇게 말한다. "어이, 나는 지금 당장 처리해야 하는 일이야."

그러면 긴급한 일에는 어떤 것이 있을까? 가장 흔한 예가 전화이다. 전화벨이 울릴 때마다 그 소리가 꼭 "수화기를 들어, 들어, 빨리 들라고"라고 하는 것 같지 않은가? 그런데 전화들이 다 중요한가? 하루에 한두 개 정도나 그런 게 있을까? 대부분이 그렇지 않다. 지금, 진짜 힘이라는 것이 어떤 것인지 느껴보고 싶지 않은가? 그렇다면 전화가 울려도 그대로 내버려두어 보라.

긴급한 용무라고 해서 반드시 우선 순위를 주어야 하는 것은 아니다. 우선 순위인 일처럼 보일 뿐이다. 예를 들어, 지금 학교에 다닌다고 하자. 당신은 학생이고, 나는 교수이다. 그리고 오늘이 학기 첫날이다. 내가 책을 한 권 펴들고 이렇게 말한다. "잘 들어요. 이 수업에서 좋은 점수를 받고 싶다면 이 책하고 친해 두는 것이 좋을 것입니다. 왜냐하면… 학기말 시험 전부가 이 책에서 나오기 때문입니다."

그렇다고 학생들이 당장 가서 그 책을 사서 오늘밤부터 파고들까? 물론 대다수 학생들은 그렇게 하지 않는다. 그러면 언제 그 책이 급해지는가? 바로 시험 전날이다. 그 책은 학기 내내 대단한 가치를 가지고 있지만 긴급성이 주어지기 전까지는 서가에 그대로 꽂혀 있을 뿐이다.

여기서, 문제의 본질이 무엇인지 확인할 수 있는 질문 2가지를 던져보겠다. 먼저, 평균적인 아버지가 자녀와 일대일 대화를 하는 시간이 1주에 얼마나 될까? 몇 년 전에 한 연구에 따르면 17분이다. 한 주에 17분! 자녀와 일대일로 시간을 보내는 일은 매우 중요하다. 내 생각에는 모든 사람이 그 점에 동의할 것이라 믿는다. 참으로 소중한 일이다. 그렇다고 그 일이 긴급한가? 그건 아니다. 왜 그럴까? 아이들이 언제나 옆에 있기 때문이다. 어느 때고 아이들과 이야기할 수 있는 것이다. 그래서 매일매일 긴급하게 처리해야 하는 일을 하느라 그 소중한 일을 미루고 있는 것이다.

두 번째 질문이다. 1주일 동안 남편과 아내가 일대일 대화를 갖는 시간은 얼마나 될까? 마찬가지로 그 연구에 따르면 평균 27분이다. 배우자와 시간을 갖는 일이 중요하지 않은가? 역시 다들 매우 중요하다는 데

동의할 것이다. 그렇지만 긴급한 일인가? 아니다. 왜? 같은 문제점, 즉 배우자가 언제나 옆에 있다는 것 때문이다.

긴급한 과제와 관련된 멋진 사실 하나 더. 그것을 만날 기회가 없다고 굳이 걱정하지 않아도 된다는 점이다. 긴급한 과제는 자기가 알아서 나타난다. 몇 년 전에 시티뱅크에서 세미나를 열 때의 일이다. 이런 질문을 던져보았다. "보다 많은 독서를 하고 싶으신 분?" 모두의 손이 올라왔다. 다시 물었다. "아, 모두 독서에 상당한 가치를 두고 계시군요. 그런데 책을 자주 읽고 있지는 않을 겁니다. 여러분은 왜 책을 읽지 않고 있습니까?"

시간이 없어서 그렇다고 대답할 사람은 아무도 없었다. 그런 핑계는 이미 통하지 않는다는 점을 확인한 터이니…. 모두 조용했다. 마침내 마지막 줄에 앉아 있던 사람 하나가 손을 들었다. "책은 울지 않기 때문입니다." 정말 멋진 대답이었다. 그렇다. 책이 벌떡 일어나 "어이, 난 정말 귀중한 책인데, 왜 나를 읽지 않는 거지?"라고 말하는 일이 없다. 책은 그냥 가만히 있다. 그리고 우리가 긴급성을 부여하기 전까지는 아무 일도 일어나지 않는다.

이제, 중요한 일과 긴급한 일 사이에는 커다란 차이가 있음을 이해할 수 있을 것이다. 아무리 중요한 일이라도 긴급하지 않은 것이 있다. 반면, 중요한 일이 아니면서 긴급한 것도 있다. 당신은 중요한 활동을 확인하고 거기에 급박감을 불어넣어야 한다. 그래야 그런 일들이 제 스스로 급박감을 자아내는 활동들과 경쟁할 수 있다.

그러면 어떻게 해야 본질적으로 아무런 급박감도 가지고 있지 않은 일을 긴급한 것으로 만들 수 있을까(어떻게 해야 책이 큰 소리로 울도록 만들 수 있을까)?

그 유일한 방법은 일상활동에 당신의 가장 귀중한 가치들을 불어넣는 시스템을 만드는 것이다. 앞에서도 이야기한 바와 같이, 시간관리가 약속보다 훨씬 더 중요한 의미를 가지고 있다. 시간을 계획하기에 앞서 먼저, 당신의 인생에서 진실로 제일 소중한 것들을 확인하도록 하자. 제2법칙, 다음 장에서 초점을 맞추고 있는 것이 바로 그것이다.

제2법칙

성공과 자기실현의 토대는
지배가치이다

벤저민 프랭클린이 22살이었을 때의 일이다. 당시 그는 고향 보스턴의 강압적인 도제제도(서양에서 수공업자가 후계자를 양성하기 위해 견습생인 도제를 두던 제도 : 옮긴이)에 반발, 도망을 쳐서 필라델피아에 살고 있었다. 거기에서 그는 "도덕적 완벽함에 이르겠다는 대담하고도 열정적인 계획"을 세웠다.

그리고 이렇게 자문했다. '내 인생에서 가장 우선 순위에 있는 일이 무엇인가?' 그는 이러한 사색과 자기반성을 거치면서 12가지 덕목에 이르는 자신의 가치관을 세웠다. 그리고 이 가치들이 자신에게 무엇을 의미하는지를 명확히 했다. 그는 한 가지 한 가지마다 설명문을 붙였고, 그렇게 해서 다음과 같은 결과를 만들어 냈다.

- **절제** 폭음, 폭식을 하지 않는다.
- **침묵** 다른 사람이나 나에게 도움이 되지 않는 말은 하지 않는다. 시시한

대화는 피한다.

- **질서** 물건은 제자리에 놓는다. 일은 제각기 알맞은 시간에 한다.

- **결단** 해야 하는 일은 결단코 완수한다. 결심한 일은 실수 없이 완수한다.

- **절약** 비싼 것은 사지 않는다. 다만 다른 사람이나 자신에게 좋은 것이면 산다. 낭비하지 않는다.

- **근면** 시간을 헛되이 쓰지 않는다. 언제나 쓸모 있는 일에 시간을 보낸다. 불필요한 행동은 하지 않는다.

- **성실** 남을 해치는 책략을 사용하지 않는다. 편견을 버리고 공정하게 생각한다. 말을 해야 할 경우도 마찬가지다.

- **정의** 남의 권리를 침해하거나 당연히 해야 할 바를 하지 않아 남에게 손해를 입히지 않는다.

- **중용** 극단은 피한다. 상대가 부당하다고 해서 굳이 그만큼 손해를 입히지 않는다.

- **청결** 몸, 옷, 집이 불결한 것은 절대 용납하지 않는다.

- **평정** 사소한 일, 우연이나 불가피한 일에 화를 내지 않는다.

- **순결** 성을 남용하지 않고 건강과 생산을 위해서 사용한다. 몸이 약해질 정도로 탐닉하거나 자신이나 다른 사람의 평화나 평판에 해가 되도록 빠지지 않는다.

프랭클린은 이 12개의 설명문을 퀘이커 교도인 친구에게 보여주면서 그의 생각을 물었다. 그러자 친구는 그것을 살펴본 다음 프랭클린에게 한 가지를 빠뜨렸다고 알려주었다. 그것은 바로 '겸손'이었다. 프랭클린은 그때의 일을 이렇게 말했다.

"친절하게도 그 친구는 나에게 남들이 나를 거만하다고 생각할 것이라는 사실을 알려주었다. 내가 대화를 할 때 자존심을 너무 자주 드러낸다는 것이었다. 그리고 토론을 할 때면 내가 옳다는 것에 만족하지 않고 고압적이며, 위압적이라고 했다. 그가 들려주는 몇 가지 예에 나는 승복하지 않을 수 없었다."

그래서 프랭클린은 13번째 덕목을 추가했다. 바로 겸손이었다. 그리고 그 설명으로 "예수와 소크라테스를 본받는다"라고 짧은 글을 덧붙였다. 그리고 그는 자신의 생활을 13주 단위로 나누어 매주 1개의 덕목에 집중했다. 그것은 자신의 행동과 가치관이 일치하도록 만들고자 하는 노력이었다.

78세 때 쓴 회고록에서 그는 이렇게 말했다. "전체적으로 볼 때, 그토록 오르고자 했던 완벽의 경지에는 오르지 못했다. 아니, 훨씬 못 미치고 말았다. 하지만 노력 덕택에 좀더 선량하고, 행복한 사람이 될 수 있었다. 그렇게 노력을 다하지 않았다면 훨씬 더 부족한 인간이 되었을 것이다."

그는 단 하나의 덕목, 겸손을 추가했을 뿐이다(그것이 원래의 12가지 덕목에는 들어 있지 않았다는 점을 명심하라). 겸손에 대해서 그는 특유의 솔직함으로 이렇게 썼다. "내가 이 덕목의 완벽한 실체를 이해하고 실천했다고는 말할 수 없다. 하지만 그 외양만큼은 제법 갖춘 것 같다."

벤저민 프랭클린은 먼저 자신의 가치관을 확인하고 그 다음으로 자신의 인생을 그 가치관에 맞추어 살기 위해 하루하루 노력을 기울였다. 그것이 바로 우리가 다음의 여러 장에서 논의할 바로 그 과정이다. 물론 그 첫 번째 단계는 당신의 '지배가치'를 확인하는 일이다.

우리는 나름대로 자신만의 독특한 지배가치에 따라 살아가고 있다. 이 지배가치는 당신이 어떤 인물인가를 결정하는 핵심 요소로 그 이유야 어찌 되었든 당신에게 가장 중요한 것들이다. 여기에는 정직이나 사랑, 봉사 같은 인격의 기초를 이루는 여러 가지 특성과 신조가 포함되어 있기 때문에 설명하기 힘들 수도 있다. 그냥 중요하기 때문에 중요한 것이다.

또 경제적인 안정이나 변화에 대한 갈망 같은 인생에서 이루고자 하는 보다 넓은 의미의 목표들도 있다. 당신의 지배가치가 어떤 것이든지 그것은 다음 질문들에 대한 가장 분명한 대답을 할 수 있는 것들이어야 한다.

'내 인생에서 제일 우선에 두어야 하는 것들은 무엇인가? 그리고 그중에서 가장 소중하게 여기는 것은 어떤 것인가?'

지배가치야말로 우선 순위가 가장 높은 것들이긴 하지만 이상과 현실 사이에는 간격이 있게 마련이다. 그 가치들을 완벽하게 실천에 옮긴다는 것은 거의 불가능하다. 그러나 우리가 조금씩 행동을 개선해 나갈 때에는 뭔가 놀라운 일이 벌어지기도 한다. 바로 마음의 평화를 경험하게 되는 것이다. 에이브러햄 매슬로(Abraham Maslow)는 가치관과 일상적인 행동의 일치를 '자기실현'이라고 불렀다. 그것은 내가 하고 있는 행동과 내가 진정으로 소중하게 여기는 것이 일치하는 일이다.

I자 빔 건너기

나는 지금 당신에게 어떤 가치관을 팔려고 하는 것이 아니다. 그건 온당치 못할 뿐더러 불필요한 일이다. 당신은 이미 당신의 가치관을 가지고 있다. 그러나 가치관을 가지고 있는 것과 그 가치관을 파악하는 것은 별개의 문제이다.

자신의 내면을 자세히 들여다보면서 실제 가치관이 무엇인지를 찾아내는 일은 당신의 인생에서 가장 어려운(그리고 그 보상도 큰) 경험 가운데 하나가 될지도 모른다. 사실, 이것은 너무나 중요한 일이기 때문에 나는 사람들에게 5~7시간 동안 그들의 가치관과 목표를 분석해 보라고 제안하고 있다.

이 어려운 과정을 시작하기 앞서, 일단 나를 따라 하나의 시나리오 안으로 들어가 보자. 이것은 원래 「브레이크를 놓아라!(*Release Your Brakes!*)」의 저자인 제임스 뉴먼(James W. Newman)이 개발한 것으로 당신이 내면으로 들어가 가치관을 발견하는 데 도움을 줄 것이다.

자, 내가 35미터짜리 I자 빔을 하나 가지고 당신의 집을 방문했다고 하자. 그것은 건설 현장에서나 쓰는 강철 빔이다. 단면도가 I자처럼 보이기 때문에 그렇게 부른다. 그런데 어떻게 보면 H자 같기도 하다. 어쨌든 내가 그것을 당신 집의 대문 앞에 내려놓았다. 이웃 사람들이 밖으로 나와 그 빔을 보고는 무슨 영문인지 몰라 어안이 벙벙한 얼굴로 구경한다. 속으로는 당신이 참 이상한 사람하고 사귀고 있구나 하고 생각할 것이다. 그러나 당신은 아랑곳하지 않는다. 이 빔이 당신에게는 돈을 의미하기 때문이다. 당신도 다른 사람들의 시선 정도는 무시할 수 있다.

이번에는 내가 그 빔의 한쪽 끝에 올라서서 당신에게 반대쪽에 서라고 요구한다. 당신이 올라선 다음 나는 지갑 속에서 100달러 지폐를 한 장 꺼낸다. 이제는 조금 큰 목소리로 말해야 할 것이다. 거리가 35미터나 되니까 말이다. "이봐. 거기서 이곳까지 한 번도 떨어지지 않고 이 빔 위를 걸어서 2분 안에 여기까지 오면 100달러를 주겠네."

당신이라면 어떻게 하겠는가? 그거야 당신 마음이겠지만 세미나를 할 때마다 이 이야기를 해본 결과 딱 한 사람만 거부했다. 그 사람에 대해서는 나중에 이야기할 것이다.

그런데 여기서 이 시나리오를 약간 바꾸려고 한다. 그 빔을 트럭에 싣고 뉴욕으로 몰고 가는 것이다. 맨해튼 남쪽에는 세계무역센터라고 하는 커다란 빌딩이 두 개가 있다. 세계에서 제일 높은 쌍둥이 빌딩인데 그 높이가 무려 425미터나 된다. 나는 그 빌딩 하나의 꼭대기에 크레인을 올린다. 그리고, 케이블을 내려 빔을 들어올린 다음 두 빌딩 사이에 건다. 양쪽으로 30센티 정도만 남을 정도로 아슬아슬하게 걸쳐지는 정도이다.

어쨌든, 빔이 떨어지지 않도록 양쪽 건물에 잘 고정한다. 두 빌딩 사이가 넓다 보니 빔이 약간 휘어지지만 그렇다고 심한 정도는 아니다. I 자 빔이라는 것이 원래 휘어지지 않는다고 하지만, 이렇게 놓고 보니 약간 휘어 있다. 오늘은 비가 내리고 있다. 많이 오는 것은 아니고 보슬비 정도이다.

세계무역센터 꼭대기에 올라가 본 사람이면 알겠지만, 거기에는 언제나 강한 바람이 불고 있다. 하지만 멋진 주변 경관을 볼 수 있는 곳이기도 하다. 그건 그렇고, 당신은 한쪽 빌딩에, 나는 다른 빌딩에 서 있다. 시속 80킬로로 부는 바람과 보슬비를 뚫고 내가 이렇게 소리친다. "잘 들어, 자네가 걸어서, 기지 않고 말이야, 이 빔을 2분 안에 건너서 이곳으로 오면 100달러를 주겠어."

과연 당신은 건너겠는가? 그렇게 한다면 나는 100달러에 그 빔을 건너온 첫 번째 사람을 만나게 될 것이다. 사실, 나는 1,000달러나 1만 달러 또는 10만 달러에 건너오겠다는 사람도 만난 적이 없다. 100만 달러(물론 세금도 빼고) 제안에 약간 망설이다가 거절한 사람도 있었다.

그런데 왜 사람들은 그런 돈에는 빔을 건너려 하지 않는 걸까? 그 이유는 간단하다. 그 돈보다 생명을 더 귀중하다고 생각하기 때문이다.

그러면 한 번 더 시나리오를 바꾸어보자. 여기서 나는 악한이고, 당신에게는 2살짜리 딸이 있다. 그런데 내가 당신의 딸을 납치해서 지금 반대쪽에서 딸의 머리를 쥐고 있다. 내가 협박을 한다. "잘 들어, 지금 당장 빔을 건너오지 않으면 딸을 떨어뜨려 버릴 거야." 어떻게 하겠는가?

세미나에서 이 시나리오를 이용하면서 두 살배기 딸의 머리를 쥐고 들어올렸을 때(물론 진짜처럼 만든 인형이지만) 사람들의 표정은 완전히 달라진다. 마치 사람들은 무슨 이야기를 하려고 하는지 이미 깨달은 듯하다. 이 시나리오가 아주 개인적인 차원의 것이 되자, 개인적 가치관이라는 개념이 정말 믿을 수 없으리만큼 분명해진 것이다.

그리고 우리는 그 빔을 건너게 만드는 것들이 비록 극히 소수이지만 분명히 존재한다는 사실을 깨달았다. 우리는 모두 자신의 생명을 소중히 여긴다. 그러나 그와 아울러 우리 자신의 생명보다 더 소중한 것들도 있다는 사실을 잘 알고 있다. 2살짜리 자식도 그 가운데 하나이다. 그것이 바로 지배가치인 것이다.

'자식 사랑'은 많은 사람들이 가장 귀하게 생각하는 가치이다. 그리고 우리가 그 점을 인식할 때 그 말이 가지는 의미가 우리의 급소를 찔러오기 시작한다. 돈도, 생명도 귀중하다. 그러나 자식에 대한 사랑이 훨씬 더 귀중하다. 그리고 자식의 목숨을 살릴 수만 있다면 그 빔을 건너가는 것 이상의 일도 할 수 있다. 자식에 대한 사랑은 아이를 위해 단순히 당신의 목숨을 내건다는 것 이상의 의미를 가진다. 당신이 그 아이를 위해서 당신의 인생을 살고 있다는 것을 의미한다.

샌디에이고에서 세미나를 할 때의 일이다. 한 여성에게 이 질문을 던졌는데 그녀에게는 10대 자녀가 있었다. 그것이 실수였다. 내가 그날 배운 교훈은 10대 자녀를 위해서는 빔을 건너지 않을 수도 있다는 것이다. 그날도 나는 아이를 빔 위에 세웠다. 그리고 그녀에게 건너오라고 했다. 그러자 그녀는 "차라리 떨어뜨리세요"라고 말했다. 내 기대가 완전히 박살나는 순간이었다.

이 실험의 결과는 때로 사람을 깜짝 놀라게 만들기도 한다. 몇 년 전엔가 65명 정도의 그룹에게 이 개념을 가르칠 때였다. 지배가치를 확인할 시점이 되었을 때 나는 언제나 그렇듯이 도와줄 사람을 찾았다. 샌디에이고에서의 경험을 교훈 삼아 나는 언제나 2살배기 아이가 있는 사람을 골랐다.

그날도 한 여성이 손을 들었다. 나는 그 빔 시나리오를 설명한 다음 그녀를 세계무역센터 꼭대기에 세웠다. 그리고 물었다.

"100달러면 건널 겁니까?"

"아뇨."

"1만 달러면 건너겠습니까?"

"아뇨."

"5만 달러면 건너겠습니까?"

"아니오."

"그럼 100만 달러면요?"

"안 건너요."

그때 언제나 하듯이 나는 이렇게 말했다.

"자, 내가 2살 난 당신의 아이를 이쪽에서 매달고 있습니다. 지금 당장 빔을 건너오지 않으면 아이를 떨어뜨려 버릴 겁니다."

내가 선택한 사람 중에서 십중팔구는 그 순간 대답이 나온다. "건너겠어요." 그리고 그 대답이 나오는 순간 나는 말하고자 하는 요점으로 들어간다. 그들의 지배가치를 확인하는 것이다.

그런데 그날은 달랐다. 2살배기 아이의 죽음에 직면한 그 여인의 입에서 즉시 대답이 나오지 않았다. 그녀는 말을 하지 못하고 멍하니 앉아 있었다. 세미나장 안의 분위기 어땠는지 능히 짐작이 갈 것이다. 다들 불안한 표정을 짓기 시작했다. 사람들은 그녀의 입이 열리면서 "건너겠어요. 아이를 살려주세요"라는 대답이 나오기를 기다리고 있었다.

그러나 긴 침묵 끝에 그 여인은 나를 쳐다보았다. 그리고 얼빠진 표정으로 입을 열었다. "아니, 건너가지 않겠습니다." 방안에 있던 사람들의 표정이 전부 한 대 맞은 표정으로 바뀌었다.

그녀는 자신이 왜 그런 예상치 못한 대답을 했는지 설명해야 할 것 같은 기분을 느꼈는지 이렇게 덧붙였다. "이 점을 이해해 주셔야 합니다. 나는 아이가 11명이나 더 있습니다. 만약 내가 2살배기한테 목숨을 건다면 다른 아이들 11명은 누가 돌보겠습니까?"

그 말에 방안을 감싸고 있던 긴장이 약간은 풀렸다. 많은 사람들이 그럴 수도 있다는 생각을 하고 있었다. 물론 이 점은 내가 그들의 눈빛에서 확인한 바였다.

어쨌든 나는 말하고자 하던 바를 집어낼 수 있었고, 세미나를 계속했다. 그러나 그 여인은 방금 전의 일로 엄청난 충격을 받은 것이 분명했다. 그녀는 세미나 내내 흐느끼기만 할 뿐 내 말에는 귀를 기울이지 않았다. 그것은 우리 모두에게 아주 불편한 경험이었다.

세미나가 끝나고 나서 그녀가 다가왔다. 같이 있던 남편과 함께였다. 그녀는 이렇게 말했다. "내가 오늘 여기에서 생전 처음 부딪혀야 했던 이 사건을 같이 확인할 필요가 있을 것 같아요. 사실 선생님이 꼭대기에서 떨어뜨리겠다고 하던 그 2살짜리는 다운증후군에 걸린 아이예요. 선생님은 내가 그 아이를 다른 아이들만큼 사랑하지 않는다는 사실을 직시하게 만들었어요. 그것이 나를 다른 사람들과 다르게 행동하게 만들었어요." 그녀는 계속 말을 이었다. "만약 다른 아이가 거기 있었다면 바로 건너갔을 거예요. 심한 정신장애를 가지고 있는 아이를 사랑하기가 어려웠나 봅니다."

그날 그 여인은 인생에서 가장 핵심적인 문제에 직면했다. 그녀의 가치관이 눈앞에 적나라하게 드러났다. 그리고 자기 눈앞에 펼쳐진 사실에 마음이 편할 수 없었다.

이것이 중요한 포인트이다. 왜냐하면, 이런 식으로 가치들을 노출하게 되면 그것들을 평가하고, 다시 생각하고, 일부분은 수정하게 되기 때문이다. 그때까지 그녀는 다운증후군 아이를 뭔가 다르게 대했을 것이다. 물론 그녀 자신은 그 사실을 인식하지 못했을 수도 있다. 그녀는 '나는 다운증후군 아이보다 다른 11명의 아이들을 더 사랑한다' 는 기본 가치를 가지고 있었다. 그 원칙은 그날 세상 밖으로 드러나기 전까지는 무의식 수준에서 작동하고 있었고, 또 의심의 여지없이 그녀의 행동에 영향을 미치고 있었다. 그러나 그날 그녀는 그 사실을 인식하게 되었다. 그리고 그것을 바꿀, 그리고 동시에 행동을 변화시킬 지점에 서게 된 것이다.

급박감의 발견

그 경험을 한 지 얼마 되지 않아, 홍콩에서 다우케미컬 사가 후원하는 공개 세미나를 갖게 되었다. 85명이 참가하는 세미나였다. 각 나라마다 도덕적으로는 다른 나라와는 다른 관점을 가지고 있기 때문에 이 원칙을 외국에서 가르치는 것은 대단히 흥미 있는 일이다.

그 세미나에서도 드디어 2살 이하의 어린이를 가진 자원자를 물색할 시점이 되었고, 인도의 뉴델리 출신 남자가 손을 들었다. 나는 땅위에 내려놓은 빔에서부터 이야기를 시작했다. 처음에는 20달러였다. "자, 20달러가 여기 있는데 건너오겠습니까?" 그는 잠시 깊이 생각하다가 대답했다. "건너가지 않겠습니다." 약간은 어리벙벙해진 나는 이번에는 100달러를 꺼냈다. 그래도 그는 꼼짝하지 않았다.

나는 1만 달러, 그 다음에는 10만 달러를 꺼내들었다. 그래도 그는 땅 위에 놓인 빔 위를 건너오려고 들지 않았다. 결국 나는 이렇게 말할 수밖에 없었다. "아, 내가 사람을 잘못 선택했군요. 그런데 당신은 왜 돈을 준다는 데도 건너오지 않으려고 합니까?" 그의 대답인즉, "나는 돈에 움직이지 않습니다."

나는 다른 사람을 골랐다. 중국인이었다. 그는 잘 따라왔다. 드디어 나는 그를 세계무역센터 위에 세우고 그의 2살배기 딸을 가지고 위협하는 순간까지 왔다. 이쯤에서 내 눈은 아까 그 인도 남자를 곁눈질했다. 그는 믿을 수 없으리만큼 긴장한 눈빛과 집중력으로 나를 보고 있었다. 드디어 중국 남자에게 딸을 위해서 건너오라고 요구하는 순간이 왔고, 그의 입에서는 그 즉시 "건너가겠습니다"라는 대답이 나왔다.

이때 나는 그 인도 신사에게로 몸을 돌리고 물었다. "자, 당신도 이제는 건너오겠죠?" 그러자 그가 이번에는 즉각, 그리고 분명한 목소리로 대답했다. "예, 당연히 건너야지요."

잠시 그를 쳐다보다가 말했다. "흥미롭군요. 당신은 빔이 땅 위에 있을 때에도 돈에는 꼼짝하지 않았습니다. 그런데 지금은 아이를 위해서는 수백 미터 위에서도 건너겠다고 했습니다. 내가 무슨 말을 하려고 하는지 이해하시겠습니까?" 그러자 그가 85명의 참가자 앞에서 못 참겠다는 듯 울음을 터뜨렸다. 그리고 겨우 이렇게 덧붙였다. "예, 이해하고 말고요." 그 자리에 있던 사람들이 같이 깊은 울림을 느끼는 순간이었다.

사람들이 자신에게 정말 중요한 것이 무엇인지 확인하면서 그런 종류의 감정을 느낄 때 마음 저 깊은 곳에서는 뭔가 중대한 변화가 일어난다. 이제 완전히 다른 각도에서 일상을 보기 시작하는 것이다. 그리고 이런 질문을 던지기 시작한다.

'오늘 하루 내가 하고 있는 일 가운데 인생에서 진정으로 중요한 것은 무엇인가?'

이것은 우선 순위에 관한 질문이다. 내가 사람들에게 마음속의 모든 찌꺼기들을 털어 버리고, 진정으로 중요한 것에 집중하게 만들기 위해 I 자 빔을 사용한 결과가 나타나는 순간이다.

그리고 그 가치가 얼마나 중요한 것인지 깨달을 때 문득 일종의 긴박감을 경험하게 되는데, 그것은 전에는 전혀 느껴보지 못하던 것이다. 이제는 언제나 중요하기만 하던 일들이 중요할 뿐만 아니라, 긴급한 일이된다. 그렇게 되면 행동에도 변화가 일어난다.

1983년 프랭클린 퀘스트 사를 만든 지 얼마 되지 않았을 때의 일이다. 조지아 주의 애틀랜타에서 시험용 세미나가 있었다. 우리는 그 세미나를 통해 새로운 6개의 기업교육에 참여할 수 있기를 기대하고 있었다. 거기에는 6개 기업에서 10명이 참가했다. 이틀간의 세미나였는데 첫날 우리는 지배가치에 관해서 이야기를 나누었다. 첫날 세미나가 끝난 후 모두들 매우 즐거워했다.

그런데 단 한 사람만은 예외였다. 다들 세미나실을 나간 뒤 그 사람이 가운데 통로로 내려왔다. 그 사람은 화가 났는지 얼굴을 잔뜩 찡그리고 있었다. 이윽고 내 바로 앞에서 멈춘 그가 주머니에 손을 찌른 채 입을 열었다. "하이럼 씨, 나는 시간관리 강의를 듣겠다고 265달러를 낸 거요. 종교 이야기를 듣겠다고 온 게 아니란 말이오."

나는 그가 왜 화를 내는지 알고 있었다. 그러나 그 순간 내가 보인 반응에 나 스스로도 놀라고 말았다. 입에서 나오는 소리가 과연 진짜 내가 하는 말인지도 믿을 수 없었다. 나는 그를 똑바로 쳐다보며 말했다.

"당신이 무슨 말을 하든 나는 상관하지 않겠습니다. 오히려 당신이 한 말 때문에 당신이 후회하게 될지도 모르고요. 일단 집에 가셔서 오늘밤 곰곰이 생각해 보십시오. 혹시 그 빔을 건너야만 할 그 뭔가는 없는지? 없다면 내일 오지 마십시오. 그러면 돈도 돌려 드리겠습니다." 그러자 그는 "좋습니다. 그러죠"라고 내뱉고는 휑하니 나가 버렸다.

아주 찜찜한 경험이었다. 그날 잠도 잘 오지 않았다. 다음 날 아침, 나는 7시 30분에 세미나장에 도착했다. 1시간이나 이른 시간이었다. 나는 강단 쪽으로 가서 슬라이드를 준비했다. 그런데 문제의 사나이가 45분이나 일찍 등장했다. 그는 문소리도 내지 않고 조용하게 곧바로 중앙 통로로 걸어왔다. 그리고 맨 앞자리에 앉았다. 나는 그가 자리에 앉으면서 내는 소리에 뒤를 돌아보았다. 잔뜩 찡그린 얼굴로 앉아 있는 모습이 눈에 들어오는 순간, 온몸이 그 자리에서 얼어붙는 것 같았다.

그래도 인사는 해야겠기에 겨우 입을 열었다.

"안녕하십니까?"

"제기랄!"

"뭐가 문제입니까?"

"빌어먹을 놈의 그 빔을 건너야 할 것이 몇 개나 있습디다."

"아… 예, 당신이 어떤 상황에 처해 있는지 나는 잘 모릅니다. 하지만 모든 사람은 다 지배가치를 가지고 있는 법이죠."

그러자 그가 표정을 풀면서 영원히 내 기억에서 오래도록 남아 있을 말을 했다.

"그런데 말이오, 나는 그 어느 것 하나를 위해서도 손 하나 까딱하지 않고 있다는 겁니다."

그는 애틀랜타에 있는 코카콜라 본사의 수석 부사장이었다. 간밤에 그는 자신의 인생에서 너무나도 중요한 것들을 발견했다. 그리고 그것들에 기울여야 할 마땅한 관심을 기울이지 않고 있다는 사실도 깨달았다. 우리는 세미나 전에 30분, 그리고 세미나 후에 1시간 동안 대화를 가졌다. 그 두 번의 대화에서 그가 지금 힘겨운 이혼 협상 와중에 있다는 사실을 알게 되었다. 변호사들이 양쪽을 대리해 협상 중이었다.

뒷날 그에 관한 이야기를 들을 수 있었다. 그는 세미나가 끝난 후 자신의 가치관을 쓴 다음, 이혼 소송중인 아내와 약속을 했다. 변호사들이 옆방에 대기 중인 상태에서 그녀에게 자신의 가치관들을 보여준 다음 그녀에게 보냈다. 그녀 역시 그와 헤어진 후 자신의 가치들을 정리한 리스트를 만들었다. 두 사람은 다시 만났고, 서로의 것을 비교했다. 그런데 두 개만 비슷했다. 여기서 이 점만은 강조하고 넘어가기로 하자. 두 개인의 가치관은 절대 동일할 수 없다.

당연한 일이겠지만 두 사람은 재결합했다. 그는 직장 생활을 시작한 이래 처음으로 자신에게 진정으로 중요한 사건들을 스스로 컨트롤하기 시작했다.

여기서 내가 말하고자 하는 바는 이것이다. '모든 사람이 가치관을 가지고 있다'는 사실. 그러나 그 가치관은 '사람에 따라 다르다'는 것. 어려서부터 자라온 방식, 그 후의 경험, 재능과 관심, 그리고 각자의 성격에 따라 이것은 다를 수밖에 없다. 여기서 내가 당신에게 어떤 가치를 가져야 한다고 제안조차 하지 않는 것도 바로 그런 이유에서이다.

내가 관심을 가지는 것은 오로지 당신이 당신의 가치관이 어떤 것인지 발견하는 데 도움을 주고자 하는 것뿐이다. 또 그것들을 이용, 당신이 일상활동을 계획하는 데 도움을 주고자 한다. 왜? 그래야만 당신이 마음의 평화를 경험할 수 있기 때문이다.

개인의 헌법

헌법이란 무엇인가? 혹시 이것에 대해서 생각해본 적이 있는가? 사전을 보면 "정부, 사회, 기업 등등의 기본원칙과 법칙의 체계"라고 되어 있다. 여기서의 이야기는 그 '등등'에 관한 이야기이다. 하지만 먼저 기본원칙에 대해서 알아보기로 하자.

미국 독립전쟁이 끝난 지 6년이 흐른 1787년, 13개 주의 대표들이 한 회의장에 모여 기존의 연합 규약을 폐지하기로 결정했다. 그리고 이 새로운 나라의 최고 우선 순위와 가치를 정하기로 했다.

그 사람들은 이런 생각을 하고 있었을 것이다. '우리는 방금 전에 독립전쟁이라는 무시무시한 I자 빔을 건너왔다. 그런데 도대체 무엇을 위해서 건너왔을까?' 그리고 그 회의에서 원칙들을 만들어내기 시작했다. 그것은 정의, 평화, 민주주의, 공동 방위, 언론·종교·출판의 자유, 공정 과세, 신속한 재판을 받을 권리, 투표권, 그리고 강력한 중앙 정부 아래 단결하되 적절한 견제와 균형을 통해서 정부 권력의 남용으로부터 보호받아야 한다는 개념 들이었다.

그리고 이런 원칙과 가치들을 보다 명확하게 하기 위해서 그들은 문서 작성 과정으로 들어갔다. 13개 주의 대표 모두가 동의할 수 있는 형식으로 만들어야 했다. 이때 여기서 성문화한 원칙들이 바로 미국의 헌법이다. 첫 번째 몇 개의 단어들, "우리 미합중국 국민은"이라는 문구는 이 문서의 작성자가 누구인가를 전세계에 알리고 있다. 그리고 그 어떤 주의, 어떤 법률도 이 일련의 가치들과 일관성을 갖추지 않고는 제정될 수 없게 되었다.

혹시 이 헌법의 작성에 깊이 관여한 노신사가 누구인지 아는가? 바로 벤저민 프랭클린이다. 당시 그의 나이 81세였다. 그러나 그 자신이 반세기 넘게 그 원칙에 따라 살았기에 이 회의에 대표로 가게 된 것이다. 그는 젊은 나이에 자기 자신의 헌법인 13가지 덕목을 썼고, 그 후 인생 전부를 그대로 살고자 노력한 사람이었다.

내가 지금 당신에게 해보라고 하는 것이 바로 벤저민 프랭클린이 했던 그 일, 13개 주의 대표들이 모여 했던 그 작업이다. 앞에서 사전의 정의를 들었을 때 '등등'에 해당하는 것이 바로 당신이다. 당신에게 '당신의 헌법을 쓰라'고 권하고 있는 것이다. 지배가치들을 나열하고 거기에 각각의 의미를 담은 짧은 문장을 붙여주어라.

시간이 흘러 당신이 성장하고 변화하면서 헌법을 수정하거나 고칠 필요성이 있을지도 모른다. 국가의 헌법도 시대와 변화에 맞추어 바뀌어가고 있다. 그러나 그 기초만큼은 변하지 않고 있고 변해서도 안 된다.

5~7시간 정도 걸릴 이 작업을 하고 나면 핵심가치관을 정리할 수 있고, 당신의 일상 행동을 인도할 안내자를 만나게 될 것이다. 당신에게 이 작업에 시간을 투자해 보라고 권하는 것도 바로 그런 이유에서이다.

솔직히 말해서 I자 빔 시나리오는 다소 무겁다. 한번은 세계무역센터에 올라가서 그 끝에 서 본 적이 있는데, 내 입에서는 "여기를 건너게 만들 것은 아무 것도 없어." 하는 소리가 저절로 새어나왔다. 하지만 16가지 핵심가치 가운데 처음의 3개 때문이라면 분명 그 빚을 건널 것이라고 확신한다. 또 내 가족과 관련된 것이라면 당연히 그렇게 할 것이다. 그런데 나머지 것들은 물론 중요하지만, 그렇다고 목숨을 걸 정도까지는 아니다.

이제까지 이야기한 것에 대한 구체적인 예로 나의 16가지 가치들을 간략하게 소개하겠다. 먼저 내가 이 가치들과 설명들을 일종의 선언처럼 말하고 있다는 점에 주의해서 읽어 주기 바란다. 물론 나는 완벽한 인간이 아니다. 그러나 이 가치관을 읽다보면 그렇게 되고 싶어하는 나 자신을 상상하는 데 도움이 된다. 건축가가 도면을 그리고 검토하면서 완성된 건물을 상상하는 것처럼 나의 지배가치를 검토하면서 '완성된' 하이럼 스미스를 상상하는 것이다.

1. 마음과 정신, 그리고 온 힘을 다해서 신을 사랑한다. 천지 창조 이래 온갖 경전과 예언자들이 명령하고 있듯이 나는 제일 먼저 신의 뜻을 추구한다. 나는 그 분의 법에 따라 살아감으로써 신에 대한 사랑을 증명한다. 그리고 이따금 기도를 통해 내가 느끼는 모든 감사와 사랑을 표현한다. 그리고 무엇보다도 내 삶을 통해서, 그리고 그게 무엇이든지 내가 소명 받은 바 능력 안에서 봉사하고자 끊임없이 노력하여 나의 사랑을 증명한다.

2. 내 이웃을 내 몸처럼 사랑한다. 나는 모든 남성과 여성이 신의 눈으로 볼 때 평등하다는 사실을 알고 있고 인정한다. 나는 그 어떤 방식으로든 다른 사람의 자존심을 해치는 일은 하지 않는다. 나는 능력이 닿는 한 곤경에 빠진 사람을 돕는다. 박애는 나의 도덕적 의무이며 '사람 자체와

그 사람의 의견이나 행동을 구별할 줄 아는 능력'이다. 나는 다른 사람의 믿음을 비판하지 않는다. 나는 각 개인을 존중하고 그가 선택한 바에 따라 존재하고, 생각하고, 느끼고, 믿을 권리를 가지고 있다.

3. 신의 계율을 모두 지킨다. 신의 계율은 우주의 자연법칙을 명확하게 설명한 것이다. 그 자연법칙을 따를 때 나는 그 법칙에서 나오는 자연스러운 결과에 대한 당연한 권리를 가진다. 나는 1) 신이 그러기를 요구했고, 2) 그것이 효과가 있다는 2가지 이유에서 신의 계율을 따른다.

4. 나는 겸손하다. 내게 의미 있는 겸손의 정의는 '우리가 신에게 의지하고 있다는 사실을 깨닫는 것'이다. 나는 내가 가지고 있는 모든 것, 현재의 내 모습, 그리고 언젠가는 될 그 모든 것이 바로 신이 내린 선물이라는 사실을 인정한다. 겸손은 내가 이 우주에서 아무 것도 아니라는 사실을 인정하는 것일 뿐 결코 약함이 아니다.

5. 나는 뛰어난 남편이요, 아버지이다. 나는 아내와 아이들의 영적·지적·사회적·직업적·육체적·금전적인 문제를 해결하기 위해 충분하고도 의미 있는 시간을 이들과 함께 보낸다. 나는 가족의 유대를 공고히 한다. 나는 아이들에게 자존심을 심어주고 아이들이 잠재적인 능력을 계발하도록 돕는다.

6. 아버지와 어머니의 추억을 기린다. 부모님은 나를 낳아 주시고, 종교인으로서의 삶의 기본원칙들을 가르쳐 주셨으며, 좋은 모범이 되어 주셨다. 두 분 다 이 세상에 없지만 나는 그 분들이 보여준 삶의 모범을 따른다.

7. 지적인 성장을 위해 노력한다. 사고의 폭이라는 것이 어휘력 이상으로 깊어지지 않는 법이다. 나는 매일 책을 읽는다. 나는 최고의 책과 기사를 골라 읽는다. 마른 샘에서는 물이 나오지 않는 법이다.

8. 모든 일에서 정직하다. 나는 먼저 내 자신에게 정직하다. 다른 사람들에게 정직하려면 먼저 내 자신에게 정직해야 하기 때문이다. 나는 내 양심의 소리를 듣고 결정을 내린다. 황금률은 우주의 자연법칙이며, 이것은 효력이 있다.

9. 멋진 언어를 구사한다. 말로 의사를 전달하는 능력은 하늘이 주신 선물이다. 나는 절대 불경한 말을 입에 올리지 않는다. 나는 내가 아는 최고의 언어와 문법을 구사한다. 정확한 개념을 구사할 때 사람들은 더 잘 듣고, 더 잘 배운다.

10. 강하고 건강한 몸을 가꾼다. 내 몸은 영혼이 깃드는 신의 사원이다. 내 몸을 건강하게 유지하지 않고서는 지배가치들을 지킬 수 없다. 나는 언제나 활력을 유지할 수 있도록 잘 먹고, 잘 자고, 적당한 운동을 한다. 나는 내 능력을 언제나 최고로 발휘할 수 있게 해주지 않는 것은 내 몸 안에 들이지 않는다. 나는 부정적인 일에는 힘을 쓰지 않는다.

11. 시간을 귀중하게 여긴다. 자부심을 높일 때 그 부산물로 시간의 가치도 함께 올라간다. 시간을 관리한다는 것은 내 인생의 사건들을 컨트롤하는 것과 같다. 나는 매일 혼자만의 시간을 가지면서 그날의 사건들을 평가한다. 이 반성의 시간에 나는 나에게 가장 중요한 의미를 가지는 사건들의 순서를 결정한다. 마음의 평화는 지배가치에 따라 내가 하는 일을 관리할 때 얻을 수 있다.

12. 경제적으로 자립한다. 내가 일을 할 수 있든 없든 상관없이 언제나 돈을 얻을 수 있는 수입원을 준비한다. 나는 가족이 식량, 주거, 교통, 교육 측면에서 곤란을 겪는 일이 없도록 충분히 보살핀다.

13. 매일 혼자만의 시간을 가진다. 나는 매일 아침 5~8시까지 집에서 3시간 동안, 마법의 시간을 가진다(단 일요일은 2시간). 이 시간 동안

나는 가족을 가르치고, 독서를 하며, 그날의 계획을 짠다. 그리고 개인적으로, 그리고 가족과 함께 기도의 시간을 가진다. 이 일은 매일매일 마음의 평화를 얻는 출발점이다.

14. 사람들의 인생을 변화시킨다. 나는 올바른 원칙들을 가르친다. 단순히 가르치는 것만이 아니라 사람들이 스스로 실험하고 이용할 수 있도록 가르친다. 나는 일단 이 원칙들을 사람들이 내면화하여 스스로 컨트롤할 수 있도록 돕고, 점차 컨트롤의 정도를 높여 마음의 평화도 더 많이 경험하게 한다.

15. 다른 사람들의 이야기를 잘 듣는다. 부정적이든 긍정적이든 다른 사람들의 이야기에 주의를 기울인다. 그러고 난 다음 평가와 함께 존경과 사랑으로 대응한다.

16. 언제나 질서를 유지한다. 나는 내 인생의 모든 면에서 질서를 유지한다. 내 물리적 환경은 내 삶에 평온함을 줄 수 있도록 언제나 깨끗하고, 정리되어 있으며, 조직화되어 있다.

당신도 느꼈겠지만 이것은 상당히 거창한 계획이다. 나는 완벽은커녕 근접도 못하고 있다. 한번은 아내가 이것을 읽고는 이렇게 물었다. "언제요? 도대체 당신이 언제 이렇게 된다는 거예요?" 하지만 나는 목표만큼은 높이 설정한다. 내 목표가 내 가치관과 직접 연결되어 있기에, 또 귀중하게 여기는 것들이 나에게는 너무나 중요하기에 목표를 높이 설정할 수밖에 없다. 만약 내가 이 '완성된' 하이럼의 모습이 담긴 목록을 항상 내 눈앞에 둘 수 있다면 내가 되고자 하는 사람의 길로 훨씬 쉽게 갈 수 있을 것이다.

내 인생에서 내가 확인하고 있는 지배가치가 어떤 것들인지 살펴보았다. 당신과 다른 사람들은 인생의 최고 우선 가치로 또 다른 것들을 꼽을 것이다. 여기, 한 젊은 일하는 어머니의 헌법이 있다. 그녀는 우리 세미나에 참석해서 자신의 지배가치를 확인한 다음 이것을 만들었다.

1. 나는 참을성 있고, 이해심 많은 어머니이다. 장기 목표 : 행복하고, 스트레스를 받지 않으며, 사랑스런 아이들. 나는 아이들을 위해 시간을 낸다. 필요할 때는 함께 움직인다. 그리고 주말은 아이들과 유대 깊은 시간을 보내기 위한 계획을 짠다. 아이들을 꾸짖기 전에 아이들 입장에 서 본다. 또한 그 일만큼은 용납할 수 없는 일임을 가르치려고 할 때에도 아이들에게 육체적 고통을 가하는 것은 옳지 않다고 믿는다. 나는 아이들을 무조건 사랑한다. 그리고 아이들에게 내가 자신들의 행동을 전부 다 받아주는 것은 아니지만 내가 그들을 사랑한다는 사실을 수시로 확인시켜 준다. 나는 사소한 일에 흔들리지 않으며, 그런 일로 아이들과의 기본적 관계가 흔들리는 법이 없도록 한다.

2. 끊임없이 지적 성장을 추구한다. 장기 목표 : 더 나은 교육과 폭넓은 지식 기반. 열린 마음으로 다른 사람들의 이야기를 듣고, 이 중에서 내 인식의 세계를 넓힐 수 있는 것은 받아들인다. 나는 내 인생의 모든 측면(직장, 육아, 일반 상식)과 관련된 것들을 읽고, 가치 있는 것은 내 것으로 만들기 위해 노력한다. 배우고 성장하는 데 도움이 될 교육을 받을 기회를 찾는다. 능력을 키워 더 나은 일을 할 수 있도록 내 부서와 회사에서 배울 수 있는 것은 모두 배운다.

3. 나는 관대하다. 장기 목표 : 내 속에 영원히 살아 있는 부모님의 관대함에 보답하기 위하여. 나는 부모님의 관대함을 기억하고 있고 부모님의 모범이 내 안에 살아 있도록 하기 위해 노력한다. 도움을 필요로 하는 사람

을 보면 언제든지 돕되 그 대가는 바라지 않는다. 나는 아이들에게 작은 선물과 관심과 애정을 준다.

4. 신을 사랑한다. 장기 목표 : 가족에서의 종교적 조화. 모든 것은 신이 주셨다는 사실에 감사하며 무조건 사랑한다. 나는 아이들에게 신의 사랑에 대해서 이야기한다. 나는 좋은 종교인이 되는 데에는 말보다 행동이 중요하다는 것을 생활로 증명한다.

5. 내 자신에게 친절하게 대한다. 장기 목표 : 스트레스는 줄이고, 정리정돈은 철저히. 정기적으로 운동을 하며 몸을 건강하게 유지한다. 일하기에 앞서 긴장을 풀 시간을 충분히 가지며, 일을 시작하기 전에 하루의 계획을 짠다. 내 자신이나 아이들, 남편의 행복에 중요하지 않은 일은 신경 쓰지 않는다. 나는 내 생애의 매일매일을 사랑하며 비생산적인 감정에 시간을 헛되이 보내지 않는다. 나는 어떤 상황에서라도 긍정적인 면에 집중한다. 아무리 다른 사람들이 받아들이지 않아도 내가 믿는 바에 대해서는 굳게 믿는다.

6. 남편을 사랑하고 남편에게 감사한다. 장기 목표 : 우리 자신과 아이들을 위한 평화롭고 행복한 가정, 그리고 두 사람의 영원한 사랑. 정기적으로 오로지 남편만을 생각하며 남편과 함께 보낼 시간을 낸다(아이들도 잠시 멀리한다). 남편의 불만에 대해서 짜증을 내지 않고 듣는다. 우리 두 사람의 행복을 오래 간직하기 위해서 노력한다. 이 멋진 남자를 보내주신 신에게 감사한다. 그리고 내가 그의 사랑에 얼마나 감사하고 있는지 매일 말한다. 나는 사물을 긍정적으로 보며, 나를 괴롭힐 수 있는 사소한 실수들을 최소화하려고 노력한다.

7. 나는 생산적이다. 장기 목표 : 직장과 가정에서 생산성과 효율성을 극대화한다. 매일 아침 구체적인 하루 계획을 짠다. 나는 내가 하고 싶은 일

뿐만 아니라 내가 할 필요가 있는 일에 집중한다. 나는 사장에게 '사장이 준 월급의 값어치가 있는' 나날을 제공한다.

8. 나는 경제적으로 안정되어 있다. 장기 목표 : 경제적인 어려움 없이 긴장을 풀고 인생을 즐길 수 있는 능력. 내가 버는 것보다 적게 쓴다. 그리고 어려울 때를 대비해서 매달 약간이나마 저축한다. 나는 정년 후와 미래를 위한 준비로 개인연금에 가입한다. 한달 계획보다 돈이 남을 때면 반드시 아이들의 대학 교육을 위해 채권을 산다.

여기 또 다른 세미나 참가자로부터 받은 예가 있다. 이 사람은 무척 간결하게 그의 가치관을 정리했다.

A1. 나는 건강하다
    1. 먹는 것에 주의한다.
    2. 정기적으로 비타민을 복용한다.
    3. 금연한다.
    4. 운동을 더 열심히 한다.
    5. 체중을 줄인다.
    6. 스트레스를 줄인다.
A2. 나는 행복한 결혼 생활을 하고 있다
    1. 아내와 대화를 자주 갖는다.
    2. 아내의 생각, 감정, 그리고 바람을 배려한다.
    3. 아내와 같이 다니는 것을 좋아한다.
A3. 나는 내 인생(시간)을 컨트롤한다
    1. 가족과 함께 하는 시간을 충분히 가진다.

성공하는 10가지 자연법칙

2. 긍정적으로 생각한다.

3. 매일매일과 미래의 사건들을 계획하고 있다.

A4. 나는 경제적으로 자유롭다

1. 가족의 미래를 생각하고 계획한다.

2. 소비에 신경을 쓴다.

3. 부수입의 기회를 찾는다.

A5. 나는 신뢰할 수 있는 사람이다

1. 사람들에게 신뢰감을 준다.

2. 시간 약속을 지킨다.

3. 매사에 최선을 다한다.

4. 정직하다.

5. 신념이 굳다.

A6. 나는 새로운 것을 배우기를 게을리 하지 않는다

1. 일을 하는 데 새로운 방법을 찾는다.

2. 새로운 아이디어에 귀를 기울인다.

3. 새로운 것들을 배운다.

A7. 나는 일을 확실하게 처리한다

1. 논리적으로 생각한다.

2. 무엇을 할 것인지 스스로 결정한다.

3. 주관을 가지고 행동한다.

4. 초지일관 끝까지 노력한다.

A8. 나는 신으로부터 받은 것을 소중하게 여긴다

1. 긍정적인 태도로 모든 것을 소중하게 여긴다.

2. 정신의 힘을 믿는다.

3. 이렇게 믿을 때 나는 더욱더 확신을 가지게 된다.

4. 마음먹은 것은 무엇이든 할 수 있다.

A9. 나는 유능하며 중요한 일을 빠뜨리는 법이 없다

1. 일을 할 때 항상 좀더 나은 방법을 찾는다.

2. 사건들의 흐름을 놓치지 않는다.

3. 작은 일도 공들여서 기록한다.

4. 문제만이 아니라 해결 방법도 생각한다.

5. 처음부터 올바른 방법으로 일한다.

여기에 사용하는 어휘와 형식에는 제한이 없다. 당신의 헌법은 당신만 보는 것이 아니라, 당신이 보여주겠다고 선택한 모든 사람들과 공유하는 것이다. 중요한 점은 지배가치를 확인하고 그것을 글로 옮기는 일이다. 또 당신의 가치들이 당신의 인생에서 어떤 의미를 가지는지에 관해서 약간은 설명적인 글이어야 한다.

자, 이제는 당신 차례다. 당신의 지배가치를 확인하는 시간을 갖도록 하라. 아마도 당신이 해야 하는 일 가운데 가장 어려운 것 가운데 하나일 것이다. 하지만 가장 가치 있는 일이기도 하다. 당신의 인생에서 가장 중요한 의미를 가지는 일들이 하나하나 종이 위에 떠오를 때 당신은 이제껏 느껴보지 못한 투명함과 목적의식을 경험하게 될 것이다. 또한 그것들을 확인하고 글로 옮기는 동안, 당신은 그 가치들과 연관된 일들을 하는 출발선 위에 당신이 서도록 하는 많은 일들을 떠올리게 될 것이다.

참고로 여기 1992년 프랭클린 퀘스트 사에서 전국적인 조사를 해서 얻은 지배가치들의 리스트가 있다. 우리는 사람들에게 인생에서 제일 우선 순위가 높은 일들을 적어달라고 요청했다.

　모두들 나름대로의 지배가치를 가지고 있었지만, 종합한 결과 다음과 같은 범주로 나눌 수 있었다. 이 결과는 미국인들이 인생에서 가장 중요하고, 가치 있다고 생각하는 것들의 단면을 반영하고 있다. 순서는 해당 범주에 대한 응답 빈도를 기준으로 하였다.

1. 배우자

2. 경제적 안정

3. 건강

4. 자녀와 가족

5. 종교와 구원 문제

6. 성취감

7. 성실과 정직

8. 직업에 대한 만족

9. 타인에 대한 사랑과 봉사

10. 교육과 학습

11. 자존심

12. 책임감

13. 리더십 발휘

14. 마음의 평화

15. 독립성

16. 지성과 지혜

17. 이해력

18. 삶의 질

19. 행복/긍정적인 태도

20. 즐거움

21. 자제심

22. 야망

23. 능력

24. 상상력과 창조성

25. 용서

26. 관용

27. 평등

28. 우정

29. 아름다움

30. 용기

이 조사는 '밸류퀘스트(ValueQuest™)'의 개발로 이어졌다. 우리는 사람들이 자신의 지배가치를 확인하고 장기적인 목표를 설정함으로써, 생활 속에서 지배가치를 충분히 실천할 수 있도록 도와주는 소프트웨어로 이것을 개발했다. 이 소프트웨어는 당신의 개인 헌법을 작성하는 데 많은 도움을 줄 것이다.

(컴퓨터가 있다면 이 쌍방향 소프트웨어를 이용해 보라. '밸류퀘스트'나 프랭클린 퀘스트 사의 비디오카세트 <당신의 가치관을 찾고, 당신의 목표에 이르는 길(*Finding Your Values, Reaching Your Goals*)>에 관해서 더 알고 싶으면 이 책 뒤에 소개한 우리 회사로 전화를 주기 바란다.)

여기서 명심해야 할 것은 당신의 가치관은 당신만의 것이라는 점이다. 따라서 위의 리스트에 얽매일 필요는 없다. 당신이 중요하다고 생각하는 것, 그것이 중요하다. 나에게, 아니면 그 누구에게도 왜 그런지 변호할 필요가 없다. 여기에 틀린 답이란 있을 수 없다.

당신만의 가치관을 확인했다면 일단은 당신의 '개인 생산성 피라미드(자기실현 피라미드라고 불러도 좋다)'의 기초를 쌓은 셈이다. 우리 모두의 목표인 마음의 평화를 얻는 데 도움이 되도록 당신의 지배가치, 장기 목표와 중간 목표, 나아가 일상활동을 집중시키는 보다 큰 틀이 바로 그 피라미드이다. 제3법칙에서는 그 피라미드와 당신의 지배가치를 확인하는 일의 중요성, 그 2가지 점에 관해 이야기하겠다.

제3법칙

일상활동에서 지배가치에 따라 행동하면 마음의 평화를 얻는다

앞에서 갑작스레 아들을 잃은 메릴린치 사의 한 임원이 나에게 편지를 보냈다는 이야기를 한 바 있다. 그는 자신의 가치관을 확인하고 이에 따라 살아왔기 때문에, 비극에도 불구하고 마음의 평화를 느낄 수 있었다. 중요한 것이 무엇인지 알고 있었고, 이를 이루기 위해 노력했다. 그는 자신의 인생을 컨트롤했던 것이다. 그러기에 인생의 비극을 맞았지만, 많은 사람들이 경험하는 죄의식에는 시달리지 않아도 되었다.

내게 온 편지 중에는 자식의 결혼식 뒤에 아버지들이 보낸 것이 많다. 그 아버지들은 아이들과 수많은 약속을 했다. 그러나 축구경기에도 데려가지 않았고, 같이 놀아 주지도 않았으며, 함께 낚시에 가지도 않았고, 외식도 하지 못했다. 너무 바빠서, 아니면 마침 그때 없어서 "그래 해주마" 하고 약속했던 것을 지키지 못한 것이다. 그들은 이제 그 기회가 사라져 버렸다는 사실을 깨닫고 슬퍼진 것이다. 그들은 자식의 결혼이 서글픈 것이 아니다. 할 수 있었고, 해야만 했는데 하지 않은 일들이 많은 자신의 삶이 아쉬운 것이다. 이것은 당신이 아버지이거나 어머니이거나, 딸에 대해서든 아들에 대해서든 마찬가지이다.

가장 중요한 것을 발견하고 그것을 얻기 위해서 뭔가를 한다는 것, 그것이 바로 마음의 평화를 얻는 일이다. 간단하다. 그러나 어떤 면에서는 세상에서 제일 힘든 일이기도 하다. 왜냐 하면, 의미 없는 일이 앞을 가로막아 서고, 그 당시에는 우선 순위가 낮은 일들이 급박하게만 보이기 때문이다. 그리고 우리가 이미 확인했듯이 중요한 일이라는 것은 우리가 그렇게 만들기 전까지는 긴급하지 않기 때문이다.

생산성 피라미드

우리는 시간관리 세미나에서 '개인 생산성 피라미드' 모델을 사용한다. 물론, 인생이라는 보다 큰 맥락에서 보면 '자기실현 피라미드'라고 부를 수도 있다. 이 피라미드는 최고의 가치를 확인하는 일에서 일상적인 활동을 수행하는 것까지 모두 4단계로 이루어져 있다.

제3법칙은 당신의 지배가치에 중요도를 매기는 방법에 관한 이야기이다. 제4법칙에서는 가치와 일상적인 활동을 연결하는 가교 역할을 하는 목표들을 살펴볼 것이고, 제5법칙에서는 당신의 일일 업무 리스트를 만들고 관리하는 법을 다룰 것이다.

여기서 이런 요소들이 피라미드 안에서 서로 연결되어 있음에

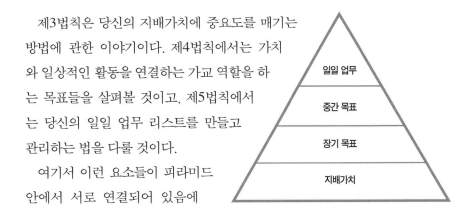

주의하라. 만약 가치와 연결되어 있지 않은 목표를 세운다면 일을 많이 하더라도 만족은 있을 수 없다. 정말 중요한 일은 등한시했기 때문이다. 같은 이치로, 당신의 장기 목표와 중간 목표를 반영하지 않은 일일 업무 리스트를 만든다면 바빠 움직이기는 하겠지만 생산적일 수는 없다.

이 피라미드는 일관성이 중요하다. 그리고 밑에서부터 차곡차곡 쌓아 가야 한다. 많은 사람들이 좌절하고 스트레스를 받는 것은 바로 이를 무시하기 때문이다. 사람들은 처음 3단계(때로는 4단계까지도)를 무시하고 '해야 할 일' 리스트는 만든다. 그것도 오로지 긴급성에만 기초해서 만들고 있다. 사람들은 가장 요란한 잡음을 내는 경첩에 제일 먼저 손이 가게 마련이다.

그렇게 하면 리스트에 올라간 일은 어느 정도 마무리할 수 있지만, 조용하고 보채지 않는 과제들은 며칠이 가도록 시작도 하지 않은 채 내버려두게 된다. 그 일들은 긴급하지 않다는 이유로 그 리스트에 올라가지도 않는 것이다. 사람들은 자동차를 수리하고, 월세를 내고, 이빨을 고치러 가고, 사장이 2시까지 가지고 오라고 한 보고서를 끝내고, 고객과 점심 약속을 하고, 또 수많은 잡일들을 처리한다.

그러나 배우자와 의미 있는 대화를 나누고, 아이들을 데리고 나가 아이스크림을 사주거나, 책을 읽는 일 들에는 근처에도 가지 않는다. 그런 일들은 리스트에 올리지도 않기 때문이다. 사람들은 왜 그런 일들은 리스트에 올리지 않은 것일까?

그 이유는 바로 이것, 중요한 가치들을 먼저 생각하고 계획을 짜는 사람이 거의 없기 때문이다. 이런 생활은 운전하는 사람이 없는 자동차와 같다. 이 차는 목적 없이 어디든 그저 땅이 생긴 대로 굴러갈 뿐이다.

우리가 피라미드 모양을 선택하여 이 과정을 표현하는 데에는 이유가 있다. 피라미드의 모양이 당신이 장기적인 목표에서 단기적인 목표로 이동함에 따라 좀더 분명해지는 초점을 제공하기 때문이다. 갈수록 구체성이 높아지는 것이다. 지배가치란 원칙과 믿음에 대한 가장 일반적인 선언을 의미한다. 장기 목표는 그 원칙들을 몇 년 정도에 걸쳐 이룩하고자 할 때 나온다. 다시 말해 장기 목표는 한 번의 우아한 도약으로 이루어지는 것이 아니다. 몇 번의 중간 단계를 거쳐야만 이룩할 수 있다. 그리고 중간 단계는 일련의 구체적이고, 목표 지향적인 일상의 노력들을 기울일 때 이룩할 수 있다.

당신의 일상활동이 기본적인 가치관에 의해서 인도된다면 당신은 가장 중요한 의미를 가진 일들을 성공적으로 처리하는 데서 오는 만족감을 얻게 될 것이다. 이 만족감이야말로 우리 모두가 바라는 마음의 평화를 얻게 하는 가장 중요한 요소이다.

8살 난 아들의 죽음에 관한 편지를 보낸 그 사람은 이 자연법칙을 진심으로 받아들였고, 자신의 인생에 적용했다. 그는 자신의 진정한 가치들을 평가하는 시간을 가졌고, 그 가치들 위주로 인생을 계획했다. 그 결과 그는 엄청난 일에도 불구하고 평화로울 수 있었다. 마음의 평화를 누릴 권리를 얻었던 것이다.

우선 순위를 정하는 일의 중요성

여기서 우리가 피해야 할 한 가지 실수는 지배가치를 한 번 확인했다고 해서 이 피라미드의 기초를 다 세웠다고 착각하는 일이다. 확인하는 것만으로는 충분하지 않다. 우선 순위에 따라 순서를 매겨야만 한다. 안 그러면 어떤 목표와 일상활동이 중요한지 알 수가 없다.

예를 들어, 내가 '강하고 건강한 몸을 유지한다'는 가치관을 세웠다고 하자. 또 '나는 뛰어난 남편이요 아버지이다'는 가치도 가지고 있다. 그래서 일주일에 한 번 테니스를 치고 아이들과 뭔가를 같이 하기로 목표를 세울 수 있다. 일반적으로는 문제가 없다. 둘 다 할 수 있으니까.

　그런데 이상하게도 주말에 바쁜 일이 겹치면서 2가지 일을 다 하기 어렵게 되었다. 그럴 때에는 어느 것을 해야 할까? 여기서 우선 순위를 정해두지 않았다면 아마도 즉각적인 즐거움을 주는 일을 하게 될 가능성이 높다. 우리들 대부분이 그렇게 하고 있다.

　그러나 나는 나에게 정말 중요한 것이 무엇인지 이미 결정해 놓았다. 좋은 아버지가 되는 것은 리스트에서 5번이다. 그리고 건강은 10번이다. 그렇다면 나는 아이들과 함께 지낸다. 이리저리 생각할 필요도 없다. 그 점에 관한 한 이미 결정을 내려 놓았다. 언제? 지배가치 리스트를 만들 때 이미 결정을 내린 것이다.

　그 가치들의 우선 순위를 정해 놓지 않는다면 우리는 서로 상충하는 목표와 일상활동에 얽매여 옴짝달싹 하지 못할 수밖에 없다. 다른 예를 들어보겠다. 내 리스트를 보면 '경제적으로 자립한다'와 '모든 일에서 정직하다'는 가치가 있다. 그런데 내가 경제적으로 어려운 상황에 처하게 되었다고 하자. 그런데 누군가 나에게 접근해 가족이 장기적으로 안정을 보장받을 수 있는 기회가 있으니 함께 일을 해보자고 제안을 한다. 물론 여기에는 한 가지 어려운 문제가 있다. 당신도 능히 짐작하겠지만, 그 기회라는 것이 비합법적이다. 감옥까지는 가지 않을 수도 있지만 어쨌든 비도덕적인 일이다.

　어떻게 해야 할까? 그것은 어느 가치가 더 중요한가에 달려 있다. 내 리스트에서 '경제적으로 자립한다'는 12번째 가치이다. 그리고 '나는 모든 일에 정직하다'는 8번째이다. 이것은 경제적으로 자립하고 싶다고 해서 정직하지 않은 행동을 하지는 않겠다는 뜻이다. 즉 정직한 행동이 경제적인 안정보다 더 중요하다는 말이다.

여기서 내가 말하고자 하는 바는 만약 당신이 가치들의 순서를 정해놓지 않으면, 즉 어느 것이 진실로 중요한지 확실히 해놓지 않으면, 몇 가지 갈림길에서 어려운 결정을 내려야 하는 상황에 처할 수도 있다는 것이다. 그것들은 마음에 평화를 가져올 수도 있고, 그렇지 않을 수도 있다.

합리화와 타협이 등장하는 지점이 바로 여기이다. 당신이 우선 순위를 확실히 해놓지 않으면 합리화하기가 쉽다. '그래, 나한테는 가족이 중요해. 이 돈이면 내 가족에게 안정을 줄 수 있어.' 불확실한 우선 순위는 가치나 원칙에 따라 행동을 결정하는 것이 아니라, 그 행동이 어떤 결과를 가져올지에 따라 방향을 결정하는 상황으로 이어진다.

이것은 '목적이 수단을 정당화' 한 경우이다. 이런 일은 어느 때고 일어날 수 있다. 그 유일한 치유책은 마음속의 가치관에 대해서 우선 순위, 또는 우열을 가려놓는 것이다.

허먼 크래너트의 예

1925년 인디애나 주의 인디애나폴리스에 허먼 크래너트(Hermann Krannert)라고 하는 사람이 살고 있었다. 그는 세프턴 컨테이너 사 (Sefton Container Company)의 임원이었다. 한번은 시카고에서 사장과 점심을 같이 먹게 되었는데, 그런 자리는 처음이라서 대단히 흥분했다. 드디어 그날이 왔다. 점심을 같이 하는 자리에서 사장이 말했다. "허먼 씨, 오후에 회사에 들어가 중대한 발표를 하나 할까 하는데 당신을 수석 부사장으로 승진시키겠다는 내용이오. 당신은 이제 이사회의 신입 멤버가 되는 거요."

크래너트는 날아갈 것만 같은 기분에 이렇게 대답했다. "사장님, 저는 이렇게까지 되리라고는 상상도 못하고 있었습니다. 분명히 말씀드리지만, 저는 이 회사 역사상 가장 충성스런 직원이 될 것입니다. 우리 회사를 미국 최고의 회사로 만드는 데 일생을 바치겠습니다."

그 말에 만족해하며 사장이 이렇게 말했다. "허먼 씨, 당신도 알겠지만 안 그래도 내가 하려던 말을 당신이 먼저 해주어서 아주 기쁘오. 이사회의 멤버로 일할 때 당신은 그저 내가 하라는 대로만 하면 될 거요."

그 순간 크래너트는 온몸에서 힘이 빠지는 것을 느꼈다. 그는 그렇게 할 수 있을지 확신이 서지 않는다고 말했다.

"어허, 허먼 씨. 그게 바로 비즈니스 세계가 굴러가는 이치요. 나는 지금 당신을 이사회에 넣어주려고 하는 거요. 당신은 내가 하라는 대로만 하면 되는 것이오. 알겠소?"

허먼은 생각할수록 화가 치밀어 올랐다. 점심을 끝낸 그는 자리에서 일어서면서 말했다. "사장님, 저로서는 오늘의 제안을 받아들이지 못하겠다는 점을 말씀드려야겠습니다. 이사가 되어도 누구의 꼭두각시가 되는 일은 절대 하지 않을 겁니다." 그리고 이렇게 덧붙였다. "그리고 또하나, 그런 요구가 횡행하는 회사를 위해서는 일하고 싶지 않습니다. 회사를 그만 두겠습니다."

그는 그날 밤 집으로 돌아와 아내에게 말했다. "오늘 내가 수석 부사장 자리에 올라가고 이사가 되었다는 사실을 알면 당신은 아마 엄청나게 흥분할 거야. 그리고 내가 회사를 그만두었다는 것도."

"그만두다니…, 제정신이에요?"

자초지종을 이야기하고 나자 아내는 그의 이야기에 전적으로 동감하면서 이렇게 말했다. "그래요, 다른 일자리를 찾아보면 되죠."

그러고 나흘 뒤, 대문을 두드리는 소리가 났다. 그 회사에 다니는 여섯 명의 고위 임원들이 집안으로 쏟아져 들어왔다. 다들 흥분해 있었다. "허면, 그날 무슨 일이 있었는지 다 들었습니다. 우리가 들어본 이야기 가운데 가장 속 시원한 이야기였습니다. 사실 우리도 다 그만두었습니다."

"다들 그만두다니, 그게 무슨 말입니까?"

"아, 우리도 그만두었다니까요. 그리고 좋은 소식이 있습니다. 우리는 앞으로 당신을 위해 일할 겁니다!"

"아니, 어떻게 나를 위해서 일한다는 겁니까? 일자리 하나 찾지 못하고 있는 나를."

그러자 이구동성으로 외쳤다. "우리는 당신이 뭔가를 찾아낼 것이라고 믿습니다. 그리고 그때 우리는 당신을 위해 일하겠습니다."

그날 밤, 그 일곱 명은 식탁 주위에 둘러앉아 의논한 끝에 인랜드 컨테이너 사(Inland Container Corporation)를 만들었다. 1925년 이 초거대 기업은 자신의 지배가치—하나는 충성심이고, 다른 하나는 고결함이었다—가 무엇인지 알고 있었을 뿐만 아니라 그 우선 순위가 어떤 것인지도 알고 있던 한 사람 때문에 존재하게 되었다.

이 두 가치의 순서가 달랐다고 해보자. 그러면 완전히 다른 결과가 나왔을 것이다. '가치관의 리스트가 당신이 우선 순위를 정해야 할 리스트 가운데 가장 중요한 것이다'는 점을 강조하는 것도 바로 그런 이유에서이다.

두 개의 긍정적인 대안 가운데 하나를 선택하기

어떤 때는 가치관의 우선 순위는 모르지만, 둘 다 바람직한 과정인 경우가 있다. 여기서는 두 개의 불운 가운데 덜 불운한 것을 고르는 것이 아니라, 좋은 일 가운데 더 좋은 일만 고르면 된다. 이때도 명확한 가치관 규정만이 더 나은 결정을 내리도록 도움을 준다.

예를 들어, 당신의 삼촌이 유산으로 당신에게 5,000달러를 남겼다고 하자. 당신은 그 돈으로 중고차라도 하나 사고 싶은 마음이 굴뚝 같다. 지금 몰고 다니는 차는 털털거리고, 그 동네에서도 제일 볼품없는 차이다. 그런데 몇 년째 다짐하고 있는 일이 하나 있다. 가욋돈이 생기면 배우자와 함께 두 번째 허니문 여행을 유럽으로 가야지 하고 생각하고 있던 참이다.

어떻게 할 것인가? 새 차도 필요하다. 하지만 배우자와의 유럽 여행은 평생 잊지 못할 추억이 될 터. 결정을 내리는 최고의 방법은 가치관에 비추어보는 것이다. 만약 배우자와의 관계를 이웃 사람에게 좋게 보이는 것보다 더 우선 순위를 두고 있다면, 당신은 유럽으로 떠날 것이다. 하지만 가족을 위해서 적당한 수입을 올리는 일에 높은 우선 순위를 두고 있고, 새 차가 그 일을 하는 데 도움을 줄 것이라고 생각하고 있다면 차를 사고 배우자와의 관계를 위해서는 다른 길을 찾을 것이다. 여기서 문제의 열쇠는 그 결정을 당시의 일시적인 변덕이 아니라 가장 중요한 가치에 기초해서 내리는 데 있다.

직업 선택

어디에서 시간을 보내느냐에 따라 인생을 나눈다면 가장 큰 범주는 대부분 직장일 것이다. 보통 사람들은 8만 시간 이상을 직장에서 보낸다. 정말 엄청난 시간 투자이다. 그리고 많은 사람들이 매일 8시간, 일주일에 5, 6일 동안 해야 하는 일과 진정으로 소중하게 생각하는 것들 사이에서 갈등을 하는 곳도 바로 여기이다. 정말 많은 사람들이 직장에서 스트레스를 받는 한 가지 이유가 바로 이것이다. 즉, 사람들이 진정으로 하고 싶어하는 일을 하고 있지 않다는 것이다.

한 경영대학원 교수가 많은 학생들이 상당히 의아스러운 이유에서 경영학을 전공하고 있다는 사실을 발견했다. 그들은 행복을 바라고 있지만, 지금 그들이 가고 있는 직업의 길은 그 행복을 가져다주지 못할 길이었다. 왜냐 하면, 지금 학생들은 인생 최고의 나날들을 자신이 진정으로 사랑하는 일을 하면서 보내고 있지 않기 때문이다.

학생들의 동기와 가치에 대해 좀더 알고 싶어진 그 교수는 자기 수업에 참석하는 학생들을 상대로 익명으로 간단한 조사를 했다. 2가지를 묻는 것이었다. "학생은 왜 경영학을 전공으로 선택했는가?"와 "만약 돈이 문제가 아니라면—모든 직업이 똑같은 월급을 받는다면—그때는 무엇을 하겠는가?"

물론 경영학을 진정으로 사랑해서 전공하는 학생들이 있었다. 그러나 대다수의 학생들이 마음 깊은 곳에서는 다른 일을 골랐다. 교사, 목수, 사회 사업가, 미술가, 음악가, 농부, 무용수, 작가, 엔터테이너, 코치, 청소년 카운슬러, 기술자, 정치인, 조종사, 조경사, 양복 기술자 등 온갖 직업이 다 나왔다. 그러나 이런 마음 깊이 품고 있는 생각과 상관없이 그들은 경제적인 안정을 위해서, 만족스럽지 못한 일을 하면서 보낼 평생을 선택한 것이었다.

만약 이런 학생들이 자신의 가치관의 소리를 듣고 그 순위를 매기는 과정을 밟았더라면, 행복이나 그들이 사랑하는 다른 것을 버리고 대신 경제적 안정을 택하는 학생은 별로 없었을 것이다.

그러나 그 학생들은 자신의 가치관을 확인하고 순위를 정하지 않았기 때문에 앞으로 40여 년 동안 하게 될 일상활동의 대부분을 잘못된 우선순위에 따라 결정하였다. 여기에서 가치관과 일상생활 사이의 모순이 분명하게 드러난다. 그리고 앞으로 그들이 인생에서 좌절을 겪게 될 것이라는 사실 또한 충분히 예견할 수 있다.

직업 바꾸기

내 주위에도 자신의 직업 선택을 후회하고 있는 사람이 많다. 그리고 그 대부분 좌절감이 폭발 직전에 이르렀을 때, 학교로 돌아가 다른 직업 준비를 하려고 하지만, 그때는 이미 너무나 늦어버렸다는 사실을 발견하고 실망하곤 한다.

하고 있는 일이 불만족스러운 직업이라는 사실을 알고 한참을 가고 있던 길에서 돌아와 다시 시작한 사람들도 있다. 클레인 로비슨(Clayne Robison)이 그 좋은 예이다. 지금 클레인은 음악교사로 활동하고 있다. 물론 거기까지 이르는 데는 어려움도 많았다. 그러나 그의 이야기가 너무나도 감동적이라서 우리는 '자신의 가치를 찾고, 자신의 목표에 이르는 길'에서 한 사례로 들고 있다. 그가 직접 말하는 자신의 이야기를 들어보자.

아버지는 보험 중개인이었습니다. 그래서 나는 대학에 갈 때까지 당연히 나도 그 일을 하게 될 것이라고 생각하고 있었습니다. 대학에 간 나는 몇몇 친구를 사귀었습니다. 그런데 내 절친한 친구 가운데 의사가 되기로 결심한 친구가 하나 있었습니다. 그는 세상에 대한 최고의 기여는 의사가 되어 사람을 치료하는 것이라고 했습니다. 그 말을 듣고 나는 "그래, 저 친구 말이 맞아. 나도 그렇게 하겠어" 하고 결심했습니다. 그래서 다시 의예과에 들어갔습니다. 물론 공부도 열심히 했고, 다른 문제도 전혀 없었습니다. 그리고 그때가 내 대학 생활 중에서 최고의 해였습니다. 하지만 행복하지는 않았습니다.

그 후, 독일에서 2년을 살았습니다. 동독에도 가보았습니다. 그곳에 있는 동안 세상의 진짜 문제는 정치적 갈등이라는 사실이 눈에 들어오기 시작했습니다. 만약 내가 이상에 충실하고, 세상의 문제를 해결하고자 한다면 좀더 정치적인 쪽에 관심을 가져야 할 것 같다는 생각을 하게 되었습니다. 젊은 지성인이라면 당연히 그리 해야 한다고 생각했습니다. 동서냉전을 직접 본 나는 그 문제를 해결하는 데 일조하기로 결심했습니다. 그래서 영어를 전공하기 시작했고, 아주 재미있었습니다. 그러고 나서 법과대학원에 지원, 합격했습니다. 그런데 법학 공부를 시작한 지 5일도 채 되지 않았을 때 이런 생각이 들었습니다. "이건 옳지 않아. 뭔가 잘못된 거야."

법과대학원을 졸업할 무렵 심리 테스트를 받을 기회가 있었습니다. 내가 왜 그토록 법학을 싫어하는지 그 이유라도 알고 싶어서 테스트를 받기로 했습니다. 그런데 그 하찮은 테스트에서 많은 결과가 나왔습니다. 그 중에는 내가 사물을 보는 방식이 법률가가 보아야 하는 방식과는 너무나도 다르다는 결과가 있었습니다.

상담원이 나를 보더니 고개를 가로저으며 말했습니다. "아니, 어떻게 이날까지 왔는지 모르겠군요. 법률가라면 이런 식으로 하지 않을텐데." 그래서 이렇게 대답했습니다. "아마도 내가 자존심이 너무 센가 봅니다. 그만두면 사람들이 뭐라고 생각할까 하는 생각에 그대로 버틴 것 같습니다."

드디어 상담원의 입에서 정곡을 찌르는 질문이 튀어나왔습니다. "진짜로 하고 싶은 일은 뭡니까?" 나는 보는 사람이 없는지 주위를 살핀 다음 이렇게 말했습니다. "진짜로 하고 싶은 일은 노래부르는 겁니다."

클레인은 자신이 중요한 갈림길에 서 있다는 사실을 발견했다. 그의 마음은 '가수'의 길을 향하고 있었다. 그러나 그것은 경제적으로 매력적인 직업에서는 등을 돌린다는 것을 의미했다. 뿐만 아니라 그가 음악 공부를 하는 동안 두 자녀는 어려운 상황을 견뎌야 한다는 것을 의미하기도 했다.

경제적 안정에서 지배가치를 따라나선 내 자신의 경험에서 볼 때 나는 클레인의 결정이 쉽지 않았으리라는 점을 충분히 이해할 수 있다. 그 결심대로 하면 가족들의 먹을 것이 떨어지는 때가 있게 된다는 것은 의심의 여지가 없는 사실이다.

아내와 어떻게 살아갈 것인지에 대해서 기나긴 의논의 날이 있었고, 아내의 단호한 격려에 힘을 받은 그는 드디어 결심했다. 그리고 서른의 나이에 "음악의 세계에 발을 디뎠다." 정말로 중요한 직업의 변화를 이루어내는 과정에서 온갖 어려움에도 불구하고 그는 법과대학원에서 느꼈던 감정과는 완전히 다른 느낌에서 살 수 있었다.

첫발을 들여놓은 바로 그 순간부터 모든 것이 재미있었습니다. 이론 수업도, 음악사 수업도, 논문 작성도 다 재미있었습니다. 그 과정을 밟는 동안 어느 것 하나 즐겁지 않은 일이 없었습니다.

클레인이 노래를 부르고 있거나 학생들을 가르치는 모습을 보면 그가 정말로 자신의 직업을 사랑하고 있구나 하는 생각이 절로 든다. 그는 학생들에게 그들이 자신만의 가치를 발견하도록, 그리고 그가 범했던 실수들을 피하도록 하려고 노력하고 있다.

아이들에게 노래를 가르치는 일이 아주 재미있습니다. 작곡을 시켜보는 것도 재미있죠. 하지만 궁극적으로 볼 때 내가 하고 있는 일은 학생들에게 확신을 가지게 하는 것입니다. 무엇이 중요한지 스스로 느끼고 이것을 자신 있게 할 수 있는 환경을 만드는 것이지요. 그리고 그 확신이 지금 만들어지고 있다는 사실과 그것이 언젠가는 변할 수도 있다는 사실을 인식하게 만드는 겁니다.

지금 아이들이 배우고 있는 무엇보다 중요한 한가지는 다른 사람들이 어떻게 생각하느냐, 아니면 내가 어떻게 생각하느냐가 아니라, 무엇이 진정 소중한지 자신이 느끼는 대로 믿고 따르는 것입니다."

저울을 기울게 만들기

가치관을 목표, 그리고 일상활동과 연결하는 일의 중요성은 아무리 강조해도 지나치지 않다. 일상활동을 가치관에 맞추어 계획하는 과정에서 문제가 발생할 때마다, 생산성 피라미드가 옆으로 기울 때마다 당신은 생활의 균형을 잃게 된다.

일부 상인들은 약간의 이득을 위해 '저울을 기울게' 하기도 한다. 고객을 속이는 것이다. 고객은 저울의 불균형 때문에 낸 돈보다 더 적게 받아가게 된다.

이와 비슷한 이치로, 자신에게 이로운 방향으로 매일 해야 하는 일의 양을 늘려 가는 '저울 기울게 만들기'가 생산성을 높이는 것과 같다고 믿는 사람이 있다면 그것은 잘못 생각한 것이다. 그렇게 하면 일을 많이 하는 것처럼 보이기는 한다. 그러나 일반적으로 스스로 지치거나, 균형 감각을 잃고 마는 결과를 낳을 뿐이다. 결국 자기 자신뿐만 아니라, 그들이 만족시키고자 하는 상대까지 속이는 것이다.

이때 균형을 유지하는 해결책은 일일 업무 리스트가 확실히 지배가치와 목표에 기초를 두고 만들어졌는지 확인하는 것이다. 가치와 활동의 일관성을 얻는 데 다음 질문들이 도움을 줄 것이다.

- 장기적인 관점에서 볼 때 이 계획의 우선 순위는 어느 정도인가?
- 이 일은 누구를 위해서, 그리고 언제까지 완수해야 하는가?
- 내가 위임할 수 있는 부분은 무엇이고, 누구에게 할 수 있는가?
- 내가 이 일을 지체시키면 어떤 일이 벌어지는가?
- 내 가치관에 배치되는 일은 없는가?

인생을 더 많이 컨트롤하게 되면 마음의 평화를 더 많이 얻게 된다. 앞에서 나는 마음의 평화를 '생활에서 발생하는 사건들을 적절하게 컨트롤함으로써 얻은 평온함, 균형, 그리고 조화의 상태'라고 규정한 바 있다. 그리고 마음의 평화는 지금 내가 하고 있는 일과 내가 믿는 바가 일치하고 조화를 이룰 때 얻을 수 있다. 가치에 기반을 둔 목표설정은 흥미를 자아내며, 자신에게 가장 중요한 일을 확실히 파악하게 만든다. 그리고 일상활동을 계획할 때 안내자 역할을 한다.

세미나를 마치고 나면 많은 사람들이 따뜻한 느낌을 가진다. 그러나 일터에 돌아가서 행동을 바꾸는 사람은 많지 않다. 그것은 변화를 시도할 권한을 부여받지 못하고 있기 때문이다. 권한 부여는 사람들이 새로운 원칙과 기술을 배울 뿐만 아니라, 그런 원칙과 기술을 실천에 옮길 수 있는 수단을 가졌을 때 가능하다. 생산성 피라미드와 제5장에서 이야기할 특별한 계획 도구들이 바로 그런 것이다.

예측이 불가능한 경제 상황에서는 개인의 개별적인 생산성이 제일 중요하다. 나는 사람들의 잠재력이 무한하다고 믿는다. 내가 지배가치에 대해서 이야기하고, 사람들에게 가장 중요한 것이 무엇인지 확인해 보라고 하며, 그런 가치에 따라 생활하라고 격려하는 것도 바로 그런 이유에서이다.

인생에서 가장 중요한 것이 별로 중요하지도 않은 일들에 의해서 좌우되어서는 안 된다. 우리가 가장 소중하게 여기는 것이 무엇인지 확인하지 않고, 또 그런 가치들과 우리의 일상생활을 조화시키지 않을 때 우리는 단순히 자극에 반응하며 살게 된다.

당신이 우선 순위(지배가치)를 파악하지 않은 상태에서는 그 위의 2단계, 즉 목표를 설정하고 그와 관련된 일상적인 과제를 처리할 필요성을 느끼지 못한다. 그러나 일단 그 우선 순위를 확인하고 나면 그 일들을 그저 먼지만 쌓여 가는 채로 내버려두지는 않게 된다.

우선 순위와 관련해서 뭔가 일을 하기 전까지는 그 우선 순위들이 가슴을 무겁게 짓누를 따름이다. 제4법칙은 바로 그 부분에 초점을 맞춘다. 여기서 당신은 가치관과 일상적인 활동 사이를 연결시켜주는 가장 중요한 매개물인 구체적이고, 측정 가능하며, 현실적인 목표들을 정하는 방법을 배우게 된다.

제**4**법칙

더 높은 목표에 도달하려면 현재의 편한 상태에서 벗어나야 한다

제임스 뉴먼은 「브레이크를 놓아라!(*Release Your Brakes!*)」에서 편한 상태라는 개념에 대해서 탐색하고 있다. 편한 상태란 당신이 그 안에 들어갔을 때 안전하고, 편안하며, 안정된 느낌을 받는 경우를 말한다. 그 편한 상태를 벗어 던지기는 정말 쉽지 않다.

각자가 음식을 준비해 가지고 와서 함께 즐기는 파티를 해본 적이 있는가? 거기서 당신은 누구의 음식을 먹을까? 십중팔구 당신이 가지고 간 음식을 먹고 있을 것이다. 그게 편하기 때문이다. 당신은 그게 어떤 맛인지 알고 있다. 적어도 기대를 가지고 먹었다가 실망하는 일만은 없다.

칵테일 파티를 예로 들어보자. 거기서 제일 먼저 누구를 찾게 될까? 당연히 당신이 아는 사람, 친하고 또 대하면 편한 사람이다. 그런데 편함의 유지를 위한 또 다른 방법이 있다. 즉, 편한 상태에 있기가 불가능할 때는 아예 새로운 환경을 창조해 버리는 것이다. 레크리에이션용 차량 산업이 있는 것도 다 그 이유 때문이다. 캘리포니아에 사는 친구 하나가 있는데 그는 13만 달러짜리 이동주택을 가지고 있다. 그것은 이제까지 내가 본 것 가운데 가장 멋진 차량 주택이다. 자기 집의 편함을 포기하기 싫어 하는 그 친구의 자구책의 결과인 그 차량 주택은 멀리 여행할 때 사용하는 그의 이동식 집이다.

마음속이 편한 상태

외부적 · 물리적으로 편한 상태는 금방 이해가 간다. 그러나 그것이 우리가 가지고 있는 편한 상태의 모두가 아니다. 때로 우리는 정신적 · 감정적 · 사회적 · 심리적으로 편한 상태를 만들어낸다. 이 편한 상태를 벗어나기는 물리적으로 편한 상태에서 벗어나기보다 훨씬 어렵다.

친구 스티브에게는 끔찍이도 수줍음을 많이 타는 토드라는 아들이 있다. 토드가 얼마나 수줍음을 타는지 심리학자들은 그 아이를 보고 '선택적 자폐증'이라는 특이한 병명까지 내놓았다. 어떤 특정 상황에서는 말을 하지 않는다는 뜻이다.

토드는 수학과 언어 능력이 뛰어난 명석한 소년이고, 자기 집이나 친구의 집에서는 말도 많고, 통제가 안 될 정도로 잘 뛰어 논다. 그런데 특정한 상황에서는 말을 하려고 하지 않는다. 그럴 때는 심지어 자기 부모한테도 입을 열지 않는다.

예를 들어, 유치원에 다닐 때 토드는 선생님이나 같은 반 아이들에게 1년 내내 단 한 마디도 하지 않았다. 단 한 마디도. 하지만 유치원에 가는 것은 아주 좋아했다. 문제는 토드가 선생님과 다른 원생들에게 두려움을 느꼈다는 데 있었다. 그리고 토드는 아무런 대응도 하지 않는 것으로 반응했다.

스티브와 그의 아내 샌디는 걱정이 이만저만이 아니었다. 두 사람은 아이가 저렇게 말을 하지 않고 지내면 지낼수록 고치기가 더 어려워진다는 사실을 잘 알고 있었다. 이런 증세를 앓는 어린이 가운데에는 초등학교 3, 4, 5학년이 돼서도 말을 하지 않는 아이들이 있다는 말을 듣고 있는 터였다.

두 사람은 최대한 빨리 그 병을 고쳐주고 싶었다. 그리고 그 길은 토드가 학교에서 편안함을 느낄 수 있게 해주어서 말을 할 수 있는 자신감을 심어주는 데 있다고 생각했다. 집에서와 같은 분위기를 만들어주고 싶었던 것이다.

그래서 학기를 시작하기 전 두 사람은 토드를 데리고 새 1학년 담임 선생님인 스탠리 부인을 만나러 갔다. 그 전에 두 사람은 토드의 유치원 선생님의 조언에 따라 이 사람을 토드의 선생님으로 해달라고 학교에 요청한 바 있었다. 유치원 선생님은 스탠리 부인이 매우 자상하며, 아이들을 잘 이해해주는 사람이라고 했다. 그녀는 학생에게 칭찬을 통해서 자긍심을 길러주는 사람이었다.

방문에 앞서 두 사람은 토드에게 단 한 마디라도 좋으니 선생님의 질문에 대답해야 한다고 사전에 일러두었다. 그리고 할 수 있다는 자신감을 심어 주었다. 또한 새 선생님에게는 토드가 유치원에서 보여준 행동 유형에 대해서 사전에 정보를 주었다.

결론적으로 그것으로 충분했다. 비록 토드가 선생님에게 말을 많이 하지는 않았지만, 질문에 대답은 했다. 그리고 그것이 전환점이 되었다.

등교 첫날, 토드를 본 선생님은 크게 이름을 부르며 불러 세웠다. 그런데 토드가 입을 열기도 전에 토드와 같은 유치원에 다녔던 아이들이 입을 모아 "토드는 말을 안 해요"라고 소리쳤다. 그러나 선생님은 토드가 말하는 것을 이미 본 적이 있었기에 아이들에게 사실 그대로를 말할 수 있었다.

"아니에요, 토드는 말을 해요. 나는 토드가 말하는 것을 들은 적이 있어요." 이 짧은 선언은 다른 아이들이 토드를 바라보는 눈을 바꾸게 만들었고, 토드가 학급에서 받았던 감정의 물길을 바꾸어 놓았다. 그날 토드는 말을 했다. 그리고 그해 내내 말을 했다. 1학년 때의 경험은 매우 긍정적이었다. 스티브와 샌디는 아들이 그 9개월 동안 보여준 변화에 그저 황홀할 따름이었다.

토드가 인생에서 성공하고 행복하자면 변화할 필요가 있었다. 편한 상태에서 빠져 나와야 했던 것이다. 우리 스스로에게 물어보자. 토드의 편한 상태는 어디였을까? 집? 그렇다. 집이야말로 물리적으로 편한 상태의 대표적인 예이다. 유치원은 그 편한 상태 바깥에 있었다.

토드가 또 다른 편한 상태를 가지고 있었던 것은 아닐까? 침묵이 바로 그것이었다. 말을 하지 않는다는 것이 또 다른 편한 상태, 정신적·감정적으로 편한 상태였던 것이다. 물리적 환경에 두려움을 느꼈을 때 토드는 말하지 않는 편함 속으로 후퇴했다. 그리고 내부적으로 편한 상태에서 밖으로 나오는 모험은 참으로 힘들었다.

목표 설정

목표는 현재 상태와의 계획된 갈등이다. 이 정의에 따르면 목표에 이른다는 것은 뭔가 새로운 것을 하는 것, 편한 상태라는 편안하고 익숙한 영역에서 빠져 나와 새로운 미개척지를 탐색하는 것을 의미한다. 새로운 영역을 탐색하는 일은 위험하고, 고통스럽고 힘든 경험일 수도 있다.

그래서 우리는 편한 상태를 벗어나고 싶어하지 않는다. 익숙하고, 편한 패턴을 버린다는 것이야말로 인생에서 제일 어려운 일 가운데 하나이다. 사실, 정말 많은 사람들이 목표를 세우지 않는 주된 이유가 바로 이것일 것이다. 목표는 우리가 하지 않아도 되는 새로운 행동을 취하게 만든다.

여기서 2가지 질문을 던져보겠다. 당신 생각에 과연 성인 가운데 몇 퍼센트나 그 어떤 구체적인 장기 목표를 글로 써본 경험을 가지고 있을까? 몇 년 전, 코네티컷 주에 있는 한 보험회사에서 전국적인 조사를 한 적이 있다. 그 회사에서는 과연 몇 퍼센트의 미국인이 구체적인 장기 목표를 글로 써놓고 있는지 조사하였다. 그 결과 3퍼센트로 나타났다.

왜 이리 낮을까. 만약 어떤 목표를 써놓았는데 거기에 이르지 못했다면? 결국 실패한 셈이다. 우리 사회는 실패는 나쁘다는 신화가 지배한다. 그러니 차라리 목표를 세우지 않는 편이 더 낫다고 생각하는 것이다. 실패할지도 모르는 위험한 상황에 서지 않은 것으로 실패를 피하고 있는 것이다.

실패의 가능성을 없애려면 또 무엇을 없애야 할까? 물론 성공의 가능성을 없애야 한다. 그렇다고 모든 사람들이 의식적으로 그렇게 생각하고 있다는 말은 아니다. 하지만 그것이 우리를 편한 상태에 머물게 만드는 무의식적인 생각 가운데 하나이다.

두 번째 질문은 이것이다. 과연 65살이 된 사람 가운에 몇 퍼센트가 현금으로 1만 달러를 만져볼 수 있을까? 미국인의 경우 정답은 5퍼센트. 그렇다, 5퍼센트다! 내가 왜 이 2가지 질문을 던지고 있을까? 이 세상에 사는 사람이라면 구체적인 목표를 세우지 않고서는 경제적인 안정을 얻는다는 것이 거의 불가능하다는 결과를 보여주기 위해서이다.

1936년, 사회보장제도를 처음으로 시행하였을 때 그 보조를 받는 한 사람 당 취업 인구는 16명이었다. 그 비율이 지금은 1대3도 채 되지 않는다. 혹시 앞으로 8년이 지나면 그 비율이 어떻게 되는지 알고 있는가? 1대1이다.

내가 정년퇴직을 했을 때 경제적으로 안정되고자 한다면 누가 그렇게 해줄까? 바로 나 자신이다. 경제적 안정을 위한 계획을 세워야 하고 그 계획은 경제적으로 안정되는 것이 중요하다고 말해주는 가치 위에서 출발해야 한다. 목표를 세우지 않고 있다면 그저 생존하고 있는 것일 뿐 진정으로 사는 것이 아니다. 우리의 인생을 책임질 수 있는 정도(正道)가 못 되는 것이다.

아래 그림은 우리가 편한 상태로 어떻게 끌려가는가를 보여주고 있다. 불행하게도 이 그림은 우리 가운데 너무나 많은 사람의 삶을 정확하게 그려내고 있다.

아무런 노력이 필요없다 ⟶ ⟵ 노력이 필요하다

아무런 노력을 하지 않는다면 우리는 자연스럽게 편안한 패턴과 습관에 안주하게 된다. 편한 상태의 관성으로부터 탈출하는 데는 엄청난 노력이 필요하다. 가치에 기반을 둔 목표는 우리 각자가 관성에서 빠져 나올 수 있도록 노력을 집중시키고 움직이게 만들어주는 힘이다. 그리고 그 어떤 이유에서든 목표에서 눈을 뗀다면 우리는 집중력을 잃고 부주의하게 된다. 목표로부터 이탈하는 지름길이 바로 그것이다.

타임라인

"다음에 시간이 있을 때…." 당신도 이 말을 해본 적이 있을 것이다. 하지만 잠깐만 생각해보고 넘어가자. 이 말의 끝에는 당신의 인생에서 욕망, 바람, 또는 가치를 나타내는 말이 붙게 된다. 그런데 내가 당신에게 해주고 싶은 말이 있다. 당신이 그것에 관해서 뭔가 조치를 취하지 않는 한 그 바람을 달성하는 일은 결코 없을 것이며, 또 언제나 회한을 갖게 될 것이라는 사실이다. 당신의 인생을 하나의 선으로 본다면 그것이 바로 타임라인이고, 아래와 같은 그림이 된다.

내가 당신에 관해서 알고 있는 점이 2가지 있다. 먼저 당신이 태어났다는 사실이다. 타임라인의 왼쪽에 당신의 출생을 표시했다. 출생은 당신이 도저히 컨트롤할 수 없는 사건이다. 하지만 세상에 태어난 후 지금 이 책을 읽고 있는 이 순간까지 그 타임라인 위를 지나왔다. 연필을 들어 당신의 타임라인 위에 '오늘'을 나타내는 사선을 그려 보라. 타임라인 위에 '오늘'을 표시하는 것이다. 한번은 '오늘'을 출생에서 겨우 1센티미터도 안 되는 곳에 표시하는 74세의 노인이 있었다. 정말 멋진 분이었다.

오늘로부터 출생에 이르기까지 과거를 돌이켜보면, 당신의 타임라인 위에는 온갖 사건들이 단단히 박혀 있다. 걸음마를 배우고, 말을 배우고, 학교에 다니고, 직장에 다니고, 연애와 결혼, 그리고 첫 번째 아이를

성공하는 10가지 자연법칙

얻은 일 등 온갖 일들이 당신의 타임라인을 장식하고 있다. 그 모든 것이 바로 역사이다. 그 어느 것 하나 당신이 바꿀 수 있는 일은 없다.

만약 당신의 타임라인이 콘크리트로 만들어져 있다면 '오늘' 표시 왼쪽의 콘크리트는 이미 돌처럼 단단하게 굳어 있다. 그 모든 사건들이 당신의 타임라인 속에 시멘트처럼 굳어 있기에 어느 것 하나 어떻게 해볼 도리가 없다.

두 번째로 내가 당신에 관해 알고 있는 점은 당신이 아직 죽지 않았다는 사실이다. 이 책을 읽고 있다면 당신은 분명 살아 있다. 그런데 그림의 '사망' 쪽으로 얼마나 가게 될지 당신으로서는 알 수가 없다. 오늘 당신이 서 있는 지점에서 당신의 타임라인 끝을 바라 볼 때 거기에 어떤 사건들이 있을지도 알 수 없다. 아직 굳어버린 것은 하나도 없다.

여기서 이 점을 깨달아야 한다. '오늘' 표시 오른쪽의 콘크리트는 당신이 그곳을 지나기 전까지는 아직 굳지 않는다는 것이다.

오늘 곰곰이 생각한 끝에 가치관 가운데 하나로 경제적으로 자립하겠다는 결정을 내렸다고 해보자. 그것은 미래의 어느 시점에 일어나기를 원하는 사건 하나를 결정한 셈이다. 그러나 그 가치를 확인한다고 해서 내가 그것에 관해서 뭔가 구체적인 일을 하지 않으면 아무 소용도 없다.

그래서 나는 타임라인을 내려다보면서 2005년 7월 31일을 향해 화살 하나를 쏜다. 그런데 그 화살에는 '2005년 7월 31일까지는 경제적으로 자립한다'고 쓴 쪽지가 매달려 있다. 나는 그 화살을 쏘았고, 그 화살은 아직 물컹물컹한 콘크리트 속에 박힌다.

이것은 생산성 피라미드의 두 번째 수준에 있는 장기 목표이다. 그런데, 내가 '1984년 7월 31일까지는 경제적으로 자립한다'는 쪽지를 써서 그것을 화살에 묶고 그 시점을 향해 쏘았다면, 그 화살은 그대로 튀

겨나가고 말 것이다. 그곳의 콘크리트는 이미 바위처럼 단단하게 굳어 있기 때문이다. 말하고자 하는 요점은, 오로지 미래를 위해서만 목표를 세울 수 있다는 사실이다. 그러니 과거에 힘과 시간을 낭비하지 말라.

경제적 자립이라는 목표는 구체적이다. 그러나 나와 그 화살 사이에는 아직 굳지 않은 콘크리트가 많이 있다. 계획한 대로 목표에 이르려면 몇 가지 중간 단계를 거쳐야 한다. 나로서는 이렇게 자문해야 한다. '내가 진심으로 2005년 7월 31일까지 경제적으로 아무 문제가 없고자 한다면 과연 나는 지금 현재와 저 화살 사이에 있는 저 시멘트 속에 무엇을 채워 넣어야 하는가?'

이것이 생산성 피라미드의 3번째 단계인 중간 목표이다. 주위에서 이런 말을 하는 사람들이 많다. "하이럼, 나는 장기 목표를 세워놓았어. 바로 이거야. 차츰차츰 가까이 다가가고 있는 중이라고." 그러나 십중팔구 그 말은 사실이 아니다. 그 장기 목표들은 다만 그들의 머리 속에서 빙빙 돌고 있을 뿐이다.

그 허공에 떠 있는 목표들을 잡아 끌어내려 젖은 시멘트 속에 깊이 심고, 오늘로 돌아와 해야 할 숙제들을 해야 한다. 일단 그렇게 움직이기 시작하면 컨트롤할 수 있는 시간도 늘어난다. 그러면 그 시간에 대한 컨트롤도 시작해야 한다. 그것도 지금 당장. 그렇게 하기 전까지는 변할 것이라고는 하나도 없다.

당신이 전혀 컨트롤할 수 없는 사건 가운데 하나가 바로 숨 한 번 쉴 때마다 그 화살을 향해서 점점 더 가까이 다가간다는 사실이다. 지금 이 책을 읽고 있는 바로 이 순간에도 당신은 나이를 먹고 있다.

2005년 7월 31일은 점점 다가오고 있는데 당신이 하는 일이라고는 고작 나이를 먹는 일뿐이라면 그 시간이 되었을 때 당신은 목표에 도달할 수 없다. 경제적 자립이 가만히 앉아 있는데 저절로 이루어지는 법은 없다. 복권에 당첨된 사람조차도 '뭔가'를 한 것이다. 대부분의 경우, 경제적으로 안정된다는 것은 하나의 과정이다(세상사 거의 모든 일이 다 그렇듯이). 그리고 그 과정에서 성공을 거두려면 중간 단계를 어떻게 밟을 것인지 결정해야 한다.

경제적 자립으로 가는 길에서 중간 단계로는 어떤 것들이 있을까? 교육을 받고, 투자 포트폴리오를 작성하며, 좋은 직장을 구하고, 보험도 들어두어야 할 것이다. 거기에다 집도 마련해야 한다. 그렇다면, 우리는 5개의 중간 목표를 확인한 셈이다. 더 자세하게 정할 수도 있지 않을까? 물론 그럴 수 있다.

예를 들어 총자산 투자 포트폴리오만 하더라도 지금 현재와 화살 사이에 35개의 과제를 확인할 수 있다. 진심으로 2005년에 경제적인 자립을 이루고자 할 때 그 35개의 과제는 어디에 자리매김 해야 할까? 일일 업무 리스트, 생산성 피라미드의 4번째 자리가 바로 그곳이다.

나는 매일매일 가치관과 목표를 가지고 일일 업무 리스트를 만들고 있다. 그때 내가 해야 하는 그 모든 일상적인 일 말고, 그 리스트에 들어가야 하는 내게 정말로 소중한 것은 무엇일까? 바로 투자 포트폴리오와 관련된 그 35개 과제 가운데 몇 개다. 이렇게 나의 지배가치가 중간 목표라는 매개물을 통해서 일일 업무 리스트 속으로 들어가는 것이다.

SMART 목표

가치관이란 당신이 인생에서 왜, 어떤 특정한 일들을 이루려고 하는지 그 이유를 말해주는 것이다. 장기 목표는 그 '어떤 일'을 설명한 것이고, 중간 목표와 일일 업무는 '어떻게' 할 것인지를 보여준다. 목표를 정할 때는 그것들이 과연 효과적(smart)인지 확인해야 한다. 효과적인 목표란 다음과 같은 특징을 가진다.

- 구체성(**S**pecific)
- 측정 가능성(**M**easurable)
- 행동 지향성(**A**ction-oriented)
- 현실성(**R**ealistic)
- 적시성(**T**imely)

글로 옮겨놓지 않은 목표는 단지 바람일 뿐이라는 말이 있다. 목표를 글로 쓰다보면 그 목표가 구체적이 된다. 목표가 구체적이지 않으면 과연 그것을 이룩했는지 못했는지조차 알기 어렵다.

당신은 당신이 측정 가능할 때 더 잘 향상시킬 수 있다. 쉽게 비교 판단할 수 없는 목표, 예를 들어 '더욱 정직하게 산다' 는 목표를 세운다면 대폭적인 개선은 기대하기 어렵다.

또한 목표라는 것은 품성보다는 행동에 초점을 맞추어야 한다. '아이들에게 좀더 부드럽게 대한다' 는 목표보다는 구체적인 행동을 목표로 정하자. '아이들에게 큰소리를 치지 않는다' 라든가 '2주에 한 번 30분씩 공놀이를 한다' 는 것이 구체적이고, 행동 지향적인 목표다.

목표는 현실적이어야 하지만, 높이 잡는 것이 좋다. 하지만 너무 높이 잡다 보면 힘만 빠질 수 있고, 목표설정 과정이 의미 없는 행위로 될 수 있다.

'올해 100만 달러를 벌겠다' 는 것은 멋진 목표다. 하지만 대부분의 사람들에게는 별로 현실적이지 못하다. 그렇다고 '올해 5,000달러를 벌겠다'는 것도 좋은 목표가 아니다. 너무 쉽게 오를 수 있는 목표도 우리의 능력과 거리가 있는 만큼 쓸모가 없다.

아울러 목표는 적시성을 가진 것이어야 한다. 객관적으로 보았을 때 지금 당장 할 시간이 없는 목표를 세워서는 안 된다. 또 너무 많은 시간을 주어 목표 자체를 무의미한 것으로 만들고 마는 일도 피해야 한다. '2040년 12월 31일까지 변호사 자격을 따겠다'는 목표는 구체적이고, 측정 가능하며, 행동 지향적이고 현실적이다. 그러나 지금 당신의 나이가 마흔 다섯이라면 시의 적절하지 못한 목표일 뿐이다. 다음은 SMART 목표의 한 예다.

목표의 범주

친구이자 동업자인 딕 윈우드는 목표설정을 시작하는 것은 기술을 배우는 것과 비슷하다고 말한다. 무엇부터 시작할 것인지를 알면 도움이 된다는 말이다. 다음에 소개한 범주들이 목표를 설정하는 데 참고가 되었으면 한다.

지배가치에 기초해서 중요한 목표를 설정해야 한다는 것은 두말할 필요가 없다. 또 당신의 헌법을 보면 거기에도 이미 목표가 나와 있을 것이다. 하지만 다음의 것들을 참고하면 출발을 위한 좋은 발판이 될 것이다.

- 건강
- 가족/배우자
- 정신/인도주의
- 경제
- 회사/직업
- 회사/전략
- 공동체/정치
- 교육/자기 계발

위의 리스트를 검토하는 도중에 혹시 당신의 양심을 콕 찔러오는 것은 없었는가? 약간은 죄의식이 드는 것은? 대부분 자신이 게을렀던 탓에 소홀히 한 부분을 발견하게 될 것이다. 혹시라도 그런 마음이 든다면 그것은 당신이 목표설정을 어디에서 시작해야 하는지를 알려주는 신호라고 생각하면 된다.

아래의 자기 판단용 질문들은 각각의 범주에 대해서 목표설정을 준비할 때 당신이 자문해볼 수 있는 예이다. 당신이 목표설정을 하는 출발점으로 이용할 수 있을 것이다.

건 강
- 작년에 제대로 된 건강 진단(치과도 포함해서)을 받았는가?

- 체계적인 운동을 하고 있는가?
- 신장과 체격과 비교해서 적당한 체중인가?
- 혹시 교정이 필요한 나쁜 습관은 없는가?

가족/배우자

- 가족과 충분한 시간을 보내고 있는가?
- 배우자와 아이들과 일대일 시간을 가지고 있는가?
- 의미 있는 가족행사를 계획하는 데 도움을 주고 있는가?
- 가족휴가를 갔다 왔거나 계획하고 있는가?
- 회사 일을 집으로 가져오는 경우가 빈번하지는 않은가?

정신/인도주의

- 최근에 곤경에 빠진 사람을 자발적으로 도와준 적이 있는가?
- 도덕적 · 윤리적으로 원칙대로 살고 있는가?
- 종교행사에 좀더 자주 가야 하는 것은 아닌가?
- 겸손하게 남의 이야기를 잘 듣고 있는가?

경 제

- 수입 범위 내에서 살고 있는가?
- 저축과 투자 계획을 가지고 있는가?
- 원할 때 퇴직할 수 있을 정도로 필요한 돈을 확보할 수 있는가?
- 신용 카드는 제대로 쓰고 있는가?

회사/직업

- 경력 향상을 위한 계획은 가지고 있는가?
- 다음 단계의 직위에 대해서 잘 이해하고 있고, 어떻게 오를 수 있는지 알고 있는가?
- 윗사람에게 내 기대치를 이야기한 적이 있는가?
- 지금의 경력대로 가면 원하는 자리에 갈 수 있는가?

회사/전략

- 구체적인 생산/판매 목표를 가지고 있는가?
- 맡은 프로젝트를 시간 안에 예산 범위 내에서 끝내는가?
- 좀더 유능해지려면 어떻게 해야 하는가?
- 부하 직원을 제대로 양성하고 있는가?

공동체/정치

- 사회 문제를 인식하고 있고, 그 해결에 도움을 주고 있는가?
- 지지하는 정당을 후원하고 있는가?
- 지역 사회의 대의명분에 참가하고 있는가?
- 이웃 사람과 알고 지내며, 또 그들은 나를 알고 있는가?

교육/자기 계발

- 균형 잡힌 교육과 훈련을 받고 있는가?
- 배워야 할 것에 관한 도서목록을 가지고 있는가?
- 최근에 극장, 연극, 콘서트에 가본 적이 있는가?
- 휴식과 레크리에이션을 위한 시간을 배려하고 있는가?

위의 질문들은 당신의 구상에 도움을 주고자 보여준 것이다. 또한 각 범주에 대한 느낌을 테스트할 수도 있을 것이다. 어떤 항목은 마음이 편하지만, 그렇지 못한 것도 있을 것이다. 당신의 마음이 편하지 않은 범주일수록 긴급도가 높은 일일 수 있으므로, 당신의 양심에 비추어서 가장 주의를 기울여야 할 범주에서 시작하는 것이 좋다.

예를 들어, 교육/자기 계발 범주에서 목표설정을 시작할 필요성을 느낀다고 하자. 그럴 때, 당신은 이 분야에서 미래에 바라는 몇 가지 조건을 선택하게 될 것이다. 2년 내지 3년 후의 목표인가, 아니면 다음 달에 달성할 수 있는 목표인가는 그 일에 대한 자신감에 달려 있다. 지금이라도 시간을 내어 당신의 지배가치관 가운데 하나에 부합하는 장기 목표와 중간 목표를 확인해보자.

편한 상태를 못 떠나게 만드는 3가지 장애물

"쥐와 인간이 세우는 계획은 때로 비뚤어지게 마련이다"는 말이 있다. 우리는 마치 새해의 계획이라도 짜듯이 항상 거창한 목표를 세우지만, 작심삼일로 끝날 때가 많다. 이것은 우리가 편한 상태에서 벗어나 목표를 이루는 데에는 자주 부딪히는 3가지 장애물이 있기 때문이다.

장애물 1: 보이지 않는 위원회

우리의 가치관 가운데에는 다른 사람으로부터 나오는 것이 있다. 친구, 가족, 동료나 직장 상사, 존경하는 사람 등…. 심지어 아무 생각 없이 그들의 가치와 안목을 받아들이기도 한다. 사실, 그런 가치들은 우리에게 보이지 않게 엄청난 영향을 미치고 있다.

예를 들어 새로 A 회사의 차를 구입해서 타고 있는데, 주변 사람들이 "자동차는 B 회사의 것이 최고인데 잘못 선택했군" 하는 말을 몇 차례 듣게 된다면 당신은 다음에 차를 살 때 B 회사의 차를 사게 될 확률이 대단히 높다. 아버지로부터 의사나 법률 관계 직업이 최고라는 말을 들으며 자랐다면, 자녀는 목수 일에 재능이 있다 해도 의사나 법률가의 길을 가고 있을 가능성이 높다.

다른 사람들의 가치관에 따라 사는 것이 아니라, 당신 자신의 가치관을 지키는 한편, 다른 사람들의 가치관과 조화를 이루며 사는 데에는 많은 노력과 엄청난 정신력이 필요하다.

우리 어머니는 62세에 두 번째 학위를 따기 위해 하와이대학교에 들어가기로 결심했다. 어머니가 같은 또래의 아주머니와 그 문제에 대해서 논쟁을 벌일 때 마침 내가 그 자리에 있었다. 그 아주머니가 "그건 좀 우스운 일이야. 학위를 따자면 최소한 3년은 걸릴 텐데 그때 당신 나이는 예순 다섯이 된다고"라고 말하자 어머니는 잠시 생각에 잠겼다. 그러고는 환한 얼굴로 이렇게 대꾸했다. "그래, 어차피 세월이 가면 예순 다섯이 되는걸 뭐."

그 순간, 나는 자리에서 벌떡 일어섰다. 정말 대단한 생각이었다. 어머니는 다른 사람의 가치관을 보고 자신의 목표를 정하는 일을 용납할 수 없었던 것이다. 그냥 내버려둔다면 어머니는 그 3년을 학위를 따는 것 이상으로 더 잘 보낼 수가 없었을 것이다.

장애물 2 : 벽

지금 처한 환경, 과거의 실수, 의무, 또는 인식의 한계 때문에 벽에 갇혀 있는 듯한 느낌을 받을 때가 있다. 그런데 어떤 특정 패턴 속에 그대로 오래 있으면 그 벽은 자꾸 높아지게 된다. 그리고 벽에 갇혀 있으면 자신의 진짜 가치관과 그 가치관에 따른 목표가 아예 존재하지도 않는 다고 느껴지는 수가 있다. 결국 이 벽을 만나면 엄청난 스트레스와 좌절 감만 쌓일 뿐이다. 그 벽을 깨는 데에는 용기가 필요하다.

앞장에서 극적인 직업 변경에 관해 이야기한 클레인 로비슨은 법률에 관계된 일에 스스로 갇혀 있었다. 그는 하버드에서 법과대학원을 졸업 했고, 32살에 결혼했다. 그리고 두 아이를 두었다. 그는 자신의 꿈을 따 르기에는 환경이 허락하지 않을 것이라는 사실을 너무나도 잘 알고 있 었다. 이제는 돈을 벌어서 가족을 부양해야 할 의무가 있었다. 하버드의 학위가 지금이 바로 그때라는 사실을 일깨워주고 있었다. 학교로 돌아 간다는 것은 너무나도 힘든 일이었다.

클레인과 같은 입장에 처한 사람은 자신을 끊임없이 괴롭히고 있는 자신의 가치관을 애써 무시하려고 끊임없이 애를 써야 한다. 그러나 클 레인은 자신의 가치관에 귀를 기울이지 않고 경로를 바꾸지 않으면, 진 정한 행복을 얻을 수 없다는 점 또한 마음 깊이 간직하고 있었다.

그래서 그는 자신이 쌓아올린 그 벽을 힘들지만 조금씩 허물어 나갔 고 그는 음악 공부를 하러 학교로 돌아갔다. 한편, 그의 아내는 그의 결 심에 찬성했고, 두 사람은 클레인이 공부를 하는 데 필요한 환경을 만들 어 나갔다.

이 과정에서 클레인은 우리 모두가 배워야 할 새로운 사실을 깨달았 다. 바로 '다른 사람이 어떻게 생각하느냐는 중요하지 않다'는 사실이 다. 당신이 당신 자신과 가치관을 받아들이고 그것에 따라 산다면 세상 또한 당신을 받아들일 것이다. 사실, 세상으로부터 인정받고 싶어서 아 등바등하는 사람은 가짜 삶을 사는 것이다. 그들은 진정으로 자신의 가치를 따르지 않고 있다.

장애물 3 : 변화에 대한 두려움

우리는 때로 변하기 위해 노력하기보다, 그냥 문제를 안고 살아가기도 한다. 금연해야지 하면서도 실제로는 시도조차 하지 않는 사람이 얼마나 많은가. "폐암에 걸릴 확률이 얼마나 된다고. …그 정도는 차라리 운에 맡기지." 얼마나 책임 없는 말인가?

앞에서 말한 바와 같이 실패가 두려워 변화를 무서워하기도 한다. 실패에 대한 두려움은 목표 회피에서 아주 강력한 동기의 하나이다. 시도했다가 실패하느니 차라리 시도도 해보지 않는다. 실패하고 나면 남들이 뭐라고 생각할까 두려운 것이다.

다른 사람들의 생각이 목표설정과 변화의 노력을 막을 때도 있다. 실패하고 나면 남들이 헛수고했다고 할 것이다. 설령 성공하더라도 다른 사람들이 그 변한 모습을 싫어할 수 있다. 벤저민 프랭클린은 이렇게 말한 적이 있다.

"다른 사람들의 눈이야말로 우리를 파멸로 몰고 가는 원흉이다. 나 말고 다들 눈이 보이지 않는다면 나는 좋은 옷도, 좋은 집도, 그리고 좋은 가구도 필요 없을 것이다."

목표에서 눈을 떼지 말라

실패가 곧 세상의 끝인 경우는 거의 없다. 실패했더라도 다시 자신을 추스려 실패로부터 배우고, 성공할 때까지 다시 시도해볼 수 있다. 실패하기 싫으면 차라리 성공해야겠다는 마음을 먹지 않으면 된다. 이렇게 볼 때 실패는 우리의 인생에서 긍정적인 힘이 될 수도 있다. 두려워할 대상이 아닌 것이다.

그런데 실패해서는 안될 상황도 있다. 물론 그런 상황은 지극히 드물다. 이런 경우 실패에 대한 두려움이 긍정적으로 작용, 일을 완벽하고 결점 없이 해내게 만드는 동기도 될 수 있다. 그 실례를 들어보겠다.

1965년, 나는 군에 징집되었다. 친한 친구 하나도 동시에 징집되었다. 그는 보병으로, 나는 포병으로 갔다. 그런데 이 무렵 베트남 전쟁이 날로 치열해지고 있었기 때문에 훈련의 상당 부분이 전투에서 살아남는 법을 가르치고 있었다. 하긴 그것이 군대로서는 가장 중요한 목표였다. 희생자가 많으면 결국 전쟁에서 지게 된다. 특히 나에게 생존은 절대적인 목표였다. 이 목표에 실패하는 한 그 밖의 모든 것이 무의미했다.

훈련을 받는 과정에서 나는 적군이 생존이라는 내 궁극적인 목표를 방해하게 위해서 만든 몇 가지 도구가 있다는 사실을 알았다. 그 가운데 하나가 바로 죽창이었다. 그 제조과정은 다음과 같다.

약지 정도의 두께를 가진 어린 대나무의 끝을 날카롭게 다듬는다. 그리고 바로 오줌 속에 3일 동안 담가둔다. 막 잘라낸 그 대나무는 오줌의 독을 모조리 빨아들인다. 그후 상대가 다니는 길을 확인, 거기에 구덩이를 판다. 1미터 남짓한 깊이로 상당히 넓게 구덩이를 판 다음 그 바닥에 죽창을 죽 꽂는다. 그런 다음 구덩이를 교묘하게 위장한다.

적군이 그렇게 한 것은 우리가 행군을 하다가 총소리를 듣는 즉시 구덩이를 찾아 몸을 숨긴다는 사실을 알고 있기 때문이었다. 그것은 우리 군대의 생존본능이었고, 제2차 세계대전 이래 시행하고 있는 행동요령이었다. 베트남에서 정말 많은 군인들이 그 구덩이 속에서 죽었다. 때로 적군은 일부러 허공에 대고 총을 쏘기도 했다. 그러면 놀란 병사들은 엄폐물을 찾아 엎드렸고, 스스로 죽창에 몸을 던진 꼴이 되고 말았다. 그렇게 죽는 것은 정말 불명예스러웠다.

그 외에도 적군은 우리 병사들을 불구로 만들거나 죽이기 위한 교묘한 장치를 수도 없이 만들어냈다. 군에서는 그런 부비트랩(booby trab, 위장 폭탄:옮긴이)을 확인하는 방법을 알아내기 위해서, 그리고 병사들이 그것을 알아내고 피할 수 있도록 가르치기 위해서 최선을 다했다.

그런데 이렇게 중요한 교육을 하는데도 상당수의 신병들이 졸았다. 반 정도는 아예 잤다. 이 훈련은 그들이 인생에서 가장 중요한 목표에 도달하는 데 필수적이었다. 그런데 훈련에 집중하기는커녕 잠을 자다니….

훈련을 받으면서 자지 않았던 사람 가운데 하나가 바로 보병에 들어간 내 친구였다. 그는 그린베레에 들어가 직업 군인이 되었다. 그는 낙하산 훈련을 받았고 정찰대원이 되었다. 이제 그는 재치 있고 유능한 군인이 되었고 드디어 베트남에 파견되었다.

친구는 훈련 도중에 졸지 않았기 때문에 3, 4미터 앞에 있는 죽창 구덩이와 여러 종류의 부비트랩을 찾아내는 능력을 가지고 있었다. 그는 자신의 일차적인 목적을 반드시 이루기 위해서 엄청난 노력을 기울였다. 나름대로 자신과 부대원들의 목숨을 지키는 다양한 방법들을 고안해낼 정도였다.

그 하나가 주머니 속에 넣어 가지고 다녔던 아이스케이크 막대기였다. 끝에 리본을 매단 그 막대기는 대열 앞에 가던 그가 함정이나 지뢰를 발견하면 그 자리에 표시를 하기 위한 것이었다. 다른 부대원들은 그 막대기를 보고 그곳은 피해 다녔다. 이런 노력 덕분에 그는 10달 동안 부대원을 단 한 명도 희생시키지 않았다. 부대원들은 그가 자신들의 목숨을 구해 주었기 때문에 그에게 무한한 사랑과 존경심을 표시했다.

그런데 11달이 되던 어느 날 그는 잠시 방심했고, 3개의 선으로 연결된 지뢰를 보지 못하고 말았다. 그의 다리가 선 하나를 건드리는 순간 지뢰가 폭발했다. 그 작은 실수가 친구의 생명을 앗아갔다. 고향으로 보낼 것도 제대로 남아 있지 않을 정도의 참사였다.

슬프게 끝을 맺는 이야기이다. 나는 이 일로부터 다른 것들보다 훨씬 더 중요한 목표들이 있다는 사실을 새삼 확인했다. 그것은 다른 것들보다 훨씬 더 중요한 가치를 가지고 있다. 만약 당신이 지뢰가 가득한 정글을 행군하거나 세계무역센터의 건물 사이에 걸린 I자 빔 위를 걸을 때는 한 치의 실수도 허용되지 않는다.

어떤 목표에 있어서는 단 한 순간도 목표에서 눈을 뗄 수 없으며, 더군다나 방심한다는 것은 있을 수 없는 일이다. 나아가 정해만 놓고 관심을 가지지 않는데 이루어지는 목표도 있을 수 없다.

그 누구도 막을 수 없는 사람

자신의 가치관을 확인했고, 그것을 실현하기 위해 몇 개의 목표를 정했으며 그 목표에서 눈을 떼지 않고 있다고 하자. 그러면 충분할까? 여기에 또 하나의 요소가 필요하다. 바로 결단력이다.

아무리 불편한 상황이 오더라도 가치관을 지키겠다는 결심이 서 있는가? 아무리 어려워 보이더라도 당신에게 제일 소중한 가치관과 연결되어 있는 목표를 이루고야 말겠다는 결심이 서 있는가? 아무리 과거의 습관으로 돌아가고 싶어도 당신의 목표를 이루고야 말겠다는 결심이 서 있는가?

이 모두에 '그렇다'는 대답을 할 수 있다면, 인생에서 컨트롤 가능한 모든 사건들에 대한 당신의 컨트롤을 막을 수 있는 것은 아무 것도 없다. 여기서 결단력에 관한 짧은 이야기를 하나 하고 넘어가자.

군에서 제대를 한 후 나와 아내는 공부를 끝내기 위해서 대학에 복학했고, 지역사회 활동에도 참가하고 있었다. 그런데 보이스카우트에서 탐험 계획단의 지도교사가 되어달라는 요청을 받았다. 나는 새로운 기회를 접하게 돼서 매우 기뻤고, 마침내 소년들과 만났다. 나는 우리가 할 수 있는 온갖 멋진 일들, 그리고 우리가 세울 수 있는 목표들을 잔뜩 머리 속에 담아두었다.

그런데 그 방에 들어서는 순간 나는 깜짝 놀랐다. 방에는 '냉담하기가 얼음장 같은' 10대 5명만이 앉아 있었다. 그들의 태도가 이미 모든 것을 말해주고 있었다. 그들의 태도는 '나한테 뭔가를 가르쳐 주시겠다고요?'라고 말하고 있었다.

나는 들어가면서 혼자 생각했다. '어이쿠, 내가 제대로 들어오긴 들어왔군.'

"나는 새로 온 지도교사입니다. 반갑습니다."

나는 아이들이 좋아할 거라 생각했지만 학생들은 그렇지 않았다. 그래도 나는 계속 말했다. "내 소개를 하자면, 내 이름은 하이럼 스미스, 하와이에서 자랐는데 그곳은 정말 멋진 곳입니다." 나는 하와이에 관해서 몇 가지를 이야기한 다음 물었다.

"내년에는 하와이에 가는 게 어떻겠습니까? 우리는 거기에 가기 위해 필요한 돈도 함께 벌 수 있습니다. 방법은 가르쳐 드리지요. 계획은 함께 세우고 2주 일정으로 하와이에 가는 겁니다." 그리고 그림을 그려가면서 신나게 설명했다. "바다에서 수영도 하고, 폴리네시아 문화센터에

견학도 가고, 진주만에도 가보고…." 10미터도 채 안 되는 방안에 아무 움직임도 없었다. 나는 이렇게 묻지 않을 수 없었다. "아니, 아무 관심도 없어요? 하와이에 가보고 싶지 않아요?"

드디어 한 아이가 몸을 움직였다. 그 아이는 의자를 앞뒤로 흔들면서 이렇게 말했다. "예, 좋아요. 그리고 내후년에는 달나라에 가죠 뭐." 학생들이 모두 웃음을 터뜨렸다. 별로 기분 좋은 경험은 아니었다.

소년단장을 찾아가서 상의했다. "믿을 수가 없습니다. 하와이로 여행을 가자고 했는데 아이들이 아무도 호응하지 않아서 창피만 당하고 나왔습니다." 그러자 그가 배를 잡으며 웃었다. 세상에서 제일 웃기는 이야기를 들은 사람 같았다. 이윽고 그가 말했다.

"하이럼 씨, 알아둘 일이 있습니다. 지난 여섯 달 동안 다섯 명의 지도교사가 있었는데 다들 한 사람같이 멋진 여행을 제안했습니다. 물론 하와이처럼 멋진 곳은 아니었지만, 그래도 제대로 된 게 하나도 없었습니다. 그런 판에 당신이 나타나 하와이 이야기를 하니 아이들이 무슨 느낌이 있겠습니까?"

일주일 동안 나는 그 문제에 대해서 생각했다. 드디어 다음 모임 날이 왔다. 나는 문을 열고 들어갔다. 아이들은 지난주에 앉았던 그대로 한 사람도 움직이지 않고 그대로 앉아 있는 것 같았다. 나는 학생들 앞에 섰다.

"여러분 잘 들으세요. 지난주에 나는 여러분에게 하와이 여행을 제안했습니다. 여러분은 별로 흥미가 없는 것 같았지만, 그래도 나는 이야기를 계속해야겠습니다. 내년에 나는 아내도 데리고 하와이로 갈 예정입니다. 여러분이 같이 가든 안 가든 그건 상관 없습니다. 알겠습니까? 나는 아무 상관이 없습니다. 만약 가고 싶다면 그건 전적으로 여러분한테 달려 있습니다."

여기서 아이들이 반응을 보이기 시작했다. 한 아이가 물었다. "진심인가요?" 두 번째 아이가 말했다. "그럼, 우리는 어떻게 해야 하죠? 어떻게 해야 하는지 말씀해 주세요."

"첫째, 여러분은 시 한 수를 외워야 합니다."

그 말에 아이들이 동요하기 시작했다.

"이 점을 명심하세요. 내년 여름 비행기에 올랐을 때 여러분은 이 시를 단 한 마디도 틀리지 않게 승무원에게 읊어 주어야 합니다." 그리고 나는 아이들이 엘라 휠러 윌콕스(Ella Wheeler Wilcox)의 시 '의지(Will)' 가운데 한 부분을 외우도록 만들었다.

의지가 강한 사람의 단호한 결심을
막거나 방해하거나 통제할 수 있는
기회니 운명이니 숙명이니 하는 것은 없다.

아이들도 멋진 시라고 생각하는 듯했다. 하지만 그 말의 반도 채 이해하지 못하고 있었으리라. "그걸 외우면 된다 이거죠? 외우겠습니다."

그리고 다음 11달 동안 매주 수요일 저녁이면 아이들은 돌아가면서 일어나 그 시를 암송했다. "의지가 강한 사람의 단호한 결심을/막거나 방해하거나 통제할 수 있는/기회니 운명이니 숙명이니 하는 것은 없다." 우리는 함께 머리를 모아 29가지의 자금 마련 계획을 준비했다.

그로부터 3달이 채 가기 전에 나는 냉담한 탐험 계획 참가자가 5명이 아니었다는 사실을 알게 되었다. 모두 17명의 냉담한 단원이 있었다. "아니, 너희들 하와이로 간다며. 어떻게 하면 나도 갈 수 있지?" "시를 하나 외워야 돼." "시를 외워? 농담하지 마."

17명의 냉담한 단원들이 있었고, 나는 이 아이들을 그 도시에서는 일찍이 찾아보기 힘들던 최고의 세일즈맨으로 만들었다. 우리는 커프스 단추에서부터 크리스마스 화환, 비상용 소화기, 과자, 심지어 소도 한 마리 팔았다.

우리의 자금 계획이 반쯤 진행되어가고 있을 때였다. 학교 근처 공터에는 낡은 불도저 한 대가 버려져 있었다. 그 기계는 벌써 12년째 그 자리에 버려져 있어서 녹이 잔뜩 슬어 있었다. 우리는 주인에게 접근했다. "혹시, 저 불도저를 우리한테 넘겨주실 수 없을까요?"

"그걸로 뭘 하려고?"

"팔려고 그럽니다."

"정말이오? 나도 저걸 팔려고 12년 동안 노력했는데…. 그런데 움직이는 놈이 아니오. 팔 수가 없을 거요."

"우리한테 주십시오. 우리는 팔 수 있습니다."

"어허, 팔 수가 없다니까."

나는 그에게 그 시를 가르쳐 주었고, 그는 우리에게 불도저를 넘겼다. 우리는 용접 공장을 운영하는 사람에게 갔다. "당신은 쇠도 자를 수 있다면서요?"

"그럼요. 뭘 자르게요?"

"아주 큰 게 하나 있습니다. 그걸 잘라서 조각조각 내주십시오."

"그게 뭐요?"

"불도저입니다."

"불도저를 어떻게 자른단 말입니까?"

우리는 그에게 그 시를 가르쳐 주었고, 그는 절단용 기구를 가지고 왔다. 4주가 걸렸지만 그는 마침내 다 잘라냈다. 아이들이 그 쇳조각들을 빌린 트럭에 모두 다 옮겨 실었다. 모두 9대 분량이었다. 우리는 그것을 철강 공장으로 가져가 팔았고, 800달러를 벌었다.

이제 아이들이 그 시를 믿기 시작했다. 그때쯤, 나는 아이들이 제대로 된 클래식 음악회를 주최할 수 있으면 얼마나 좋을까 하는 생각을 하고 있었다. 그래서 미국 최고의 피아니스트 가운데 한 사람인 리드 니블리(Reid Nibley)를 찾아갔다.

그에게 부탁했다. "니블리 씨, 당신은 내가 누군지 모르겠지만, 나는 당신을 잘 압니다. 그리고 내가 지도하고 있는 보이스카우트 대원이 17명 있는데 그 아이들은 한 번도 일급 피아노 음악회를 본 적이 없습니다. 제가 찾아온 이유는 당신이 우리를 위해서 자선 음악회를 열어 주실 수 있는지 알아보려고 찾아온 겁니다. 그리고 그 이익금은 아이들의 하와이 여행을 위해 쓸 것입니다."

니블리는 웃으면서 이렇게 대답했다. "나는 계약에 묶여 있는 사람이라 자선 음악회를 할 수가 없습니다."

"하지만 하고자 한다면 못할 것도 없을 겁니다." 우리는 장시간 이야기를 나누었고 그가 아이들에게 관심을 보이기 시작했다. 나는 그에게 그 시를 가르쳐 주었다.

그 시는 니블리에게 강한 인상을 준 것 같았다. 그 시를 듣자마자 그는 "좋아요. 다른 사람들에게 소문만 내지 않는다면 연주를 해주겠소이다"라고 말했다.

"표를 사는 사람들에게만 이야기하겠습니다."

"좋습니다."

니블리 자신도 그 일을 하겠다고 생각하니 엄청나게 흥분되는 모양이었다. 그는 유타 교향악단의 수석 바이올린 주자인 퍼시 칼트(Percy Calt)를 찾아갔다. "이봐요. 그 아이들이 하와이에 가려고 한답니다. 당신도 나하고 같이 가서 협연을 하는 게 어떻겠습니까?" 퍼시 칼트도 기꺼이 같이 왔다.

우리는 마을을 돌아다니며 표를 팔아 750달러를 벌었다.

출발 두 달 전 나는 아이들에게 또 다른 조건을 부과했다. "비행기에 타려면 반드시 단복을 갖추어 입어야 합니다."

"춥지도 않은데 단복을 다 입는 건 좀…."

"비행기에 타려면 단복을 다 갖추어 입어야 한대!"

단복 차림의 아이들이 늘어나기 시작했다.

드디어 출발하는 날이 왔다. 아이들은 모두 8,000달러도 넘게 모았지만 부모로부터는 단 한푼도 받지 않았다. 편한 상태를 떠나서 움직인 것이다. 그 일 때문에 나는 한 학기를 쉬어야 했지만 정말 좋은 경험이었다. 우리는 공항으로 갔고, 아이들은 좋아서 어쩔 줄 몰라 야단이었다. 상표도 선명한 새 단복. 빨간 탐험단 재킷을 입은 아이들의 모습이 너무나도 자랑스러웠다. 이름을 아예 금박으로 새겨준 어머니도 있었다.

드디어 첫 번째 아이가 비행기에 올랐다. 그 아이는 비행기표를 승무원에게 건네면서 말했다. "의지가 강한 사람의 단호한 결심을 막거나 방해하거나 통제할 수 있는 기회니 운명이니 숙명이니 하는 것은 없다. 정말 좋은 시죠?" "그래, 좋은 시로구나." 그리고 그 승무원은 그 시를 열일곱 번 들었다.

아내와 내가 마지막이었다. 우리가 표를 건네자 그녀가 먼저 말했다. "잠깐! 이번에는 내가 그 시를 외워 보겠어요. 의지가 강한 사람의 단호한 결심을…" 그녀는 완벽하게 외우고 있었다. 내가 말을 받았다. "정말 좋은 시죠?" 그러자 그녀가 말했다. "그래요. 그런데 벌써 30분이나 지체되고 있어요. 이제는 그만 출발해도 되겠죠?"

우리는 샌프란시스코에서 비행기를 탔다. 아이들은 비행기를 타본 적이 없었다. 비행기가 계류장을 떠나 활주로에 올라섰다. 그 순간 기장의 목소리가 스피커를 통해서 들려왔다. "손님 여러분, 조종석에 한 아이가 들어왔는데 여러분에게 시 하나를 들려드리기 전까지는 나가지 않겠다고 합니다."

하와이에서의 2주는 정말 꿈같은 시간이었다. 우리는 파도타기도 하고, 진주만에도 갔다. 두 아이가 거의 익사 직전까지 갔지만, 나는 한 아이에게는 손도 내밀지 않았다. 그러나 그 아이는 혼자 힘으로 살아 나왔다.

그 여행에서 제일 감동적인 경험은 우리 아이들이 네바다 주에서 온 8명의 탐험단원을 만났을 때였다. 그 아이들은 자유분방 그 자체였다. 단복을 입은 아이는 없고 셔츠의 단추를 하나같이 배꼽까지 풀고 있었다. 그 아이들 생각에는 우리가 조금 이상한 모양이었다. 그런데 우리 아이 하나가 질문 아닌 질문을 던졌다. "경비는 어떻게 벌어서 왔냐?"

대답인즉 "벌어서 오다니 그게 무슨 말이야? 우리 아버지가 내가 날마다 집에서 놀고 있으니까 귀찮다고 한 일주일 하와이에서 보내고 오라고 했어. 그래서 온 거야."

그 다음에 일어난 일은 정말 가치를 따질 수 없는 일이었다. 우리 아이 17명은 네바다에서 온 8명을 에워쌌다. "아니, 너희들이 벌어서 오지 않았다니 그게 말이냐 되냐. 우리가 어떻게 왔는지 들어볼래?" 아이들은 신나게 과장까지 곁들여가며 이야기했다.

그 일은 1970년대의 일이었다. 나는 지금도 그 아이들과 계속 만나고 있다. 그들이 인생을 살아가고 있는 모습을 보자면 정말 온몸이 짜릿하

성공하는 10가지 자연법칙

다. 그해 그들은 인격이 뭔지, 그리고 결단력이 뭔지 배웠고, 그 교훈은 깊이 뿌리를 내리고 번성, 성숙했다. 그리고 그들의 인생에서 알찬 결실을 맺고 있다.

그로부터 20년이 지난 후, 이제는 성년이 된 그 아이들, 그리고 그들의 아내들과 함께 하와이에서 모임을 가졌다. 모두 다 오지는 못했지만 대부분이 참가했다. 그날 저녁 호놀룰루에서 가진 연회에서 한 명 한 명 일어서서 그 시를 다시 한 번 더 외운 일은 정말 감동적이었다. 우리는 그날 저녁 4시간 넘게 함께 시간을 보냈다. 아이들은 돌아가며 지난 20년 동안의 일을 이야기했다.

나는 가슴이 뿌듯했다. 아이들이 멋지고도 간단한, 그러나 강력한 교훈을 배웠다는 사실을 확인할 수 있었던 것이다. 그것은 자신이 해야 할 바를 다하면 목표를 달성하는 데 방해가 되는 것은 아무 것도 없다는 것이었다.

이 자연법칙은 편한 상태에서 벗어나 목표를 이루는 데 필요한 결단력은 누구에게서 주고받고 하는 것이 아니라는 사실을 말해준다. 그 17명의 단원에게 나는 결단력을 주지 않았고 줄 수도 없었다. 그 결단력은 자기들 스스로 만들어내야 했다.

당신이 결단력이 없는 사람이고, 그것을 개발하지 않는다면 당신은 시간과 인생을 컨트롤할 수 없다. 그리고 이 자연법칙들을 몸에 익히지 않으면 마음의 평화도 경험할 수 없다. 그러나 당신이 가치관을 확인하고, 목표를 설정한 다음 편한 상태에서 벗어남으로써 스스로를 향상시키고 마음의 평화에 이르겠다고 결심한 이상 그 무엇도 당신을 막을 수 없다.

일일계획의 꾸준한 수립과 실행은
집중력과 시간 활용도를 높여 준다

지난 열흘 동안 했던 일을 생각하면서 스스로에게 이렇게 물어 보라. "하루에 어느 정도나 시간을 투자해서 공식적인 계획을 짰을까?" 물론 샤워 시간이나, 개를 산보시킨 시간, 운전하는 시간은 제외한다. 물론 그런 시간이 생각하기에는 아주 좋은 시간이지만 그런 시간은 중요하지 않다. 내가 지금 말하고 있는 것은 자리에 앉아서 그날의 활동에 대해서, 아울러 가치관과 우선 순위에 관해서 정식으로 생각한 시간을 말한다.

이 책을 읽었을 때 내가 당신에게 하도록 만들 수 있는 것이 하나라도 있다면 그것은 매일 아침 10~15분 동안 하루 계획을 짜는 일이다. 만약 당신 스스로 그렇게 할 수만 있다면, 이제 당신은 스스로 위축되지도 않을 것이요, 당신 주위의 사람을 위험에 빠뜨리는 일도 없게 될 것이다.

시간을 잘 활용하라

투자 전략 가운데에는 투자 효과를 극대화하기 위해서 차입을 하는 방법이 있다. 이론적으로는 이자까지 합쳐서 변제하고도 상당한 이윤을 남길 수 있다. 비용을 최대한으로 줄였을 때 이익을 엄청나게 남길 수 있기 때문이다.

시간도 그렇게 활용할 수 있다. 어떤 활동에 약간의 시간을 투자했을 때 그날의 나머지 시간을 완전히 자유시간으로 만들 수 있다. 바로 일일 계획 시간이 시간의 지렛대가 될 수 있는 것이다. 그 비용은 아주 저렴하다. 하루에 10~15분 정도. 그러나 하루 종일 그 혜택을 본다. 해야 할 일을 분명하게 확정하고 거기에 시한까지 정해서 처리한다.

그러면 좀더 중요한 일에 집중할 수 있다. 프로젝트 사이사이에 시간을 낭비하지 않는다. 나아가 그날을 마감할 때 성취감이 엄청나다. 이 정도면 몇 분 투자한 가치로는 충분하지 않을까? 「임무 완수(*Getting Things Done*)」의 저자인 에드윈 블리스(Edwin Bliss)는 이렇게 말하고 있다. "우리가 어떤 계획을 짤 때 시간을 투자하면 투자할수록 그 일에 소요되는 총시간은 더 작아진다. 바쁘기만 하고 성과는 없는 일들 때문에 스케줄에서 계획 짜는 시간이 없어지는 일은 피해야 한다."

5가지 흔한 변명

이 문제를 크게 다루는 이유는 대부분이 계획에 시간을 투자하지 않고 있기 때문이다. 계획이 컨트롤의 열쇠이고, 간단한 일인데도 왜 그토록 많은 사람이 이 사실을 무시하고 있을까? 흔히 하는 5가지 대답이 있다.

1. 계획할 시간이 없어서

놀랍게도 사람들이 계획을 세우지 않는 가장 흔한 이유가 바로 이것이다. 대니얼 하워드(Daniel Howard)라고 하는 사람이 몇 년 전에 전국 규모의 조사를 한 적이 있다. 그 결과가 <알렉 매킨지(*Alec Mackenzie*)>의 '시간의 함정(The Time Trap)'에 실려 있는데 대부분의 사람들이 계획을 세우는 데 시간을 쓰지 않으며, 그 이유로 72퍼센트가 이것을 들었다고 한다.

"시간이 없어서 계획을 세울 수가 없다 이겁니다." 당신도 찬성하는가? 물론 아닐 것이다. 우리는 그 변명이 무엇을 말하는지 이미 밝혀본 바 있다. 사람들이 진짜 말하고 있는 것은 계획을 세우는 일이 텔레비전이나 신문 보기, 또는 15분 더 자는 일만큼 중요하지 않다는 것이다.

사람들은 계획에 충분한 가치를 두고 있지 않다. 계획이 인생에 가져다주는 놀라운 결과들을 모르고, 그저 지금의 상태에 만족하고 있는 것이다. 인생을 이루는 사건들을 만들어가고 지휘하기보다 그저 인생이 되는 대로 굴러가게 놓아두고 있다.

하루를 아무 계획 없이 시작한다면 당신은 수동적이 될까, 능동적이 될까? 그야 당연히 수동적이 될 수밖에 없고, 인생을 컨트롤할 수 없게 된다.

2. 뭘 해야 하는지 이미 알고 있는데, 뭐하러 시간을 내서 계획한담

언제나 해야 하는 일상적인 과제들이 있기 마련이다. 어떤 때는 그런 일들이 하루의 대부분을 차지할 수도 있다.

하지만 그렇게 뻔한 일이 아니라면? 가장 소중한 가치와 직접적으로 관련이 있는 일이라면? 당신이 인생에서 무엇을 얻고 싶은지, 가족이나 직장과 관련해서 무엇을 이룩하고 싶은지 스스로 자문해 보라. 당신의 일상을 차지하고 있지 않은 일들이 많이 나타날 것이다. 이런 유형의 미래형 사건들에게는 일일계획이 필요하다. 아니, 필수적이다.

3. 계획은 나한테 맞지 않아. 중간에 방해 받는 일이 얼마나 많은데

이런 경험은 누구나 있을 것이다. 사무실에 들어가 코트를 벗어 걸기도 전에 누군가 알아보고 이렇게 말을 건넨다. "출근했군요. 당신 도움이 필요한데. 급합니다. 좀 도와줄 수 있겠죠?" 그리고 다른 사람보다 특히 더 많이 방해를 받는 사람도 있다. 방해에 의한 중단이 확실히 문제는 문제다.

그러나 앞에서도 이야기했듯이 그런 상황을 처리할 방법은 얼마든지 있다. 중단을 컨트롤할 수만 있다면 귀찮은 일이라기보다는 기회로 만들 수도 있다. 간단히 말해서 방해에 의한 중단은 계획을 하지 않은 것에 대한 초라한 변명일 뿐이다.

빈번한 중단이 예외라기보다는 일상적인 환경에서 나타난다면 계획을 한결 더 주의 깊게 짜야 한다. 과제의 수, 또는 그것들을 처리하는 데드는 시간이 이용 가능한 총시간에 비추어 더욱 적절하도록 계획을 세우는 것이다. 시간이 제한되어 있다면 다른 활동들 사이사이에 집어넣을 수 있도록 좀더 작은 요소로 세분화하는 것도 하나의 방법이다.

4. 해야 할 일들로 가득 찬 리스트를 보면 얽매인 느낌이 들어서

길고도 긴 리스트를 마주 대하며 기분 좋을 사람은 없다. 그래도 그 해결책은 계획을 회피하는 것이 아니라, 의미 있고 효과적인 계획을 세우는 것이다. 그래야만 좀더 많은 자유를 확보할 수 있다. 이 점을 기억해야 한다. 그 리스트가 컨트롤하는 것이 아니라, 컨트롤의 주체는 바로 당신이라는 점을.

계획을 세우되 유연하게 대하라. 이따금은 '중단 시간'도 필요하다. 또 꼭 날마다 계획을 세워야 하는 것도 아니다. 앞에서도 제안한 바 있지만 권력이 어떤 것인지 느끼고 싶다면 전화를 받지 말고 울리도록 내버려 둔다. 그럴 때 전화는 도구일 뿐이다. 도구는 도구로서 대하면 된다. 전화를 잘 활용하되 그것이 당신을 좌지우지하게 만들지는 말라.

일일 업무 리스트에도 같은 원칙이 적용된다. 계획은 도구이고, 그 목적은 언제나 목표와 우선 순위에 초점을 맞출 수 있게 하자는 데 있다. 도구가 당신을 컨트롤하게 놓아두어서는 안 된다. 일일계획을 성공으로 가는 티켓 정도로 보라. 일일계획은 친구이지 적수가 아니다. 계획을 세우면 컨트롤할 수 있고, 그 부산물은 자유이다. 심지어 이따금씩은 계획 세우는 일 자체도 건너뛸 수 있다. 그 동안 계획을 세워서 일을 처리해 왔으므로 떳떳하게 그 휴식을 즐길 수 있고, 또 다른 모든 일도 그렇게 컨트롤할 수 있다.

5. 어떻게 계획하는지 몰라서

이런 사람이야말로 대환영이다. 사실, 대부분의 사람들이 효과적인 계획법을 모르고 있다. 많은 사람이 이따금 '과제 리스트'를 만들고는 있지만 그 작성법을 잘 알고 있지는 않다. 말도 안 되는 생각이다. 그러나 지금 여기서 그런 문제는 중요하지 않다. 이 책을 계속 읽어 보라. 그러면 책을 덮기 전에 전문가까지는 몰라도 무시무시한 인물이 될 정도로 충분히 알게 될 것이다.

마법의 3시간

일일계획 시간이 왜 필요한지 알아보았다. 여기서 잠시 책을 접어두고, 먼저 펜(연필이 아니다)과 종이(이 책의 안표지도 괜찮다)를 구할 것을 권한다. 그리고 결심을 써라. 어떻게 쓰든 상관이 없다. 다만, 매일 아침(거의 예외 없이) 10~15분을 그날의 계획을 세우는 데 쓰겠다는 내용만 확실히 하면 된다.

자, 그렇게 했다고 하고 내가 한 가지 질문을 던지겠다. 당신은 마법의 3시간으로 보통 무엇을 하고 있는가? 마법의 3시간이라니 '이게 무슨 소리인가' 하는 생각이 들지도 모르겠다. 마법의 3시간이란 매일 아침 5시부터 8시까지를 말한다.

잠을 못 잘까봐 괜히 마음이 싱숭생숭한가? 물론 모두다 그렇지는 않다. 나의 마법의 3시간은 아침 5시에서 8시까지이지만 당신의 3시간은 오후 10시에서 새벽 1시까지, 아니면 다른 시간대일 수도 있다. 그 어느 시간대이든 마법의 3시간이란 당신이 일상적인 급한 일에서 벗어나 다른 일에 집중할 수 있는, 거의 방해를 받지 않는 시간대를 말한다.

여기서 내가 말하고자 하는 요점은 이것이다. 즉, 당신의 하루에서 어느 시점(마법의 3시간 속에 들어있을 가능성이 매우 높다)인가 당신이 계획을 세우는 데 쓰지 않는 한, 그냥 흘러가고 말 15분이 있다는 것이다.

계획의 시간은 사건 컨트롤 모델의 오른쪽을 구성하고 있는 사건의 하나이다. 우리는 그 사건에 대해 완벽하게 컨트롤하게 된다. 물론 높은 가치를 두고 있을 때 그렇다.

지금 이런 말을 하는 이유는 '계획할 시간이 없어서'라는 생각을 말끔히 지워버리자는 의도에서이다. 그 말이 절대 사실이 아니기 때문이다. 이 잘못된 생각을 가지고 일을 대할 때의 부정적인 영향은 이루 말로 표현할 수 없을 정도로 엄청나다.

효과적인 계획을 위한 구체적인 방법론에 들어가기에 앞서 몇 가지 고려할 점이 있다.

1. 상대적으로 주의를 산만하게 만들지 않는 곳을 찾는다

계획의 시간은 생각하는 시간이다. 대부분의 사람들이 완전히 혼자 있을 때, 또는 그에 근접하는 상황에 있을 때 좀더 명료하게 사고한다. 사무실에 도착해서 일을 시작하기 바로 전이나 퇴근하기 바로 전일 때가 바로 그런 시간이다. 만약 사무실이 좋은 장소가 아니라면 이른 아침이나 늦은 저녁에 집에 있을 때 그런 장소를 찾도록 한다.

2. 장기 목표를 검토한다

사소한 일에 매이다 보면 핵심가치관을 놓치기 쉽다. 일일계획 시간은 우리가 목표를 통해서 하루를 점검하고 스스로에게 '오늘 목표에 접근하자면 내가 완수해야 하는 일, 또는 최소한 시작이라도 해야 하는 일은 무엇인가?' 하고 자문하는 기회를 의미한다. 일일 업무 리스트에는 당신의 꿈으로 이어지는 과제가 반드시 포함되어 있어야 한다.

3. 처리해야 하는 과제 수와 소요시간이 주어진 시간으로 충분한지 확인한다

일반적으로 과도하게 계획을 짜는 경향이 있다. 그 결과 시작도 하기 전에 계획에 질리고 만다. 아니면 그날을 마감하면서 별 진척이 없는 것에 낭패감을 맛보기도 한다. 여기서 이를 해결할 간단한 방법 하나를 소개하겠다.

먼저, 일정표에서 약속이 얼마나 있는지 살펴본다. 그리고 다른 일을 처리할 시간이 얼마나 있는지 확인한다. 그런 다음 남은 시간 가운데 50 퍼센트는 미처 예상하지 못한 방해가 있을 경우와 계획에 넣을 수 없는 긴급 사항에 대비해서 남겨둔다. 그리고 그 나머지 시간으로 계획을 짠다.

4. 그날의 과제를 위해 구체적인 목표를 정하라

과제를 정할 때에는 아주 구체적으로 정해야 한다. 예를 들어 '실내운동 20분' 하는 식으로 해야 한다. 과제가 모호하면 모호한 대응으로 이어진다. 모호한 과제를 나열해 봐야 사하라 사막에서 화살 쏘기다. 쏠 화살은 있지만 목표가 없는 것이다. 구체적인 목표를 세워야 뭔가를 맞출 확률이 높아진다.

5. 장애물을 예상해 본다

그렇다고 부정적인 태도로 하루를 맞이하라는 말은 아니다. 계획에 없던 일이 생길 수도 있다는 점을 가정하라는 것일 뿐이다. 과제를 완수하는 데 방해가 될 수 있는 상황을 예상해보려고 노력하라. 그런 다음 그에 대한 대비책도 세워라. 최소한 그런 상황에 부딪혔을 때 적절한 대응책을 준비해놓는 것이다. 지평선 위를 훑어보듯 당신의 하루를 망칠 수도 있는 일이 없는지 확인하라.

6. 과제의 우선 순위를 정해 둔다

이 마지막 사항이 특히 중요하다. 안 그러면 아무리 좋은 계획이라도 좌초할 수 있다. 예상하지 못한 사건들이 생기면서 그날을 마감할 때보면 과제 리스트에는 아직도 못한 일이 한참 남아 있을 수 있다. 하지만 어느 과제가 더 중요한지 정해놓고 하루를 시작하면 그래도 처리한 일이 처리하지 못한 일보다는 더 중요하다는 사실에 만족감을 느낄 수 있다.

레이저 사고

우선 순위를 정한다는 것은 사건의 상대적 중요성과 우선 순위를 정하는 것을 의미한다. 효과적인 계획에는 우선 순위의 결정이 절대적으로 필요하다. 우선 순위를 정해놓으면 별로 중요하지 않은 일에 시간을 보내지 않아도 된다. 인생에서 가장 중요한 사건들이 덜 중요한 활동의 희생물이 되는 일을 막아주는 것이다.

우선 순위의 결정은 '레이저 사고(思考)'에 비유할 수 있다. 레이저 사고는 10~15분에 이르는 계획 시간 동안 당신의 모든 에너지와 힘을 다음 2가지 문제에 집중하는 것이다. '내 인생에서 가장 우선해야 하는 것들은 무엇인가?, 그리고 그것들 가운데 가장 소중한 것은 어느 것인가?'

몇 년 전, 나는 아이들에게 레이저 사고의 개념을 가르치려고 노력한 적이 있었다. 아이들도 흥미를 보였다. 나도 무척이나 재미있었다. 아이들이 생각한 것은 영화 <스타워즈>에 등장하는 무기에서 나오는 광선 같은 것이었다. 나는 레이저란 응축된 광선이고, 파괴력이 얼마나 대단한지 설명하기 시작했다. 그러자 아들이 물었다 "아빠, 빛이 어떻게 쇠를 자를 수 있죠?." 이 아이는 확실히 이해하지 못했다.

나는 아이들을 데리고 마루 한쪽의 볕이 드는 쪽으로 갔다. 아들에게 빛 한가운데로 손을 내밀어 보라고 했다. 그리고 돋보기를 들어 아이의 손 위에 빛의 동그라미를 그렸다. "자, 빛이 모이는 모습을 보거라." 그런 다음 나는 돋보기를 천천히 움직이기 시작했다. 아들의 손위에 있던

성공하는 10가지 자연법칙

빛의 동그라미가 점점 작아졌다. 어느 순간, 아들이 비명을 질렀다. "뜨거워요!" 다른 여섯 아이의 손에 같은 과정을 되풀이했다. 그리고 두 시간 동안 노력한 끝에 불을 피울 수 있었고, 아이들은 집중된 빛의 힘에 깜짝 놀랐다.

레이저 사고란 시간과 에너지를 가치관과 목표라는 렌즈를 통해서 일상활동에 집중시키는 과정을 말한다. 그것들이 당신의 마음속에서 으뜸의 자리를 차지하고 있다면 당신은 가장 중요한 것들을 이룩할 수 있다.

동료 딕 윈우드의 이야기를 들어보면 레이저 사고의 힘이 얼마나 강력한지 알 수 있다. 대형 회사에서 일하는 한 노동자의 이야기인데, 그 회사는 배를 해체해서 고철로 만드는 회사였다.

어느 날 가게에 들렀다가 그 사람을 만났습니다. 그가 들뜬 얼굴로 자기는 치과 의사가 될 거라고 하더군요. '치과 의사라고? 도대체 어떻게 그런 마음을 먹었을까?' 그러나 생각을 말로는 꺼낼 수 없었습니다. 그에게 멋진 격려의 말을 건넸고, 다시 볼일을 보았습니다. '치과 의사가 되겠다고? 무슨 수로…'

후일 그가 치과대학에 지원했지만 확보하고 있는 학점이 충분하지 않고, 시험 점수도 너무 낮아 낙방했다는 소식을 들었습니다. '정말로 시험을 치르긴 했네!' 하지만 그것으로 끝이려니 하고 생각했습니다.

그런데 얼마 있다가 그가 필요한 학점을 따고 성적도 올리기 위해서 야간학부에 진학했다는 소식을 들었습니다. '아니, 그 친구가 아직도 뭘 모르는군.'

그 직후 나는 시애틀로 이사를 갔다가 2년 후 다시 메릴랜드로 이사를 갔습니다. 거기서 2년 간 근무할 예정이었지만 1년 정도 지나서 우리는 포틀랜드로 다시 돌아왔습니다. 지금쯤이면 누구나 이 이야기의 결말을 짐작할 수 있을 것입니다.

어느 날 쇼핑센터에 간 나는 우연히 그와 만났습니다. 그는 아주 좋아 보였습니다. 늘씬한 몸에 옷도 멋있었습니다. 물어볼까 말까 잠시 주저했지만 그래도 용기를 냈습니다.

"전에 만났을 때 치과대학에 간다고 했던 것 같은데 어떻게 됐습니까?"

"아, 예. 치대는 작년에 졸업했고, 몇 달 후면 교정 전문의 자격을 따게 됩니다. 어렵기는 했지만 그래도 그럴 만한 가치는 있었습니다."

그와 헤어지고 나서 돌아오는 길에 나는 '레이저 사고'의 놀라운 효과에 대해서 곰곰이 생각했습니다. 미래에 대해서, 계획한 사건에 에너지를 집중시킬 때의 효과가 정말 놀랍다는 생각이 머리를 떠나지 않았습니다. 일단 '진정으로' 중요한 것이 무엇인지 결정한 다음 적절한 시간에 그 대가를 치르고 노력하면 엄청난 일을 이룩할 수 있었던 것입니다.

우선 순위를 정한 일일 업무 리스트

계획을 세운다는 측면에서 볼 때 레이저 사고는 '당신이 매일 아침 시간 계획을 짜고 나면 손에는 그날 처리할 과제의 리스트가 들려 있다'는 것을 의미한다. 이제는 더 이상 '할 일(to do)' 리스트라고 부르지 않는다는 점이 다르다.

혹시 당신은 할 일 리스트를 사용해본 적이 있는가? 할 일 리스트는 상당히 흥미로운 존재이다. 월요일에 하나를 만들고 나면 금요일에도 여전히 유효하다. 할 일 리스트를 가지고 일할 때 그 리스트에 있는 과제 하나를 완수하면 당신은 어떻게 하는가? 보통은 줄을 긋는다. 왜 그렇게 할까? 줄을 좍 그을 때의 짜릿한 기분 때문이다.

그런데 그게 짜릿한 이유는 뭘까? 생물학적인 이유가 한 가지 있다. 이 점에 관해서 상당히 흥미로운 연구들이 있는데—지금 현재 나는 그 연구자들이 누군지 모르고 있다. 언젠가는 알아낼 작정이다. 정말 대단한 연구를 한 사람들이다—그 결과 어떤 일 하나를 완수하고 줄을 좍 그을 때 뇌 속에서는 엔돌핀이라고 하는 물질이 생성된다고 한다. 엔돌핀은 마치 모르핀을 맞았을 때와 같은 만족감을 느끼게 하는 물질이다. 그래서 짜릿한 것이며, 또 그렇기 때문에 일을 다 한 다음 줄을 좍 긋는 것이다.

그리고 우리는 그 느낌에 중독되어 간다. 어쨌든, 매일 리스트를 만든다고 하면 그것을 할 일 리스트라고 부르지 않는다. 왜 그런가 하면, 할 일 리스트는 일종의 현상 유지용 리스트이다. 해야 하는 일은 단지 내가 물위로 코를 내밀고 있을 수 있게 해주는 것에 불과하다. 당신의 인생에서 최고의 우선 순위를 가진 일들이 이 할 일 리스트에 올라가는 법은 거의 없다.

그래서 당신이 만든 그 리스트는 '우선 순위가 정해진 일일 업무 리스트'라고 불러야 한다. 이런 맥락에서 당신의 리스트는 다시는 할 일 리스트로 돌아가는 일이 없을 것이다. 물론 현상 유지용 리스트는 존재하게 되어 있다. 그러나 그와 아울러 다른 중요한 일들도 마찬가지로 존재하고 있다. 그럼 이제는 의미 있는 우선 순위가 정해진 일일 업무 리스트를 만드는 세 가지 단계를 알아보자.

1단계: 오늘 하고 싶은 일을 모조리 적어라.
　　　긴급한 일이 아니더라도 꼭 포함시켜서

이 시점에서는 어떤 과제에도 가치가 부여되어 있지 않다. 그냥 모조리 적기만 한다. 직장이나 가정에서의 일, 시민으로서의 의무, 종교적인 일 등. 예를 들어 25개의 과제가 떠올랐다고 하자. 그 25개가 오늘 처리하고 싶은 모든 일이라고 생각한다면 2단계로 넘어간다.

2단계: 각각의 항목에 가치를 부여한다.
　　　이것을 ABC 가치판단 시스템이라고 한다

이것이 새로운 아이디어는 아니다. 사실, 아주 오래된 아이디어이지만 각각의 글자가 무슨 의미를 가지는지 다시 한번 생각해본다면 상당한 효과를 발휘한다. 위에서 적은 과제 리스트를 두 번째로 검토하면서 매우 중요한 것, 반드시 해야만 하는 것에는 A를 붙인다. 그날 특별한 일이 없는 한 A의 과제들을 제일 먼저 완수한다. 그리고 그 다음으로 중요한 것, 해야 하는 일에는 B를 붙인다. A의 과제를 다한 다음 시간이 남으면 B의 과제에 손을 댄다. 마지막으로, 상대적으로 사소한 것, 그날 할 수도 있는 일에 C를 붙인다. A와 B의 과제들을 다하고도 시간이 있을 때에는 C의 과제들을 처리하면 된다.

3. 숫자를 사용해서 다시 가치를 판단한다

마지막으로 리스트를 점검하면서 ABC의 과제들에 순서를 매긴다. 우리가 앞에서도 정의했다시피 우선 순위를 매기는 일은 각 사건의 상대적 중요성와 우선도를 정하는 과정이다. A의 과제 가운데 제일 중요한 것에 A-1, 그 다음은 A-2 하는 식으로 순서를 매긴다. B와 C의 과제들도 같은 방식으로 우선 순위를 정한다.

이렇게 우선 순위를 결정한 업무 리스트를 확정하면 오늘 당신이 제일 먼저 끝내야 할 일이 무엇인지 알게 된다. 물론 그 순서에 따르지 않는다면 그 리스트를 만드는 일 자체가 무의미해진다.

예를 들어, 당신의 A-1이 '팀장에게 마케팅 플랜의 문제점에 대해서 이야기한다'라고 하자. 그런데 팀장이 당신의 윗사람인데다 솔직한 피드백을 싫어하는 사람일 경우 당신은 왠지 자꾸만 미루고 싶어질 것이다. 만약 팀장에게 그 점을 말하지 않는다면 회사에 엄청난 손실을 가져온다는 사실은 잘 알지만 당신은 잭을 마주 대하기가 싫다.

그래서 A-2를 보니 '부장에게 제안서를 쓴다'라고 되어 있다. 이 일은 중요한 일이고, 최소한 2시간이 걸린다. A-3 역시 마찬가지로 힘든 일이다. 그렇게 죽 훑어보다가 C-1을 보니 '스티브에게 테니스 치자고 전화할 것'이다. '이거야 뭐. 이 일부터 해치워야지'

하루 종일 그런 식으로 보낸다. 그러고도 평온함, 마음의 평화, 균형감, 조화를 누릴 자격이 있을까? 절대 그럴 수 없을 것이다. 왜? 리스트에 남아 있는 것들을 보자. 진정으로 중요한 가치를 가진 일들이 그대로 남아 있다.

여기에 레이저 사고의 비밀이 숨어 있다. 어느 순간이든 당신의 모든 에너지를 당신에게 정말 중요한 일을 처리하는 데 집중해야 한다. 우선순위를 결정한 일일 업무 리스트에서 가장 중요한 항목을 끝낼 때까지, 그 외의 모든 것은 염두에 두지 않는 것이다.

우선 순위를 결정한 일일 업무 리스트는 정말로 강력한 도구이면서 한편으로는 믿을 수 없으리만큼 간단하다. 성공한 사람들의 전설 가운데 가장 먼저 나왔고, 가장 널리 알려진 것 가운데 하나가 바로 우선 순위와 관련이 있다.

베들레헴 철강회사의 찰스 슈워브(Charles Schwab) 사장의 이야기이다. 어느 날 그는 경영 컨설턴트인 아이비 리(Ivy Lee)와 이야기를 하다가 이런 문제를 제기했다. "내가 주어진 시간 안에 더 많이 일할 수 있는 방법을 좀 알려주시오. 그러면 타당한 한도 내에서 얼마든지 상담료를 드리리다."

아이비 리가 빈 종이 한 장을 내밀면서 이렇게 말했다. "자, 사장님이 내일 해야 하는 가장 중요한 일들을 적어 보십시오. 그리고 거기에 중요성의 순서를 매기십시오. 내일 아침 출근한 다음에 1번 일을 시작하되 그 일을 끝낼 때까지는 다른 일에 손도 대지 마시고, 일단 1번 일을 다 끝내고 나면 우선 순위를 재검토한 다음에 두 번째 일을 시작하십시오. 필요하다면 하루 종일 그 일에만 매달려야 합니다. 그게 가장 중요한 일일 경우에 그렇다는 뜻입니다. 일을 전부 다 하지 못해도 좋습니다. 어차피 다른 방법을 동원해도 일을 다 처리한다는 것은 불가능한 게 현실 아닙니까? 물론 과연 무엇이 제일 중요한가를 결정하는 시스템 같은 것은 있어야 할 겁니다.

어쨌든 매일 그렇게 일하는 습관을 몸에 붙이십시오. 그게 효과가 있을 때에는 경영진한테도 그렇게 하라고 하십시오. 어떻습니까? 마음에 든다면 한번 그렇게 해보십시오. 그리고 사장님이 가치가 있다고 생각하는 만큼 수표를 보내 주십시오."

그로부터 몇 주가 지났다. 그 동안 슈워브 사장은 그 아이디어를 실험해 보았고, 효과가 있다는 사실을 발견했다. 그리고 아이비 리에게 수표를 보냈는데 그 액수가 2만 5,000달러였다. 1930년대로서는 엄청난 액수였다.

그것은 슈워브 사장으로서는 그 아이디어가 이제까지 들어본 것 가운데 가장 유익한 것이었다는 사실을 말해주는 것이다. 아울러 슈워브 사장은 아이비 리의 아이디어를 이용, 베들레헴 철강회사를 위한 계획을 만들어냈다. 그리고 직접 그 계획의 실천을 감독했다. 그 계획 덕분에 베들레헴 철강회사는 당대 세계 최고의 철강 생산자가 되었다. 한 친구가 어떻게 그렇게 간단한 아이디어에 그렇게 큰 돈을 지불했느냐고 물었을 때 슈워브 사장은 이렇게 반문했다.

"아이디어라는 게 기본적으로 간단한 것 아닌가?" 그리고 잠시 생각한 후 그 2만 5,000달러가 그 해 베들레헴 사가 투자한 것 가운데 가장 가치 있는 것이었다고 단언했다.

일일계획을 위한 도구

지금 당장이라도 아무 종이라도 찾아서 당신의 일일 업무 리스트를 만들 수 있다. 하지만 그런 식으로 해서는 잘 되는 일이 있을 수 없다. 주변에 눈에 띄는 종이나, 편지 봉투, 영수증처럼 쪽지 같은 것들에 일일 과제와 관련된 것들을 쓸 수 있겠지만 그런 것들은 최악의 선택이다. 내가 아는 사람 가운데도 직장의 책상과 벽 등 사방 곳곳에 작은 쪽지들을 붙여놓고 사는 사람이 있다. 집에 가면 냉장고, 차에는 대시보드가 그것들의 고향이다.

나는 그런 쪽지들을 '플로터(floater, 둥둥 떠 다니는 것 : 옮긴이)'라고 부른다. 그것들은 당신이 손을 대기 전까지, 아니면 잊어먹을 때까지 그렇게 떠다니고 있을 뿐이다. 그것은 자신의 인생을 좀더 컨트롤하고자 하는 사람으로서는 너무나도 무계획적인 방법이다.

월별 달력 옆에 빈칸이 두 개가 있고, 때로는 주소록도 같이 곁들여져 있는 것을 사용할 수도 있다. 그러나 내 생각에는 일일 과제와 목표, 그리고 가치와 관련이 있는 모든 것을 전부 한 곳에 모은 것이 더 합리적이다.

우리가 하나의 통일적이고, 통합적인 계획 도구로서 프랭클린 데이 플래너를 개발한 것도 바로 그런 이유에서이다. 이것을 사용하면 혼란을 피할 수 있고, 언제나 생산성 피라미드를 염두에 둘 수 있다. 이것은 당신의 주의력과 에너지를 당신에게 가장 중요한 일에 집중시킬 수 있도록 특별히 고안한, 맞춤형 도구이다.

우리는 데이 플래너를 개발하면서 다음과 같은 점을 특히 중시했다.

A. 일일 업무 리스트를 쓰는 공간

B. 일별, 월별 약속을 기록하는 공간

C. 일일 지출 내역을 기입하는 공간

D. 매일의 결정 사항을 적는 공간

E. 일기를 쓰는 공간

F. 그 어떤 것도 빠뜨리지 않도록 매일 기록한 정보를 검색하는 수단

G. 가치와 목표가 일상적으로 작동할 수 있게 기록해 두는 공간

H. 재무 상태를 파악하는 공간

I. 언제나 이용할 수 있도록 핵심 정보를 관리하는 공간

J. 앞으로 6년을 포괄하는 캘린더

K. 각자의 필요성에 맞추어 사용할 수 있도록 구분되어 있는 여섯 개의 섹션. 직장, 가정, 종교, 공적 활동, 회의록, 직속 상사 등 각자에 맞게 구분하면 된다.

지금 전세계에서 이 플래너를 사용하고 있는 사람은 450만 명이 넘는다. 또 미국에서는 5,000여 개의 기업이 프랭클린 시간관리 시스템과 프랭클린 데이 플래너를 사용하고 있다. 그 결과 그 조직들에서는 의미

있는 문화적 변화가 일어나고 있다.

프랭클린 데이 플래너의 핵심부는 일일계획란이다. 여기는 1일 당 2페이지로 이루어져 있다(뒤의 플래너 샘플을 참조하라). 왼쪽은 이제까지 살펴본 과정에 따라 일일 과제들의 우선 순위를 매겨서 리스트를 짜는 곳이다. 특별히 시간이 고정된 약속을 기입하는 곳이 있고, 그날의 지출 내역을 빠뜨리지 않고 적는 난도 있다.

오른쪽 페이지는 빈칸뿐이다. 그러나 이 페이지야말로 프랭클린 플래너를 다른 시스템과 구별짓는 특징 중의 특징으로 우리의 인생을 계획할 수 있게 해주는 놀라운 힘을 발휘한다. 이 페이지에는 전화나 회의에서 오간 내용, 결정 사항, 위임받은 사항, 주소나 전화번호 심지어 잡지의 제목까지 그날 꼭 기억해두고 싶은 것이면 뭐든지 다 적어 넣는다. 그리고 이것은 다음날 계획을 짤 때 필요한 정보를 미래의 어느 날로 옮겨 적을 수도 있고, 전화번호부나 핵심 정보 섹션, 당신의 특별한 프로젝트를 위해 마련되어 있는, 빨간색 탭이 달린 섹션으로 옮길 수도 있다.

프랭클린 시스템은 프랭클린 데이 플래너 같은 보충적 도구와 결합시켰을 때 인생에서 벌어지는 온갖 사건에 대해서 엄청난 컨트롤의 힘을 줄 것이다. 그 컨트롤이 얼마나 효과적인지 실례를 들어보겠다.

1984년 1월 14일 아침, 나는 사무실에서 일을 하고 있었다. 그런데 전화벨이 울렸다. 뉴욕에 있는 프라이스 워터하우스(Price Waterhouse)의 트레이닝 담당 수석 임원 빌 킨(Bill Keane)이었다.

"하이럼 씨, 메릴린치와 시티뱅크를 통해서 당신 세미나에 관한 이야기를 들었습니다. 관심은 많이 있지만 우리 회사에 도입하기 전에 먼저 한번 보고 싶습니다. 맨해튼 쪽에서 세미나를 할 일이 없습니까? 그러면 나도 참석해서 들어보고 싶은데."

16

FRIDAY

APRIL 16

S	M	T	W	T	F	S
				1	2	3	4
5	6	7	8	9	10	11
12	13	14	15	16	17	18
19	20	21	22	23	24	25
26	27	28	29	30	31	

✔ = 업무 완수
➡ = 업무 순연
✕ = 업무 취소
G✪ = 업무 위임
● = 업무 진행중

S	M	T	W	T	F	S
		1	2	3	4	5	6
7	8	9	10	11	12	13
14	15	16	17	18	19	20
21	22	23	24	25	26	27
28	29	30				

S	M	T	W	T	F	S
				1	2	3	4	5	6	7
8	9	10	11	12	13	14
15	16	17	18	19	20	21
22	23	24	25	26	27	28
29	30					

↓	ABC 우선순위	오늘의 우선 업무
✔	A1	계획/ 나만의 시간
✔	B1	세운 전화 - 미팅 약속
✔	A3	XYL 보고서 초안
✔	A2	결혼 기념일 선물
✔	A4	여행사와 예약
➡	B3	10쪽의 책읽기
●	B2	재용 전화 - 테니스
✔	B4	운동
✔	B5	윤덕 전화

일일 지출	
조은실/점심	10,000원
휘발유 - 25832	63,000원

예정　　　일정
Early Morning
:00 박기석
8
9
10
11
12　:00 조은실　점심
1
2
3
:00 직원회의
4
5
6
7
8
Late Evening

오늘의 기록 사항

- 정보
- 아이디어
- 회의
- 일기
- 대화

1.	박기석	
	• 회의 장소 박부장 사무실	
	(중구 초동 74-3	
	을지로 3가 2번출구)	
	• 회의에 재연 씨 초청	
	• ABC 보고서 가져갈 것	
2.	여행사 456-7777	
	7일 8:00 AM KE 186	
	9일 7:00 PM KE 57	
3.	고수빈	
	자동차 값 1,500만원	
	이자 10%	
	6일 정오에 차를 볼 수 있음.	

일기 :

안도순 씨가 메모 보냄

내 프리젠테이션이 좋았다고 함.

슬라이드가 잘 활용되었음.

월 일정표

SUN.	MON.	TUES.	WED.	THURS.	FRI.	SAT.
1	2	3	4	5	6	7
8	9	10	11	12	13	14
15	16	17	18	19	20	21
22	23	24	25	26	27	28
29	30	31				

나는 일정표를 보았다. 5월 말에 시티뱅크를 위해서 맨해튼에서 세미나를 하게 되어 있었다. "빌 씨, 그 세미나에 참석해도 되겠지만 먼저 시티뱅크하고 이야기를 해야 합니다."

"좋습니다. 그날이면 나도 괜찮고요. 그럼, 5월 초에 참석 여부에 대해서 연락을 주십시오."

"빌 씨, 그래도 된다니 정말 다행입니다. 그럼 언제 전화를 할까요?"

여기서 잠시 아무 대꾸가 없었다. "하이럼 씨, 5월이면 아무 날이고 상관없습니다. 앞으로 넉 달이나 남았는데요. 아무 때고 좋은 날 전화를 하세요."

"빌 씨, 나는 날짜를 정해 놓고 사는 사람입니다."

"그럼 좋습니다. 10일에 전화를 주십시오."

프랭클린 데이 플래너에는 날짜마다 그것을 적는 난이 한 페이지가 있다. 당연히 나는 1월 14일 난에 이렇게 적었다. "5월 10일 빌 킨에게 전화할 것." 그리고 다시 물었다. "그날 몇 시에 하면 좋을까요?"

이번에는 좀더 긴 침묵이 있었다. "하이럼 씨, 그날이면 몇 시에 전화를 하든 상관없습니다. 앞으로 넉 달이나 남지 않았습니까? 아무 때고 편한 시간에 전화를 하십시오."

"빌 씨, 나는 시간도 정해 두고 삽니다."

그러자 그가 약간은 짜증 섞인 목소리로 대꾸했다. "좋습니다. 7시 30분에 전화하십시오. 그 시간이면 비서도 없으니 직접 받겠습니다."

물론 나는 그렇게 적었다. 그런 다음 한 가지 일을 더 했다. 더 이상 상세하게 적고 싶지 않은 사람은 하지 않아도 된다. 그리고 다른 사람들의 감정을 상하게 만들기 시작하는 지점이 바로 여기부터다. 그러나 나는 우리가 대화를 나눈 시간을 적었다. 오후 4시 30분. 또 우리가 얼마나 오래 이야기했는지도 적었다. 12분. 이것은 이야기를 하는 도중에도 할 수 있는 일이므로 따로 시간을 잡아먹지도, 따로 애쓰지 않아도 되는 일이다.

어쨌든, 지금은 1월 14일이다. 내 데이 플래너에는 석달치만 모아져 있다. 나머지는 집에 있다. 서재의 서가 위에 있는 바인더에 나머지가 있다. 그렇다고 문제가 있는 것은 아니다. 다음 계획 시간이 길어야 24시간 안에 있고 또 계획을 짤 때면 언제나 그 바인더를 쉽게 집을 수 있는 곳에서 한다.

그 바인더는 데이 플래너에서 미래와 과거의 페이지들을 따로 보관하는 곳이다. 그러므로 다음 날 아침의 계획 시간, 나는 1월 15일을 계획할 뿐만 아니라 14일에 써놓은 것들도 함께 검토한다. 나는 언제나 그렇게 하고 있다. 15일 아침 나는 빌 킨과의 전화 내용을 발견한다. 그리고 보관용 바인더를 꺼내서 5월 10일자를 편다. 그리고 그의 이름을 적는다. 그 다음에는 무엇을 적느냐, '1월 14일'이라고 적는다. 그리고 나는 앞으로 넉 달 동안 빌 킨에 대해서 잊어버리고 산다.

정말 괜찮지 않은가? 빌 킨을 완전히 잊어먹는 것이다. 나는 그것이 경험상 아무 문제도 없다는 것을 알고 있다. 걱정도 안 할 뿐더러 그의 이름이나 그에 관한 그 어떤 것도 기억하려고 애쓸 필요가 없다. 그 정보는 내가 필요로 할 때 이용할 수 있고, 또 쉽게 꺼내볼 수 있다. 뭔가를 잊어먹을 수 있다는 사실을 알고 있을 때는 마음이 편안한 법이다.

드디어 5월 10일이 찾아왔다. 우리 집에서는 다들 마법의 3시간을 실천에 옮기고 있는데 아침 5~8시까지가 그 시간이다. 5시면 아이들을 깨우기에 아주 좋은 시간이다. 아무도 아이들을 찾지 않는 시간이니까. 어쨌든 5시 15분이면 나는 하루를 계획하고 있다. 그날 아침, 데이 플래

성공하는 10가지 자연법칙

너를 꺼내보니 일일 과제 리스트에 약 20개의 항목이 있는데 빌 킨의 이름이 제일 꼭대기에 있다. 그런데 그 사람이 누구인지 기억이 안 난다. 그 이름은 나에게 아무 의미도 없다. 하긴 넉 달이 지나면 이름을 기억하고 있기도 힘든 법. 닷새만 지나도 그럴 것이다. 그러나 그 이름 바로 옆에 '1월 14일' 이라고 써놓은 것이 있다. 나는 그것을 열쇠로 해서 그가 누구인지 기억을 되살린다.

나는 보관용 바인더를 꺼내 넉 달 전인 1월 14일 페이지를 편다. 죽 읽는 데 시간이 약간 걸린다. 그 메모 내용은 동부 시간으로 7시 30분에 전화를 해야 한다는 사실을 일깨워준다. 우리 집과 뉴욕은 2시간 차이가 있다. 지금 시간이 5시 23분이니 지금이 딱 그 시간이다. 나는 전화기를 집어들고 그의 번호를 누른다. 그가 바로 전화를 받는다. 그의 말대로 비서도 없다.

"빌 씨, 안녕하십니까? 하이럼 스미스입니다. 지금 뉴욕은 몇 시입니까?"

"예?…."

그래도 나는 계속 말한다. "혹시 1월 14일 오후 4시 30분에 우리가 통화를 했던 일 기억하고 있는지 모르겠습니다. 12분 정도 통화했는데. 기억납니까?"

"지독하십니다."

그는 아주 괜찮은 사람이다. 프라이스 워터하우스에서 2만 9,000명이나 되는 회계사의 훈련을 맡고 있는 유능한 임원이다. 그런데 그때까지 그가 사용하고 있던 시간 컨트롤 도구는 과연 어떤 것이었을까? 바로 노란 메모지였다. 그는 시티뱅크에서의 세미나에 참석했다. 그리고 뒤쪽에 앉아 있었다.

그날 퇴근길에 나를 찾아온 그의 손에는 새로 산 휴대용 데이 플래너가 들려 있었다. "하이럼 씨, 이번 가을에 중견 사원을 대상으로 두 번의 시험 세미나를 할까 합니다. 그런데 정확한 일자는 8월이나 되어야 나올 것 같습니다. 8월에 전화를 주십시오." 그 동안 그는 새로 산 데이 플래너에 부지런히 적고 있었다.

"나도 적어야 될 것 같습니다."

"아무래도 그게 낫겠죠?"

그래서 나도 적었다. 8월이 오고, 전화를 할 시간이 되었지만, 나는 그날 늦게까지 그와 통화하지 못했다. 그러다가 겨우 5시 직전에 통화할 수 있었다. 그가 물었다. "하이럼 스미스 씨?"

"예, 그렇습니다."

"하이럼 씨, 2분만 늦게 전화했으면 없었던 일로 하려고 했습니다."

그는 자신의 플래너에 나와의 일을 적어놓았고, 그날의 과제 가운데서도 나와의 일을 우선 순위에 두고 있었다. 만약 내가 전화를 하지 않았다면 세미나는 취소되었을 것이라는 것이다.

그러나 나는 전화를 했고, 지금 우리는 프라이스 워터하우스의 6,000명의 직원을 교육하고 있다. 그리고 빌 킨과는 가장 존경하고, 또 가장 절친한 친구 사이로 지내고 있다.

이제 이 경험을 당신의 일에 적용시켜 보자. 예를 들어 당신이 세일즈맨이라고 해보자. 앞서 말한 것처럼 일을 컨트롤하면 판매고가 올라가지 않을까? 고객이 당신에게 훨씬 더 호감을 가지지 않을까?

계획하는 기술 그 자체도 중요하지만, 적절한 도구가 당신의 효율성에 미치는 영향은 이루 말로 표현할 수 없다. 만약 당신이 우선 순위를 매긴 일일 업무 리스트를 백지나 이면지에 쓰고 있다면 과연 내가 빌 킨

성공하는 10가지 자연법칙

과 있었던 일이 당신에게도 일어날 수 있을까?

계획 도구의 효과적 이용

당신이 인생을 컨트롤하기를 원한다면 계획 도구를 이용하는 데도 6가지 간단한 규칙이 있다.

1. 항상 데이 플래너를 가지고 다닐 것

데이 플래너가 곁에 없다면 결국 종이 쪽지 같은 것 위에 쓸 수밖에 없을 것이고, 하루가 무계획적이 되어버리고 만다. 당신의 가치, 목표 그리고 일일 업무 리스트를 이 도구 안에 다 넣어둔 이상 언제나 곁에 두어야 한다. 그러면 사람들은 이렇게 묻곤 한다. "하이럼 씨, 이게 그렇게 중요하다면 만약 그걸 잃어버릴 경우는 어떻게 되는 겁니까?"

그러면 나는 이렇게 되받는다. "명심하세요. 만약 이걸 잃어버리면 얼른 옥상 위로 올라가 뛰어내리는 게 나을 겁니다. 어차피 모든 게 끝난 거니까요." 물론 농담이지만 당신의 플래너는 당신이 제대로 이용하는 한 당신에게는 없어서는 안 될 물건이 될 것이다.

그럼 휴가 가면서도 가지고 가야 할까? '그렇고 말고' 다. 휴가를 가서도 일일 업무 리스트를 만들고 있을까? 안 만들 수도 있다. 나의 경우 7월이면 호놀룰루에 가서 휴가를 보낼 때가 있다. 2개의 세미나를 해야 하지만 나머지 29일은 자유다. 이럴 때는 7월의 리스트를 되돌아보는 일도 재미있다. A-1 : 혼자만의 시간 갖기. A-2 : 하루 종일 빈둥거리기. 그런 과제는 엔돌핀을 증가시키는 데에 그만이다.

그런데 해변가에 누워서 한가한 시간을 보내려 해도 많은 일들이 자꾸만 머리에 맴돈다. 당신은 그 생각을 안 하려고 하지만 마음대로 되지 않는다. 그러다가 멋진 아이디어가 번뜩 떠오를 수도 있는데 사무실에 돌아갈 때까지 절대 잊어먹으면 안 된다.

어떻게 할 것인가? 이럴 때는 호텔 방으로 돌아가 플래너를 꺼낸다. 그리고 온 정신을 그 일에 쏟아 붓는다. 다 끝냈으면 홀가분하게 해변으로 돌아가자. 이제는 다 잊어버리고 남은 시간을 즐길 수 있다. 당신의 마음속에서 아우성을 치던 것을 플래너 속에 옮겨놓은 이상 이제는 아무 부담감이 없는 것이다.

2. 일정표는 한 개만

집의 벽에 걸린 달력이며, 직장의 탁상용 달력, 그리고 휴대용 수첩이나, 아니면 더욱 복잡한 계획표. 이 모든 것을 이용하고 있다고 하자. 그럼 어떤 결과가 나올까? 첫째, 시간을 낭비하게 된다. 모든 일과 일정들은 서로 유기적으로 연결되어 있어야 하고, 한 곳에서 쉽게 찾아 볼 수 있어야 한다. 그런데 이것저것 뒤져 가면서 찾다보면 시간을 허비하게 된다. 둘째, 뭔가 빠뜨리고 만다. 여러 개의 도구를 사용하다보면 모두 다 찾아보기가 쉽지 않을 뿐더러 결국 무엇인가는 놓치게 마련이다.

비서가 있어서 모든 약속을 다 처리해주고 있는데 내가 할 일이 뭐가 있느냐고 묻는 사람도 있다. 그럴 때는 하루 전체를 다른 사람이 컨트롤하게 하는 것은 엄청난 실수라고 말해준다. 다른 사람이 당신의 하루 전체를 관리하게 해서는 절대 안 된다.

대신, 매월 초 당신의 비서와 마주 앉는다. 5분이면 충분하다. 당신의 데이 플래너를 꺼내, "이날 아침, 이날 오후, 이날 저녁 시간을 비워 둘 테니 그때로 약속을 잡아 주시오"라고 말한다. 그리고 당신의 플래너에 그 시간대를 표시를 해둔다. 이제 그 시간대에는 비서하고 이야기를 하기 전에는 어떤 약속도 해서는 안 된다.

3. 매일 계획을 짤 것

이 원칙에는 예외가 없어야 한다. 인생의 사건을 컨트롤하고자 하는 사람이라면 반드시 컨트롤할 도구를 사용해야 한다. 목수가 망치가 무겁다고 망치를 내려놓고 대신 손으로 못을 박는 일은 없다. 이따금 망치질을 쉬는 일은 있어도 도구만은 제대로 사용한다.

4. 좋은 참고 체계를 갖출 것

여기서 한 가지 상황을 가정해보자. 나는 지금 신형 트럭을 한 대 사려고 한다. 그런데 12월 5일 보브라고 하는 친구가 나에게 전화를 한다. "하이럼, 자네한테 좋은 정보를 하나 주지. 다음 주에 자네가 가지고 싶어하는 차가 들어와. 아주 좋은 건데 내가 특별 제안을 하나 하겠어. 1만 5,500달러에 9퍼센트 이자로 주지. 1월 6일 아침에 와서 직접 보라고." "좋았어!" 그러나 한창 휴가 기간이었고, 나는 우리의 대화를 까맣게 잊어버린다.

드디어 1월 6일이 돌아오고, 나는 그날 아침 제일 먼저 내 데이 플래너를 들여다보면서 보브와 약속이 있다는 사실을 확인한다. 나는 8시에 그의 가게로 가는데 친구는 출장 중이다. 그의 판매원 한 사람이 나를 데리고 가서 그 차를 보여준다. 보브의 말대로 내 맘에 꼭 드는 차이다. 나는 그 차를 사기로 결심하고 판매원은 1만 7,000달러에 10.5퍼센트 이자라는 특별 조건을 제시한다.

그런데 보브가 뭐라고 했는지 정확하게 기억이 안 나지만 그 액수가 영

4월

주요 업무 리스트

개인	회사
가족/친구	회사업무
휴가계획	회계 예산 완료
생일 선물 - 엄마	영업 메뉴얼
표사기	ESI전화 - 프로젝트
	대리점 계약 검토, 뉴스레터 양식 결정
	인터뷰 - 이창수
집/정원	서랍정리
울타리 작업	SC잡지 구독 취소
창고 페인트 칠	근무시간표 양식 완성
옷장 청소 및 정리	생산 계획 제안
지하실 파이프 수리	

월간 목표	월간 목표
건강 진단 예약	매일 계획 수립
플래너를 날마다 사용	독서
	'원칙 중심의 리더십'

낯설게 느껴진다. 이제는 모든 것이 그 판매원의 마음에 달린 문제가 되고 만다. 그러나 나에게는 데이 플래너가 있다. 나는 그것을 펴서 1월 6일자를 본다. 보브와 약속이 적혀 있고 그 옆의 괄호 안에 "12/5"라고 적힌 것이 있다. 12월 5일에 통화를 한 것이다. 다시 12월 5일자를 편 나는 보브의 이름 아래서 1만 5,500달러와 9퍼센트라는 수치를 확인한다.

나는 판매원을 보고 당당하게 말한다. "내 말 좀 들어보시오. 지난 12월 5일, 나는 사장하고 통화를 했소이다. 오후 4시 17분에 10분 동안 통화를 했는데 당신 네 사장은 1만 5,500달러에 9퍼센트의 이자로 주겠다고 했습니다." 판매원의 입이 딱 벌어진다. 그 어느 판매원이 한 달 전 자기네 사장하고 몇 시에 얼마나 통화했는지까지 말하는 사람에게 더 이상 무슨 토를 달겠는가?

물론 나는 다른 사람과 전화를 하거나 만날 때면 언제나 내 데이 플래너에 간단히 몇 자 적어둔다. 훗날 그 사람과의 다시 만날 때 그 정보가 필요하게 되면, 우리의 지난번 대화를 기억하기 위해서 그 약속 옆에 괄호를 치고 간단한 표시를 해둔다.

그런데 괄호는 단순히 플래너에 참고 날짜를 적어두는 것 이상의 용도로도 사용할 수 있다. 그 괄호는 사무실이든 집이든, 아니면 자동차나 배든, 그 어디든 당신이 있는 곳이면 따라간다.

당신이 지금 어떤 프로젝트를 하나 진행하고 있다고 하자. 이 프로젝트는 앞으로 여섯 달 동안 진행할 예정이고, 이제 시작을 위한 회의가 기다리고 있다. 이 회의에서 나온 결과를 일일계획란에 적어둘 것인가? 그런데 당신은 플래너 곳곳을 뒤져서 이 프로젝트에 관한 사항들을 점검하고 싶지 않은 까닭에 한곳에 모아두고자 한다.

바로 프로젝트 파일을 하나 따로 만드는 것이다. 회의에서 나온 결과를 그 날짜의 오른쪽 페이지에 쓰는 것이 아니라, '프로젝트 파일'이라는 제목을 붙인 특별 섹션에 쓴다.

그런데 사장이 다음주 목요일 아침 프로젝트를 요약해서 제출하라고 한다. 당신은 플래너의 그 날짜에 사장의 이름과 시간을 쓴다. 그리고 그의 이름 옆에 괄호를 이용해서 '프로젝트 파일'이라고 쓰면 된다.

5. 주요 과제 리스트를 이용할 것

주요 과제 리스트란 이번 달에 해야 하는 일들을 잊지 않기 위한 도구이다. 가치는 그리 높지 않지만 언젠가는 꼭 해야만 하는 일들이다.

예를 들어보자. 지금 당신은 사무실에 앉아 있다. 그런데 문득 당신의 집 차고에 관한 생각이 떠오른다. 그 엉망진창인 모습이 눈앞에 선하다. 아무래도 차고를 청소해야만 하겠다. 하지만 이번 달이나 다음 달에는 하고 싶지 않고 6월에 해야겠다고 생각한다. 그래서 6월의 주요 과제 리스트를 펴고 '차고 청소'를 써넣는다. 주요 과제 리스트에 올라간 이상 이제는 그 일이 매우 중요한 것 같은 느낌이 든다.

당신은 일주일에 한 번이나 두 번 주요 과제 리스트를 훑어볼 것이고 그때마다 '주요 과제 리스트에서 일일 업무 리스트로 올려야 하는 것은 없을까?' 하는 생각을 하게 된다. 6월 말이 다가오면서 지금이야말로 그렇게 움직일 때라고 판단한다. 그리고 차고 청소를 6월의 마지막 토요일에 하는 것으로 일정을 짠다. 마침내 청소를 끝내고 나면 정말 상쾌한 기분이 될 것이다.

6. 월간 색인을 이용할 것

월간 색인은 그 어떤 분류에도 해당하지 않는 일들을 적어두는 곳이

4월 색인

날짜	이 달에 기록한 중요한 아이디어, 생각, 사건들
1	박기석:새 사무실 약도
1	고수빈:자동차 값 정보
1	일기
3	변철수:새 전화번호
3	스포츠 클럽 정보
5	브레인 스톰-독서 리스트
8	김수민-H. P. 리스 조건
9	서점-신간서적
12	울릉도 여행-동서여행사 예약
14	일기
15	한국산업 리스 조건(1) 현금 가격(2)
18	상업은행-브로셔 작업
23	워드프로세싱 카다로그 리스트
24	서부지역 총회
30	요점-임원회의

다. 예를 들어, 지금은 6월 12일이고, 당신은 거리를 걷고 있다. 문득 괜찮은 시가 한 편 들어 있는 포스터가 눈에 들어온다. 당신은 그 시가 너무 마음에 들어 플래너에 옮겨 적는다. 물론 6월 12일 페이지. 그런데 이 시를 어디다 적어야 할까? 이 시와 관련된 특별한 미래의 일일 업무 리스트도 없다.

이럴 때에는 월간 색인란에 그 구절을 보면 그 시가 생각날 핵심적인 구절과 함께 일시를 써놓는다. 9월이 되어서 어떤 발표를 하게 되었는데 그 시를 이용하면 좋겠다는 생각이 났다고 하자. 이럴 때 몇 개의 지난달 월간 색인을 찾아본다. 불과 몇 초 걸리지 않을 일이다. 드디어 6월의 월간 색인에서 그 구절을 보았고, 6월 12일 페이지로 가서 그 시를 복사하기만 하면 된다.

테니스 학원을 운영하고 있는 빅 브레이든이라는 사람이 몇 년 전, 전화를 걸어왔다. "하이럼 씨, 나는 빅 브레이든이라고 합니다. 혹시 내가 누구인지 압니까?"

"물론 알고 말고요. <테니스 매거진>에 난 기사를 보았습니다."

"당신이 여기로 와서 내 테니스 칼리지의 코치들에게 세미나를 해줬으면 하는데 어떻겠습니까?"

"기쁘다마다요. 언제 가면 되겠습니까?"

"그건 확실하게 모르겠습니다. 이렇게 하죠. 한 두어 주 후에 다시 전화를 해서 확실한 날짜를 말하면 어떨까요?"

나로서는 그가 언제 전화를 다시 할지 알 수가 없었다. 그래서 어느 날짜의 일일 업무 리스트에도 적지 못했다. 그렇다고 월간 일정표에도 적을 수 없는 일이었다. 결국 월간 색인에 적을 수밖에 없었다. 그리고 여섯 주가 지난 다음 빅이 다시 전화를 걸어왔다. "하이럼 씨, 빅 브레이든입니다. 기억하시겠습니까?"

아하, 우리가 언제 통화를 했던가? 나는 색인을 꺼내 얼른 훑어보았다. 그의 이름과 페이지를 찾았고 그 페이지를 펼쳤다. 그러는 데는 불과 몇 초 안 걸렸다. 그가 불과 몇 마디 안 했을 때 나는 이렇게 받을 수 있었다.

"빅, 잠깐만요. 그때 우리가 한 이야기가 생생하게 기억나는군요. 여섯 주 전날 오후 4시 30분에 당신이 전화를 했고, 우리는 전화로 3분 간 이야기했습니다."

"아니, 그런 걸 어떻게 다 알고 있습니까?"

"나는 모르게 없는 사람입니다." 그리고 혼자 속으로 웃었다.

그는 완전히 가버렸다.

이렇듯, 데이 플래너는 단순히 하루를 계획하는 데에만 도움을 주는 도구가 아니다. 이것은 한 권의 책이다. 12개의 장이 있고, 각 장마다 색인이 있어서 필요할 때면 언제든지 내용을 찾아보기 쉽게 구성되어 있다.

이제까지 설명한 간단한 규칙에 따르면 당신의 플래너를 훨씬 더 생산적으로 이용할 수 있다. 당신의 시간 계획에 사용할 도구를 고를 때에는 반드시 이 규칙들을 고려해야 한다. 프랭클린 데이 플래너는 이 규칙들을 더욱 쉽게 적용할 수 있도록 구성되어 있다.

어쨌든, 어떤 도구를 사용하든 그 도구는 일정들이 서로 혼란스럽게 얽히지 않도록 충분할 정도로 포괄적이어야 하고, 당신의 과제, 그리고 기타 다른 사건들과 관련된 모든 정보를 담을 수 있는 것이어야 한다. 프랭클린 데이 플래너는 인생에서 벌어지는 온갖 사건 가운데 컨트롤

가능한 사건을 관리하는 데 필요한 모든 정보를 담을 수 있다.

이 장에서 제시한 원칙과 제안들이 구체적이기는 하지만 각자의 환경과 개성에 맞게 다시 조정해야 한다. 중요한 점은 당신이 계획을 하고, 당신이 계획에 우선 순위를 매기며, 그 계획을 효과적으로 실천할 수 있게 해주는 도구를 가지고 있는 사람도 바로 당신이라는 사실이다.

그렇게 하지 않으면 당신의 활동은 그 뿌리인 목표와 가치로부터 단절될 것이고, 생산성은 떨어질 것이며, 인생의 만족감도 훨씬 줄어들 것이다.

계획을 세운다는 것은 간단한 아이디어이다. 그것은 당신이 시간을 잘 이용하고, 우선 순위가 매겨진 계획은 투자한 시간에 비해 최대의 성과를 얻어낼 수 있도록 당신의 에너지와 활동을 집중시켜 주는 도구에 다름 아니다. 이 원칙들을 잘 이용하기만 하면 생산성은 더욱 올라갈 것이요, 마음의 평화에 대한 보증 수표를 얻는 셈이 될 것이다.

일단 당신은 이 생산성 피라미드 만들기 프로그램을 따르기로 결심했다. 당신은 당신의 가치를 확인하고, 장기와 중간 목표를 세우며, 하루 활동을 계획하는 데 10~15분을 내기로 했다.

그런데 진짜 문제가 남아 있다. 다짐을 하는 것은 좋은 일이다. 하지만, 그 다짐을 지키는 일은 별개의 문제이다. 선택은 당신에게 달려 있다. 그냥 현상 유지에 안주할 수도 있다. 물론 온갖 낭패감과 통제 불가의 상황을 감내해야 한다. 아니면, 진정으로 하고자 하는 것들을 이룩하는 길로 나아갈 수도 있다. 어느 쪽을 선택할 것인가는 당신에게 달려 있다. 여기서 유일한 진짜 변수는 바로 인격이다.

인 격

인격이란 간단히 말해서 당신이 하겠다고 한 일을 그대로 하는 것을 말한다. 그 정의를 보면, 인격이란 가치 있는 결정을 내린 후 그것을 결정할 때의 감동이 사라진 다음에도 그것을 실천에 옮기는 능력이다.

세미나 사업에 뛰어들기 전 나는 오토매틱 데이터 프로세싱 사에서 마케팅 부문을 담당하고 있었다. 그 당시도 나는 무의식 중에 매일 아침 하나의 작은 의식을 실천하고 있었다. 아침 9시 30분이 되면 나는 두 층을 내려가 조그만 카페테리아에 들어간다. 그리고 성소에 경배를 올렸다. 성소라는 것이 다름 아닌 사탕이 나오는 자동판매기였다. 나는 동전 구멍에 동전을 넣고는 막대 사탕을 하나 받는다. 그 맛은 정말 환상적이다. 그건 그렇고, 그날도 나는 내 성소 앞에 서서 오늘의 성찬을 받으려고 하는 중이었다.

그런데 방 저쪽에서 내가 듣지 못한다고 생각하는지 두 사람이 나에 관해 이야기하고 있었다. 한 사람이 이렇게 말했다. "저러다가 하이럼은 돼지가 되고 말 거야, 안 그래?" 그 순간 동전을 꺼내려던 내 손이 그대로 멈췄다. 그리고 동전을 도로 집어넣으면서 누군지 보려고 고개를 내밀었다. 그러나 누군지 알아보기 전에 나는 그대로 식당을 빠져 나오고 말았다. 그 당시 내 몸무게는 105킬로였다. 내 키의 기준으로 보면 15킬로 초과였다(아니면 키가 15센티가 모자랐거나).

당시 아내는 내 몸무게를 줄이고자 2년째 안간힘을 쓰고 있었다. 참고로 아내는 만능 운동선수였다. 아내는 대학 시절, 9년 간 유지되던 높이뛰기 기록을 깬 선수이자, 농구와 배구를 했다. 그리고 지금도 멋진 몸매를 유지하고 있다.

그건 그렇고, 그날 나는 아내에게 전화를 했다. "당신이 좋아할 일이 생겼어. 내가 앞으로 15킬로를 빼기로 결심했거든." 아내의 반응이 어떠했을지는 짐작이 갈 것이다. 어쨌든 나도 꼭 해내고야 말겠다는 각오였다. 그 목표를 반드시 이루고야 말리라. 그런데 그 결심이 얼마나 갔을까? 딱 여덟 시간이었다.

그런 작정을 한 다음 여덟 시간이 지나면 우선 배가 고파진다. 우연히라도 냉장고 옆을 지나면 마치 자석에 끌리듯 끌려간다. 그러고는 닥치는 대로 꺼내 마구 먹게 된다. 그날 나는 자제심에 관해 한 수 배웠다.

「성공하는 사람들의 일곱 가지 습관」의 저자인 스티븐 코비는 자제심을 "약속을 하고 그것을 지키는 능력"이라고 정의했다. 그리고 나 역시 약속을 지키는 데는 끈질기고도 상당한 노력이 필요하다는 사실을 발견했다. 자제심은 한순간에 얻을 수 있고, 잊어버리는 것이 아니다. 결심한 것을 아무리 힘들지라도 끝까지 밀고 가는 개인적 결단력을 몸에 익혀야 한다. 바로 그때 습관의 힘이 도움이 된다.

습관의 힘

우리가 좋아하든 싫어하든 우리는 어차피 습관의 동물이다. 습관의 관성 때문에 목표에 이르지 못하고, 편한 상태에 안주하고 마는 일이 있기도 하지만 습관 자체가 반드시 나쁜 것이라고는 할 수 없다. 우리는 매 순간 의식적인 결정을 내려야 한다. 세상에 저절로 이루어지는 일은 하나도 없다. 아침에 일어나 이를 닦고 머리를 손질하는 일부터 모두 다 생각을 해야만 한다. 그런데 우리의 행동 전부가 의식의 차원에서 결정되어야 한다면 우리는 처리해야 할 정보의 그 엄청난 양에 마비되고 말 것이다. 일을 제대로 할 수가 없게 되는 것이다.

여기서 습관이 그 수많은 일을 과중한 정신적 부담 없이 처리할 수 있게 해준다. 다만 습관에 관한 한 가지 문제만은 여전히 남는다. 즉, 좋은 습관을 몸에 붙일 것인가, 아니면 나쁜 습관에도 만족하고 말 것인가 하는 것이 문제다. 이것은 분명 선택의 문제이다. 아래의 시가 시사하고 있듯이 우리는 습관을 하인으로 만들 수도 있고, 주인이 되도록 놓아둘 수도 있다.

습관

나는 언제나 당신 곁을 떠나지 않는 동반자.

나는 당신의 가장 충실한 조언자일 수도 있고, 가장 무거운 짐일 수도 있습니다.

나는 당신을 밀어 올릴 수도 있고 아니면 실패의 나락으로 끌어내릴 수도 있습니다.

당신은 당신이 하는 일 가운데 절반을 나한테 떠넘길 수 있습니다.

그러면 나는 순식간에, 그리고 정확하게 해치웁니다.

나를 다루는 일은 쉽습니다. 나를 꽉 붙잡고 있기만 하면 됩니다.

일을 어떻게 했으면 좋은지 정확하게 보여만 주십시오.

몇 번만 연습하면 나는 자동으로 해냅니다.

나는 모든 위인의 하인입니다.

하지만 실패자의 하인이기도 합니다.

위대한 사람이라면 나는 위인을 만들어 냅니다.

실패자라면 나는 실패자로 만들어 냅니다.

나는 기계처럼 정확하게 움직이지만 그렇다고 기계는 아닙니다.

인간의 지성을 가지고 있을 따름입니다.

당신은 나를 움직여 이득을 볼 수도, 파멸을 맞을 수도 있습니다.

어느 쪽이든 나한테는 아무 상관도 없습니다.

나를 꽉 붙잡고 훈련시키십시오.

그러면 당신에게 이 세상을 드리겠습니다.

나를 편히 놓아주시면 당신을 파멸로 인도할 것입니다.

나는

바로 '습관' 입니다.　　작자 미상

식사에서부터 대화기술에 이르기까지 모든 분야에서 좋은 습관을 가진다는 것은 언제나 일관성을 가지려고 의식적인 노력을 하는 것이다. 이 일관성은 완전히 다른 2가지 방식으로 나타난다. 좋은 습관의 경우, 우리의 지배가치와 일치한다. 좋은 습관이 좋은 이유가 바로 그것이다. 그리고 만약 내가 뛰어난 인격의 소유자라면 외부 환경이 변하거나, 환경이 불편하더라도 좋은 습관은 달라지지 않는다. 그 일례를 들어보겠다.

목사

나의 첫 번째 지배가치는 '마음과 정신, 그리고 온힘을 다해서 신을 사랑한다' 이다. 그 사랑을 드러내는 한 가지 방법은 기도를 올리는 것이다. 내 지배가치는 기도를 좋은 습관으로 몸에 붙이라고 명령하고 있다. 그리고 내가 강한 인격의 소유자라는 생각에서 그 습관이 단지 외부 환경의 변화에 따라 변해서는 안 된다고 다짐한다. 그래서 나는 침대 옆에 무릎을 꿇고 기도를 하는 습관을 가지고 있고, 그것이 좋은 습관이라고 생각하고 있다. 그런데 군사 훈련을 받기 위해서 포트폴크에 갔을 때 그 습관에 대한 가장 어려운 시험이 기다리고 있었다.

군대는 명석하고, 활기찬 젊은이를 8주만에 녹색 물결 가운데 하나의 점으로 축소시키는 놀라운 공간이다. 훈련소에 들어가자 교관과 조교들은 내 머리를 박박 깎고, 녹색 제복과 총을 주었다. 그리고 이제부터 사람을 죽이는 훈련을 받을 것이라고 말했다.

당시에는 베트남 전쟁이 진행 중이었기에 훈련을 받는 사람이 엄청나게 많아 막사는 콩나물 시루였다. 보통은 각 층마다 40명이 들어가게 되어 있었는데 당시는 60명이 들어갔다. 막사 양쪽으로 2층 침대가 놓여 있는데 침대 사이 간격은 불과 15센티밖에 되지 않았다. 잠자리에 들기 위해 침대 사이를 비집고 들어가는 모습은 마치 춤을 추는 듯했다. 그리고 가운데에는 넓은 복도가 있고 사물함이 있었다.

내 침대는 막사의 안쪽 오른편 구석에 있는 위쪽 침대였다. 훈련소에 들어간 첫날 밤 10시 30분, 약간은 창피한 느낌이 들었다. 머리는 하나도 없고, 모두 다 똑 같은 녹색의 제복…, 모든 것이 달라져 있었다. 막 침대에 들어가려는 순간, 기도를 할 시간이라는 생각이 머리를 스쳤다. 주위를 둘러보았다. 기도를 하는 사람이 하나도 없었다. 그러고 12분 정도를 침대 위에 가만히 서 있었다. 머리 속으로는 그대로 잠자리에 누운 채 기도를 올려도 좋을 온갖 이유들이 떠올리고 있었다.

속으로 이렇게 말했다. "하느님께서도 괜찮다고 하실 거야. 사실, 이런 침대에서 무릎을 꿇는다는 게 보통 어려운 일이라야지. 다 이해해 주실 거야."

그 온갖 합리화의 과정을 다 거쳤지만, 지금 생각하기에 마지막으로 느낀 것은 이것이었다. 내가 어떤 자세에서, 아니면 어디에서 기도를 하는지를 가지고 신이 어떻게 생각하느냐와 상관없이 지금 뭔가 다른 위험에 빠지고 있다는 느낌, 환경의 변화에 굴복하는 것은 약한 인격을 나타내는 것이라는 사실을 발견하였다. 그래서 나는 깊은숨을 한 번 들이쉬고는 몸을 굽혀 아래 침대에서 자고 있는 동료의 어깨를 흔들었다. 그는 이미 잠에 빠진 터라, 나를 마치 다른 행성에서 온 사람인양 올려다보았다. 나는 그에게 부탁했다. "잠깐 기도를 해야겠는데 침상을 이용해도 될까?"

그로서는 갑자기 당한 일이라 얼떨떨했으리라. 그는 "그렇게 하쇼"라고 간단히 대답하고는 자리에서 일어났다. 나는 무릎을 꿇고 기도를 올렸다. 그때 어떤 내용의 기도를 했는지는 기억나지 않지만 반경 두 침대 안에 흐르던 불편한 침묵만은 똑똑히 기억하고 있다. 나를 가리키던 손가락들이 "저 친구, 지금 뭐하고 있는 거야?"라고 하는 소리들이 지금도 귀에 들리는 듯하다.

다음날은 기도하기가 조금 더 쉬워졌다. 첫날 밤 이후로 나에게는 '목사'라는 별명이 붙여졌고, 제대할 때까지 그 별명이 나를 따라다녔다. 밤이 거듭될수록 기도하기가 더 쉬워졌다. 나는 내 침상 아래의 친구도 포함한 작은 의식을 만들어냈다(당신은 혹시 그 친구가 내 좋은 습관의 일부분이 되었으리라고 짐작했을지도 모르겠다). 내가 그의 어깨를 치면 그는 자리에서 일어나 비켜주었다. 나흘째 되던 날 밤, 기도를 하고 있는데 동료 가운데 하나가 다가와 이렇게 말했다. "어이, 뭘 찾고 있나 본데 내가 도와줄까?"

"고맙지만 난 지금 기도를 하고 있는 중이라네." 그의 표정을 당신도 보았어야 했다. 어쨌든 이제 나는 기도하는 일을 컨트롤할 수 있게 되었고, 그가 내 행동에 반응을 보였다.

그 일이 있고 나서 놀라운 일들이 많이 벌어졌다. 우리 막사에서 제일 덩치가 크고 사나운 동료 가운데 하나가 내가 기도할 시간이 되면 막사 전체를 완전히 조용하게 만들어주는 일에 나섰다. 그러나 이 일에서 내가 배운 가장 중요한 교훈 가운데 하나는 올바른 습관을 가지고 있으면 어려운 상황을 헤쳐나가는 데 도움이 된다는 점이다. 결심이 흔들릴 때나 약속을 지키는 일이 어려울 때 올바른 습관은 엄청난 도움이 된다.

이렇듯 약속을 지킨다는 것은 인격의 문제요, 의지력의 문제이다. 내가 이 책을 통해서 당신에게 인생을 컨트롤하는 법을 가르쳐줄 수는 있다. 그러나 그 방법들을 이용하는 의지력까지 줄 수는 없다. 어쨌든 내가 할 수 있는 일은 당신에게 한 가지를 약속하는 일이다. 만약 당신이 이 책의 아이디어를 21일 동안 시험해 보고 신중하게 실천해 본다면 당신의 스트레스를 엄청나게 줄여 주겠노라고 약속한다.

어떻게? 어느 의사든 붙잡고 물어 보라. 의사들은 스트레스에 대한 최고의 약은 자신이 인생을 컨트롤하고 있다는 느낌이라고 이구동성으로 말할 것이다. 만약 이제까지 소개한 아이디어들—당신의 지배가치를 확인하고, 목표를 설정하며, 매일 우선 순위를 매긴 일일 업무 리스트에 따라서 움직인다—을 실천해 본다면 당신은 인생의 사건들에 대한 컨트롤의 수준이 높아지는 것을 느끼기 시작할 것이다. 물론 생산성도 올라가고 자신감도 더 붙게 된다.

그리고 그 성과를 확인할 때쯤 당신은 훨씬 더 쉽게 올곧은 방향으로 계속 나아갈 수 있을 것이다. 그리고 일상적인 행동에 당신이 가장 소중하게 간직하고 있는 가치관을 반영하기 때문에 당신은 한결 높은 마음의 평화를 경험하게 될 것이다.

제 2부

인생관리를 위한 5가지 법칙

제 6 법칙: 행동은 자신에 대한 진실한 믿음의 반영이다.
제 7 법칙: 믿음과 현실이 일치할 때 욕구를 실현할 수 있다.
제 8 법칙: 그릇된 믿음을 바꾸면 부정적인 행동을 극복할 수 있다.
제 9 법칙: 자부심은 자신의 내면으로부터 나와야 한다.
제10법칙: 더 많이 주면 더 많이 얻는다.

지금쯤이면, 마음의 평화로 가는 길에 조금은 다가간 느낌이 들지 않는가? 제1부에서 제시한 것들을 실천해 보았다면 당신은 당신의 지배 가치와 당신의 인생에서 제일 우선 순위가 높은 것들을 확인했을 터이다. 또 당신의 일상 활동 속에서 그 가치들을 반영하도록 하는 일의 중요성도 이해하고 있을 것이다.

당신의 지배가치와 관련된 일을 하는 데 도움이 되는 장기 목표도 하나 이상 확인했고, 또 구체적인 중간 목표를 설정, 일일 과제 리스트로 이어지는 길도 확보하고 있을 것이다. 그리고 당신의 가치관, 목표, 과제, 약속, 그리고 당신의 인생사와 관련된 정보들을 정리하는 데 도움이 되는 일일계획 도구를 이용, 매일 정기적으로 계획을 짜기로 결심했을 것이다.

그러면 필요한 것은 모두 갖춘 셈인가? 마음의 평화를 구하는 데 필요한 모든 원칙과 절차를 다 확인한 것일까? 어떤 면에서는 그렇다고 할 수 있다. 이제까지 설명한 시스템을 따라 실천한다면 시간과 인생을 컨트롤할 수 있고, 그 결과 마음의 평화도 누릴 수 있다. 그것만은 분명히 약속할 수 있다. 그러나 여기에는 더 깊고 복잡한 문제들이 있다. 제2부에서 그 문제들을 다루고자 한다. 제2법칙에서 지배 가치에 대해서 설명한 것은 사실 약간 단순화한 측면이 있다. 생산성 피라미드를 설명하기 위해서 일부러 간단하고 직설적으로 설명했다. 하지만 당신의 개인적 가치관을 확인하는 일은 그 가치관이 구체적이고 일상적인 행동과 맺고 있는 복잡한 관계를 이해하는 것과는 완전히 다른 일이다.

예를 들어, 가장 고귀한 가치관을 가지고 있는 사람들조차도 이상한 행동이나 악의적인 행동을 하는 때가 있다. 왜 그럴까? 가치관과 행동은 정확하게 말해서 어떤 관계일까? 앞에서 생산성 피라미드가 당신의 일상 활동과 가치관을 어떻게 연결시켜 주는지 살펴본 바 있다. 그런데 왜 인위적으로 그런 관계를 구축해야 하는 것일까? 우리의 일상 활동이 왜 자동적으로 우리의 가치관을 따르지 않는 것일까? 다시 말해 생산성 피라미드는 왜 우리에게 필요할까?

여기서도 관점을 바꾸어보는 것이 도움을 준다. 항공 사진을 찍을 수 없던 시대에는 어떤 지형지물의 위치를 파악하려면 관찰자가 최소한 서로 다른 두 지점에서 관측을 하고 각도를 재야 했다.

제2부에서는 그와 비슷한 방식으로 다른 관점에서 우리의 목표인 마음의 평화 찾기를 살펴보고자 한다. 여기에서 설명할 5개의 자연법칙은 생산성 피라미드보다 더 깊이 자신의 내면으로 깊숙이 들어가게 해준다. 우리가 왜 자신의 행동을 소중하게 생각하는지, 그리고 우리 자신에 대해서 가지고 있는 믿음을 어떻게 해야 바꿀 수 있는지 좀더 잘 이해할 수 있게 해주는 것이다. 사실, 우리의 믿음 가운데는 생산성과 마음의 평화에 대한 추구를 오히려 방해하는 것들도 있다.

여기 소개하는 리얼리티 모델(현실 모델)은 강력한 행동 변화의 도구이다. 이제부터 당신의 믿음과 행동을 이 모델을 통해서 검증할 기회를 갖도록 하겠다. 이 두 개의 모델—리얼리티 모델과 생산성 피라미드— 은 마음의 평화를 얻는 데 강력한 도구가 되어 줄 것이다.

행동은 자신에 대한 진실한
믿음의 반영이다

1988년까지 프랭클린 퀘스트 사의 주요 생산품은 시간관리 세미나와 프랭클린 데이 플래너였다. 우리는 우리의 메시지가 고객의 인생에 미치는 영향을 직접 목격하고 있었고, 생산성이 비약적으로 상승하는 것도 확인했다.

많은 사람들이 자신의 삶에서 의미 있고, 중요한 변화가 일어나고 있다는 편지를 보내왔다. 경영자들은 조직의 생산성이 향상되고, 기업 문화에 긍정적인 변화가 일어나고 있다는 보고를 접하고 있었다. 우리가 가르치는 자연법칙과 그 구체적인 방법들이 즐거운 세미나 경험 이상의 결과를 낳고 있었다. 그 법칙과 방법들이 세미나가 끝난 다음, 오랜 시간이 흘러도 사람들의 삶에서 효과를 발휘하고 있었던 것이다.

당시 우리는 세미나를 통해서 한 달에 1만 명을 가르치고 있었고, 그들의 삶에 엄청난 변화가 일어나는 것을 보고 있었다. 우리는 그런 변화를 일으킨 사람들의 내부에서 무슨 일이 벌어지고 있는지도 알고자 했다. 어차피 인생을 성공적으로 관리하자면 변화가 필요한 법이다.

　그래서 프랭클린 퀘스트 사는 영구적인 행동 변화의 역학을 탐구했고, 결과를 토대로 프랭클린 리얼리티(Reality, 현실 인식) 모델을 탄생시켰다. 이것은 동기와 행동의 이해를 위한 간단하면서도 강력한 도구이다. 지금 우리는 상당수의 고급 세미나에서 이 모델을 가르치고 있다.

　간단히 말해서, 프랭클린 리얼리티 모델은 당신이 왜 특정한 행동을 취하는지 눈으로 확인할 수 있도록 그림을 제공해 준다. 이 모델은 당신의 가치와 당신의 행동이 어떤 관계가 있는지 분명하게 보여준다는 점에서 매우 가치가 있다.

　일단 이 모델을 가르치기 시작했을 때 나는 이것이 보다 나은 결정을 내리고, 바람직한 동기를 부여하여 행동의 변화를 일으키는 데 도움을 주는 매우 강력한 도구라는 사실을 알 수 있었다. 그리고 마음속에 자기 자신에게 이롭다는 판단이 서지 않는 한 행동은 절대 변하지 않는다는 사실을 발견했다. 그런 뜻에서 이 모델은 변화가 당신에게 어떤 이익을 주는지 당신이 직접 확인하는 데에도 도움을 줄 것이다.

　이 모델은 아래 그림에 나타나 있듯이 여러 부분으로 나뉘어 있다. 지금 당장은 이해가 되지 않는다 해도 걱정할 필요가 없다. 각각의 부분을 따로따로 살펴본 다음 다시 전체로 돌아와 리얼리티 모델이 어떻게 기능하는지 살펴볼 것이다.

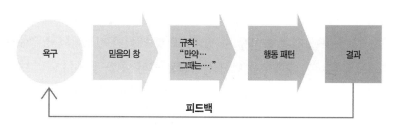

첫 번째 요소 : 욕구

순수하게 물질적인 관점에서 말한다면 인간의 욕구는 공기, 물, 음식, 그리고 비바람을 피할 주거에 대한 바람이라고 할 수 있다. 그러나 심리학자들은 인간은 심리적인 욕구도 가지고 있으며, 그 욕구는 매우 강력하고, 근본적인 것이라고 주장한다. 이런 심리적 욕구는 우리로 하여금 이런저런 행동을 하도록 끊임없이 충동하고 있다. 실제로 우리가 하고 있는 일 모두가 그런 욕구에 대한 반응이기도 하다.

기본 욕구에 대해서는 여러 가지 설명이 있지만 나는 머레이 뱅크스(Murray Banks) 박사의 견해를 좋아한다. 정신병 학자였던 박사의 견해는 1950년대에 큰 반향을 불러일으켰는데 그는 심리적 기본 욕구로 4가지를 들었다.

1. 살고자 하는 욕구
2. 사랑하고 사랑 받고자 하는 욕구
3. 자신이 중요하다는 느낌을 받고자 하는 욕구
4. 다양성을 경험하고자 하는 욕구

살고자 하는 욕구

이 타고난 욕구에 대해서는 누구도 이의를 제기하지 않을 것이다. 거역할 수 없는 죽음의 인력 앞에서 안간힘을 쓰는 환자나 노년 세대들을 보면 그 욕구를 쉽게 확인할 수 있다. 또 갓 태어난 신생아의 경우에도 불가능해 보이는 장애물을 넘어 살아남는 일이 있다.

몇 년 전인가, 친구 하나가 3개월이나 조산한 아들을 하나 얻었다. 그 아기의 몸무게는 1킬로그램도 채 되지 않았다. 그리고 폐가 제대로 발달하지 않아 생존 가능성이 희박했다. 의학 기술의 발달이 그 아기에게 기적을 가져다주었다고 말할 사람도 있을 것이다.

그러나 내 친구가 그 자그마한 생명체에서 목격한 '믿을 수 없는 삶의 의지'가 없었다면 그 어떤 기술도 무의미했을 것이다. 폐 질환과 다른 수많은 문제에도 불구하고, 그 아기는 몇 달을 끈질기게 버텼고, 절대 항복하지 않았다. 그러다가 이 '미숙아'가 인공 호흡기를 떼는 순간이 왔다.

의사는 내 친구에게 그 아기가 단순히 호흡하는 데 성인의 일일 소비량과 맞먹는 8,000칼로리를 소모하고 있다고 알려주었다. 차라리 그 몸부림을 포기하고 죽음의 힘에 항복하는 것이 더 쉬울지도 몰랐다. 그러나 그 아기의 마음속 어딘가에 있는 힘이 죽음을 거부했다. 결국 아기는 모든 의학적 문제들을 극복했고, 지금 건강하고 제멋대로인 세 살배기로 잘 자라고 있다.

살고자 하는 욕구는 그 어떤 욕구보다도 강렬하다. 이것은 모든 선택의 차원을 넘어서며, 죽음에 대한 두려움 이상의 것이다. 이 욕구는 믿을 수 없을 만큼 강한 본능으로, 생명의 위험을 느낄 때면 전에는 생각지도 못했던 일까지 해낼 정도로 강력하다.

그런데 우리는 단순히 목숨을 유지하는 차원을 넘어, 안전하고 위협받지 않고 있다는 느낌까지 받기를 원한다. 이것은 살고자 하는 욕구가 외부로 표출된 것이다. 안전하다는 느낌을 받을 때 살고자 하는 욕구는 안정적인 직업을 찾기 위한 노력, 건강을 유지하려는 노력, 정기적인 운동, 미래에 대한 투자 등 다양한 형태로 나타난다.

사랑하고 사랑 받고자 하는 욕구

부모로부터 버려진 아기들을 매일 들어올려 안아주지 않으면 아기는 차츰 생기를 잃어 가고, 심지어는 죽고 만다는 이야기를 들은 적이 있다. 이처럼 사랑하고 사랑 받고자 하는 것은 단순한 욕구 이상의 것이다. 아마도 우리가 가지고 있는 욕구 가운데 가장 영향력이 큰 욕구일 것이다. 어떤 면에서는 살고자 하는 욕구보다도 더 강력할지도 모른다. 사랑하는 사람을 위해서는 엄청난 위험 앞에서도 기꺼이 자신의 생명을 던지는 경우를 생각해 보라. 이 점은 I자 빔 건너기에서도 이미 확인한 바 있다.

고독만큼 파괴적인 벌도 없다. 사랑할 사람도, 사랑해 주는 사람도 없이 버려져 있다는 느낌, 아무도 자신을 사랑해 주는 사람이 없다는 생각에 자살하는 사람도 있다. 그 고독감, 그리고 그 사람을 지탱해주는 사랑의 결여가 목숨마저 포기하게 만드는 것이다.

우리는 사랑을 얻기 위해서 엄청난 노력을 기울인다. 소속감을 얻기 위해서 반기지 않는 집단에도 들어간다. 또 별로 이롭지 않은 일을 하는 사람들과도 어울린다. 싫어하는 행동을 해도 참는다. 남편과 아내, 그리고 친구로서 희생을 하기도 한다. 이 모든 것은 사랑에 대한 욕구 때문이다.

흔히 말하듯이 사랑이 이 세상을 움직이고 있다. 사랑이 없다면 인생은 재미도 없고 부딪히는 힘든 일들을 헤쳐나가기도 어렵다. 사랑이 있을 때 우리는 주변의 모든 것에서 의미를 찾는다. 사랑은 이 세상에서 제일 위대한 동기부여의 힘을 가지고 있다. 일에서부터 가족 부양, 그리고 나쁜 습관의 극복에 이르기까지 모든 일에 목적을 부여한다. 사랑은 강력한 힘, 간단히 말해서 욕구이다.

성공하는 10가지 자연법칙

자신이 중요하다는 느낌을 받고자 하는 욕구

"아빠, 엄마, 날 좀 봐요."

인간은 자신을 독자적인 인간 존재로서 인식하면서부터 자신이 중요하다는 느낌을 받으며, 다른 사람들의 주목을 받고 싶다는 본능을 갖게 된다. 그리고 성장하면서 그 느낌의 정도를 높이기 위해서 노력한다. 사람들이 자신을 알아보고 자신을 중요하게 여기도록 만들기 위해서 온갖 노력을 다 기울인다. 거기에는 의미 있는 행동도 있고 불쾌감을 자아내는 행동도 있다. 그리고 사랑을 받지 못한다면 최소한 존중이라도 받으려고 한다.

그 중에는 중요하다는 느낌을 받고 싶은 욕구가 지나친 나머지 극단적인 행동을 서슴지 않은 사람들도 있다. 살인자나 도둑도 때로는 "나를 좀 봐. 내가 그렇게 했어!"라는 식으로 행동하기도 한다. 많은 경우 그런 범죄자들은 자신이 체포되기를 원한다는 확실한 단서를 남기고 있다. 자신이 무슨 짓을 했는지 알리고 싶어하는 것이다. 한편, 다른 사람에게는 아무런 피해를 주지 않으면서도 기네스북에 이름을 올리겠다고 온갖 이상한 일을 하는 사람들도 있다. 그들 역시 "날 봐. 내가 해냈어!"라고 말하고 있다.

아이들의 경우에는 이 욕구를 개방적이고 솔직하게 드러낸다. 연주회나 운동 경기에서 좋은 성적을 올렸을 때, 아니면 시험 성적이 좋을 때 아이들은 기대에 찬 얼굴로 가족과 친구들을 쳐다본다. 그럴 때 어른들은 칭찬을 하지 않을 수 없다.

우리 모두 자신이 중요하다는 느낌을 받고자 한다. 성인의 경우도 그 욕구가 아이들만큼이나 깊은 뿌리를 가지고 있다. 그러나 성인은 여러 가지 문화적 장벽이 있어서 솔직하게 칭찬을 바랄 수가 없다. 최소한 공개적으로는 자신이 중요하다고 생각해서는 안 된다. 사실 우리는 "봐, 내가 해냈어. 나는 중요한 사람이야!"라고 소리치고 싶은 마음이 간절하다. 그러나 그런 행동은 조직생활에서 이기적인 것으로 비추어진다.

그래서 우리는 때로 덜 솔직하고 스트레스까지 더 많이 받아가면서까지 다른 사람들의 주의를 끌려고 한다. 다른 사람의 도움을 받아놓고도 자신이 혼자 해낸 것처럼 꾸미는 것이 그 대표적인 예이다.

다양성을 경험하고자 하는 욕구

우리 인생에 다양성이 없다면 참 살아가기 힘들 것이다. 우리가 언제나 같은 옷을 입지 않는 것도 다 그런 이유에서이다. 대부분의 사람들이 2, 3일 연속해서 같은 옷을 입지는 않는다. 음식도 이것저것 먹는다(아무리 좋아하는 음식이라도 몇 일이고 그것만 먹어야 한다면 얼마나 끔찍할까). 우리는 새 책을 읽고, 새 영화를 보고, 새 친구를 사귀고, 새 음반을 사고, 새로운 곳으로 휴가를 간다. 또 각종 경기, 콘서트, 연극을 보러 가는 것도 우리 인생에 조금이나마 다양성을 주기 위해서이다. 다양성이 없다면 성장도 없다. 매일 같은 경험을 되풀이하고 같은 자극만 되풀이해서 받는다면 온전한 인간이 될 수 없다.

다양성이라는 것이 얼마나 강렬한가 하면 우리는 다른 욕구들을 희생해가면서까지 다양성을 추구하기도 한다. 심지어 생명을 걸고 스카이다이빙, 오토바이 레이스, 암벽 타기, 번지점프 같은 위험한 운동을 하기도 한다. 가족이나 친구에게 부상을 입히거나 그들의 기분을 상하게 할 수 있는데도 새로운 경험을 고집할 때는 그들과의 관계가 위험에 빠지기도 한다. 때로는 사회적·법적으로 금기로 삼는 행동으로 다양성을 추구하여 문제가 되기도 한다.

생명, 사랑, 자부심, 다양성이라는 이 4가지 기본 욕구가 우리가 하는 모든 일의 핵심에 자리잡고 있다. 인간의 행동 가운데 상당 부분이 바로 이 욕구 가운데 하나, 또는 그 이상의 것을 만족시키려는 노력이다.

욕구의 바퀴

이 네 욕구는 하나의 원, 또는 바퀴의 4분원으로 표현할 수 있다. 네 욕구를 모두 만족시킬 때 우리의 인생이 바퀴가 길 위를 구르는 것처럼 부드럽게 나아가기 때문이다.

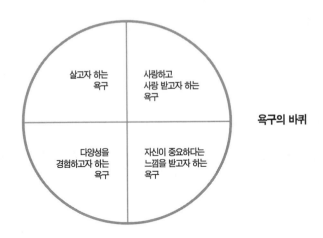

살고자 하는
욕구

사랑하고
사랑 받고자 하는
욕구

다양성을
경험하고자 하는
욕구

자신이 중요하다는
느낌을 받고자 하는
욕구

욕구의 바퀴

그런데 불행하게도 어떤 시점에서도 네 욕구가 완벽하게 충족되는 경우는 극히 드물다. 하나의 욕구에 주의를 기울여야 할 때 이 바퀴는 납작해지면서 멈추고 만다. 이렇게 될 때 우리는 그 욕구에 가용 에너지와 주의력을 모두 쏟아 이 바퀴가 다시 돌아가게 만들기 위해 노력한다.

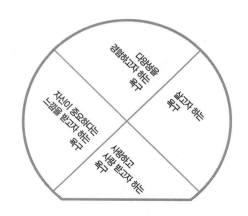

욕구의 바퀴

(바퀴 안 텍스트)
다양성을 경험하고자 하는 욕구
살고자 하는 욕구
자신이 중요하다는 느낌을 받고자 하는 욕구
사랑하고 사랑 받고자 하는 욕구

　앞에서 이야기한 미숙아의 아버지와 어머니는 아기를 보살펴야 한다는 긴급한 필요성 때문에 자신들의 삶을 돌보는 일은 1년 넘게 보류했다. 그들은 아기가 돌을 넘길 때까지 자신들의 건강, 다양성에 대한 욕구, 자부심을 희생했다. 아기가 회복되고 나서야 그들의 인생도 다소나마 정상으로 돌아왔다.

　물론 병리학적인 관점에서 본다면 욕구는 절대 만족시킬 수 없다. 밑바닥 없는 독인 것이다. 히틀러의 과대 망상증은 그 어떤 것으로도 채워지지 않는 것이었다. 그는 독일의 총통이 되는 것에 만족할 수 없었고, 체코슬로바키아와 폴란드, 오스트리아, 프랑스, 그리고 스칸디나비아 반도를 합병해야 했다. 그러나 이 정복에도 만족할 수 없었던 그는 러시아, 영국, 미국을 정복하고자 했다.

두 번째 요소 : 믿음의 창

　이 4가지 기본 욕구가 우리를 몰아가고 있다. 그런데 과연 어디로 몰

성공하는 10가지 자연법칙

고 가고 있는 것일까? 욕구의 바퀴에는 정해진 방향이 있을 수 없다. 이 바퀴는 아무 데고 구르는 대로 굴러간다. 우리들 가운데에는 처음에는 이 욕구, 다음에는 저 욕구 하는 식으로 지향점 없이 인생을 허비하는 사람이 있다. 그때그때 바퀴의 어느 쪽에 문제가 있는지에 따라 욕구를 충족시키는 것이다.

반면 부나 권력, 봉사, 예술 등 한쪽 방향으로만 치우치는 사람도 있다. 과연 왜 기본적 욕구는 이처럼 다양한 반응을 보이는 것일까? 그 해답을 찾으려면 4가지 욕구를 리얼리티 모델이라는 좀더 큰 맥락에서 살펴봐야 한다.

욕구의 바퀴는 이 모델에서 첫 번째 요소이다. 모든 것이 기본 욕구와 함께 시작하기 때문이다. 그런데 그 욕구를 만족시키는 방향, 또는 방법은 믿음에서 나온다. 그런 뜻에서 리얼리티 모델의 두 번째 요소는 '믿음의 창'이다. 당신과 나, 그리고 모든 사람이 믿음의 창을 가지고 있다. 믿음의 창은 당신 얼굴 바로 앞에 있는 상상의 창이다. 당신이 움직이면 그 창도 따라 움직인다.

당신은 그 창을 통해서 세상을 본다. 정보도 그 창을 통해서 얻는다. 그 창에는 당신이 세상에 대해서, 그리고 자신과 다른 사람에 대해서 진실하다고 믿는 것이 나타난다. 예를 들어, 당신의 경험이나 사회적 피드백에 따라서 당신은 자신이 똑똑하다, 어리석다, 아름답다, 추하다, 유능하다, 무능하다, 창조적이다, 어리석다고 믿게 된다. 그 믿음의 사실 여부는 아무 상관이 없다. 그리고 당신의 창에 나타난 그 믿음들은 당신의 행동에 엄청난 영향을 미치고 있다.

당신의 믿음의 창에 나타나 있는 그 믿음 가운데에는 당신의 기본 욕구를 충족시키는 데 도움이 될 것들이 많다. '흡연은 폐암을 일으킨다'는 살고자 하는 욕구와 관련이 있는 믿음이다. '돈이 많으면 문제가 없어진다'는 믿음 역시 살고자 하는 욕구와 약간의 관련이 있다(그리고 중요하다는 느낌을 받고자 하는 욕구와도). '비싼 차를 사면 내 이미지 개선에 도움이 된다'는 우리가 중요하다는 느낌을 받거나 사랑을 받는 데 도움이 될지도 모른다는 생각에서 그런 믿음을 가질 수 있다.

당신의 믿음의 창 그 자체는 좋다거나 나쁘다거나 하는 개념과는 거리가 멀다. 다만 당신이 축적해온 모든 믿음이 모인 곳일 뿐이다. 그리고 당신은 당신이 옳다고 믿는 것들을 이 창 위에 쓰고 있다. 당신의 믿음의 창에 모인 믿음의 수는 당신의 경험과 나이에 좌우된다. 대체로 경험과 나이가 많을수록 더 많은 믿음을 가지게 되는 것이다.

당신의 믿음의 창에는 무엇이 있는가

이렇듯, 당신의 믿음의 창에는 이 세상과 자기 자신, 그리고 주위 사람들과 사건에 대해 당신이 옳다고 믿는 모든 것이 나타난다. 여기에는 '건물 꼭대기에서 물체를 떨어뜨리면 그대로 바닥으로 떨어진다'는 것처럼 간단한 것도 있고 '항생제는 감염을 일으키는 박테리아를 죽인다'와 같이 짧고 명확한 것도 있다. 이와 같이 과학적 증거와 실험에 기초해서 만들어진 경우에는 올바른 믿음이라고 할 수 있다. 현실을 있는 그

대로 나타낸 것이다.

그런 믿음을 '자연법칙'이라고 할 수 있다. 한편 '여자는 남자보다 더 감정적이다'는 절대성은 떨어지지만 일반적인 경험법칙을 통해 사실로 받아들여진다. 그런데 '지구는 평평하다'는 믿음 같은 경우, 한때는 많은 사람들이 받아들였지만 부정확한, 또는 사실이 아닌 것으로 판명되었다.

이렇듯, 우리의 믿음이라는 것은 현실을 정확하게 반영할 때도 있고, 그렇지 않을 때도 있다. 우리의 믿음의 창에 기록되어 있는 믿음들은 과학적 증거에 의해 뒷받침 받기도 하고, 우리 주관에 따르는 것도 있다. 그런데 중요한 점은 우리는 그 모든 것이 사실이라고 믿고 있고, 그것들이 사실인 양 행동한다는 점이다.

믿음은 가치관을 반영한 것

때로 믿음은 가치관을 반영한 것일 수 있다. 객관적으로 우리의 믿음을 분석해보면, 의식적으로 인식할 수 없는 잠재적 가치관의 일부는 오히려 우리가 믿는 것들로부터 나온 경우가 많다. 가치체계를 반영하는 믿음의 예를 몇 가지 살펴보자. 먼저, 여기서 다루는 문제의 대부분이 어느 것이 진정한 진실인지 아무런 공감대가 없다는 점을 지적해둔다.

낙 태
• 태어나지 않은 아기도 한 사람의 인간이다.
• 여성은 자신의 몸 안에서 일어나는 일을 선택할 권리가 있다.

군사력

- 냉전은 끝났다. 군비 지출을 대폭 줄여야 한다.

- 지금도 러시아의 위협이 있다. 군비를 유지해야 한다.

- 냉전은 끝났다. 그러나 다른 위협이 있다. 과거와 같은 군사력은 필요 없지만 강력하면서도 유연한 군사력을 유지해야 한다.

교 육

- 학교는 과거의 기본으로 돌아가야 한다.

- 학교가 너무 전통에 얽매이고 있다. 새로운 교육방법을 도입해야 한다.

사람의 가치

- 사람은 수요 공급의 법칙이 아니라, 인간으로서의 가치에 기초해서 임금을 받아야 한다.

- 시장의 힘이 아니면 임금을 공정하게 정할 수 없다.

- 다른 사람보다 훨씬 더 가치가 있는 사람도 있다.

동성애

- 한 사람의 성적 취향은 내재적인 것이고 바뀔 수 없다. 눈이 파란 것과 다를 것이 없다.

- 동성애는 학습에 의한 행동이다.

정 치

- 지금의 정치체제는 전혀 의미가 없다. 새로 만들어야 한다.

- 우리의 정치가 완벽하지는 않지만, 이 세상에서 최고의 것이다.

남성과 여성

- 남성은 여성을 증오한다.
- 여성도 자신의 자리가 있다.
- 여성이 있어야 할 곳은 가정이다.
- 여성도 남성만큼 영향력 있는 자리에 오를 권리가 있다.
- 남성은 열등하다.

종 교

- 신은 예수를 구세주라고 고백하는 사람만 구원한다.
- 신은 착한 사람이면 무얼 믿든지 개의치 않는다.
- 신은 없다.

음 악

- 록음악은 사탄의 것이다.
- 록음악은 시끄럽지만 아무 해도 없다.
- 록음악은 몸에 해롭다.
- 록음악은 음악이 아니다.
- 클래식이 진정한 음악이다.

가족 관계

- 엄마와 아빠는 내가 무슨 짓을 해도 언제나 나를 사랑한다.
- 부모님(남편 또는 아내)은 나를 절대 이해할 수 없다.
- 내 부모(남편 또는 아내)가 지금의 나를 만들었다.

자부심

- 인간으로서의 나의 가치는 이것에 의해서 결정된다.

  다른 사람들의 평가

  내가 소유하고 있는 것

  직업

  외모

  결혼 상대자

  위에서 말한 것들의 복합

  위에서 말한 것 중에는 없다

책 임

- 나는 외부의 힘에 의해 좌우되고 있다. 도저히 어쩔 수 없다.
- 잘못되는 것은 모두 내 잘못이다.

물론 이것이 다는 아니다. 다만 모든 문제에는 다양한 믿음이 있을 수 있고, 당신의 믿음의 창에 올릴 수 있는 대안들도 다양하게 있을 수 있다는 사실을 지적하기 위한 예일 뿐이다. 위의 믿음은 드러나지는 않지만 분명히 존재하는 가치의 반영이다.

예를 들어 '태어나지 않은 아기도 한 사람의 인간이다'와 '여성은 자신의 몸 안에서 일어나는 일을 선택할 권리가 있다'는 두 개의 믿음은 완전히 서로 다른 가치에서 나온 것이다. 그런데 다들 자신의 가치에 비추어 자신의 행동과 상대방의 행동을 판단하기 때문에 서로 자신이 옳다고 믿는다.

모든 사람은 옳거나 그른, 또 논쟁의 여지가 있는 믿음을 가지고 있고, 그것을 행동으로 이어가고 있다. 여기서 내가 '옳고' '그른' 이란 표현을 사용하는 것이 어느 쪽이 '좋다', '나쁘다'는 판단을 내리기 위한 것은 아니라는 점을 명심하기 바란다.

어떤 믿음이 나름대로 자연법칙과 현실을 반영하고 있다면 그 믿음은 일반적으로 '옳다'고 받아들여질 것이다. 그런데 그것이 현실에 근거를 두지 않고 있다면, 그것은 '그른' 것이 된다. 아울러 믿음이라는 것이 주관적 판단이나 의견일 수도 있고, 또 분명하게 '옳은지' '그른지' 증명할 수 없는 경우도 있다. 이럴 때에는 우리의 창에 어떤 믿음을 올려놓을 것인지 확인하고, 나아가 그르거나 부적절한 것은 바꾸는 것이 중요하다.

그런데 믿음에 관해서 깨닫지 못하고 있는 점이 하나 있다. 그것은 우리가 믿음에 대해 '실제로 실험을 해볼 수 있다는 사실'이다. 우리는 능동적인 실험과 관찰을 통해 과연 그것이 사실인지 아닌지, 아니면 단지 개인적인 의견에 불과한지 확인해볼 수 있다. 과학자들은 자신의 믿음(그들은 그것을 가정, 또는 이론이라고 부른다)을 실험하는 것을 직업으로 삼고 있다. 그리고 그들의 노력은 부정확한 믿음을 정확한(또는 최소한 좀더 정확한) 믿음으로 바꾸어나가고 있다.

믿음과 관련해서 볼 때 문제가 되는 것은 우리가 그것들을 우리의 믿음의 창 위에 올려놓고 절대적으로 옳다고 간주해 버리는 데 있다. 우리는 그 믿음이 진정으로 현실을 반영하고 있는지, 아니면 단지 오해에 불과한 것인지 제대로 알지 못한다. 우리가 그 문제에 대해 실험을 제대로 하지 않는 한 문제가 생길 수밖에 없다. 그것이 얼마나 타당한가에 상관없이 믿음의 창에 기록된 모든 것이 진실인 양 인생을 살면 문제가 생기지 않을 수 없는 것이다.

때로는 각자의 믿음의 창에 집단적 믿음의 창이라고 하는 것이 더해지기도 한다. 이 창은 직장과 같은 집단적 환경에서 얻은 믿음들로 가득 차 있다. 그런데 동시에 이 두 창을 통해서 밖을 내다보게 되면 우리는 한쪽 창의 것이 다른 쪽의 것과 충돌하는 경우를 경험하게 된다. 그럴 때는 어느 쪽 창을 우선할 것인지 선택해야 한다.

예를 들어 당신이 일하고 있는 조직의 문화가 하나의 집단적 믿음의 창을 가지고 있고, 그 창에는 종업원에게 순종을 강조하는 믿음이 있다. 그런데 당신의 창은 '개성과 창조성이 중요하다'고 말하고 있다. 이럴 때 당신은 어느 믿음을 따를 것인지 선택해야 한다. 순종을 따른다면 당신 개인의 좌절감이 높아질 것이다. 반면 직장에서 당신의 개성을 표현하는 쪽을 선택한다면 당신에게는 좋지 않은 딱지가 붙고 승진과 승급에서 불이익을 보게 될 것이다. 아니면 그 두 믿음의 창 사이에 갈등이 있다는 사실을 인식하는 순간, 집단의 창과 당신 개인의 창이 좀더 조화를 이루는 다른 직장을 찾을 수도 있을 것이다.

세 번째 요소 : 규칙

당신의 창에 기록되어 있는 각각의 믿음에 대해서 당신은 행동 규칙을 만들게 된다. 물론 그 규칙 만들기는 잠재의식 속에서 이루어진다. 이 규칙은 '만약…그때는…'의 형태로 당신의 믿음을 행동으로 바꾸어 놓는다.

예를 들어, 당신이 '불독은 모두 사납다'는 믿음(이것은 4개의 기본 욕구 가운데 살고자 하는 욕구와 관련된 것이다)을 가지게 되었다고 하자. 그러면 당신은 그 즉시 불독과 관련된 행동을 지배할 규칙들을 만들기 시작한다. 이 규칙들은 잠재 의식 차원에서만 존재하는 경우가 많지

만 분명히 존재하고 있다.

믿음에서 나온 규칙은 이런 식이 된다. '모든 불독은 사나운데 만약 줄에 묶여 있지 않은 불독을 만나게 된다면, 그때는 나는 높은 담장이라도 단번에 뛰어넘어 걸음아 나 살려라 하고 도망칠 것이다.' 또 다른 규칙도 가능하다. 즉, '모든 불독은 사나운데, 만약 내가 개를 갖고 싶다면 그때는 불독만은 절대 사지 않을 것이다. 대신 발바리나 푸들을 살 것이다."

여기서, 이 모델의 앞부분의 세 요소—욕구, 믿음, 규칙—는 그 누구도, 심지어 당신 자신도 그 안에서 무슨 일이 벌어지고 있는지 모르는 당신의 마음속에서 벌어지고 있는 일이라는 점을 이해해야 한다. 이 규칙들은 잠재의식 차원에서 작동하고 있다. 그러기에 위험한 상황에 처했을 때 자동적으로 움직일 수 있는 것이다.

네 번째 요소 : 행동 패턴

이 모델의 네 번째 요소는 '행동 패턴'이라고 하는 것이다. 이 시점에서는 물리적인 결과가 발생한다. 따라서 이 모델의 활동 상황이 보이기 시작하는 것도 이 시점부터이다.

앞에서 말한 '모든 불독은 사납다' 는 믿음으로 돌아가 보자. 당신이 이 믿음이 기록된 믿음의 창을 가지고 우리 집 마당에 들어섰다고 하자. 그런데 내가 불독을 풀어놓고 있다면 당신은 어떻게 할까?

당연히 규칙이 당신의 행동을 떠맡는다. 당신은 담이나 나무 위로 올라가거나, 뒤로 돌아 대문 밖으로 부리나케 달아날 것이다. 행여 나를 꼭 만나야 할 사정이 있다면 당신은 밖에서 전화를 걸거나 다른 방도를 취할 것이다.

다섯 번째 요소 : 결과와 피드백

이 모델의 다섯 번째 요소는 '결과' 이다. 이 모델이 인생을 컨트롤하는 데 도움을 주는 믿을 수 없을 만큼 강력한 도구가 되는 것은 바로 이 요소 덕분이다.

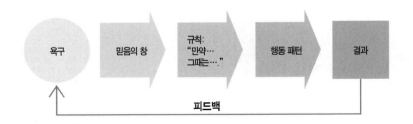

여기서는 '결과' 라는 칸이 '피드백' 을 나타내는 화살표를 가지고 있다는 점에 주의해야 한다. 피드백은 결과를 욕구의 바퀴와 연결시키고 있다. 행동의 결과가 당신의 욕구를 만족시킬 때 이 피드백은 당신이 올바른 믿음을, 해가 없는 생각을 가지고 있다는 사실을 알려준다. 만약 당신의 욕구가 충족되지 않았다면 당신의 욕구, 그리고 당신이 그 욕구

성공하는 10가지 자연법칙

를 만족시키는 데 이용한 믿음을 좀더 세밀하게 검토해야 할 것이다.

그런데 과연 어떻게 해야 당신의 욕구가 어떤 특정한 믿음에 의해서 충족되는지 아닌지를 알 수 있을까? 이 점을 확실히 확인하는 방법은 그 행동을 시간의 테스트에 맡기는 수밖에 없다. 결과를 측정하는 데에는 시간이 걸리기도 하는 것이다.

예를 들어, 당신이 불독을 마치 몹쓸 병처럼 피하고 있고, 한 번도 공격을 당하지 않았다면 당신의 관찰로부터 당신의 믿음이 옳았다는 결론을 내릴 수 있을 것이다. 또 최소한 안전하게 살고자 하는 당신의 욕구를 충족하였다.

그런데 안전이라는 것이 우리의 최고 우선 가치가 아닐 때도 있다. 다른 욕구가 힘을 발휘, 살고자 하는 욕구보다 앞에 나서는 경우도 있는 것이다. 그럴 때도 갈등을 겪게 된다.

예를 들어 '불독은 모두 사납다' 는 믿음과 함께 '사나이는 개를 겁내지 않는다' 는 믿음이 당신의 창에 동시에 존재하고 있다. 후자를 이끌어 내는 것은 당연히 중요하다는 느낌을 받고자 하는 욕구이다. 그러나 이 두 개의 믿음은 서로 충돌한다. 동시에 모두를 따를 수는 없다. 이럴 경우 당신의 잠재 의식은 우선 순위를 결정, 하나에 더 많은 가치를 둔다.

만약 사나이다움이 안전보다 더 중요하다면 불독이 옆에 나타났을 때 당신은 걱정이야 되겠지만, 그렇다고 도망가지는 않을 것이다. 짐짓 아무렇지도 않다는 듯 지나치려고 할 것이고, 그러다가 공격을 받을 수도 있지만, 그것은 보다 높은 우선 순위를 가진 믿음에 가치를 둔 것에 대해 지불해야 하는 대가이다. 일단 공격을 받고 나면 믿음을 바꾸어야겠다는 쪽으로 마음을 바꿀 수 있다. 당신의 창에서 '사나이는 불독을 겁내지 않는다' 를 지우고 대신 '현명한 사람은 불독을 피한다' 로 바꾸어

쓸 수도 있는 것이다.

믿음을 수정하는 일은 수시로 일어난다. 그것이 바로 경험이며, 성공하는 인생관리를 위한 중요한 요소의 하나이다. 벤저민 프랭클린은 "경험은 좋은 학교이다. 그러나 바보는 자기 자신의 경험밖에 믿지 않는다"라고 썼다. "훌륭한 판단은 경험에서 비롯되지만 경험은 서투른 판단에서 비롯된다"고 말한 사람도 있다. 우리는 경험을 통해서 우리의 믿음을 바꾸고, 새로운 것을 택하거나, 새로운 것에 더 높은 가치를 둔다.

리얼리티 모델은 강력한 도구

요약해서 말하자면, 리얼리티 모델에는 2가지 중요한 기능이 있다.

첫째, 당신은 리얼리티 모델을 통해서 당신의 인생에서 무슨 일이 벌어지고 있는지 분명한 그림을 볼 수 있고, 시각적인 도움을 통해 왜 그렇게 되는지 이해할 수 있다. 지금 우리가 이 장에서 이야기하고 있는 것이 바로 이 기능이다.

당신이 전부터 인식하고 있든지, 아니면 모르고 있든지 4가지 기본 욕구는 우리 모두에게 있다. 당신은 그 욕구들을 충족시키는 데 도움이 될 것이라고 생각하는 믿음들을 당신의 믿음의 창 위에 써놓고 있다. 그리고 몇 가지 규칙을 세워놓고 있으며, 그 규칙들이 당신의 행동을 지배하고 있다. 또한 이 모델이 있어서 당신의 행동의 결과를 볼 수 있고, 당신의 믿음이 당신에게 이로운지 아닌지를 확인할 수 있다.

이 모델의 두 번째 기능은 당신의 가치가 행동에 영향을 미치기 전에 먼저 이를 평가해볼 수 있게 하는 기회를 제공해 준다는 데 있다. 이 목적으로 사용할 때 당신은 어떤 특정 믿음으로부터 나올 행동 유형을 예측할 수 있다. 그러면, 그 믿음을 무조건 그대로 따르거나, 행동을 통해서 검증한 다음 문제를 고칠 필요 없이 사전에 그 믿음을 바꾸거나 수정할 수 있다.

또한 리얼리티 모델을 사용하면 여러 선택 가능한 믿음들이 가져올 잠재적 행동들을 살펴볼 수 있기 때문에 어느 것이 더 이로운지 평가할 수 있다. 이 두 번째 기능에 관해서는 제7법칙에서 좀더 자세히 다루면서 과연 어떻게 이 기능을 이용해야 우리의 욕구를 만족시키지 못하는 행동을 바꿀 수 있는지 알아보겠다.

위의 2가지 기본적 기능 외에도 리얼리티 모델은 자신을 좀더 폭넓게 이해하는 데 도움을 준다. 아울러 다른 사람의 행동과 그런 행동을 이끌어내고 있는 믿음들에 대해서도 폭넓게 이해할 수 있다. 어떤 사람의 행동 패턴을 파악할 수 있게 되면 당신은 그 사람의 믿음의 창에 무엇이 있는지 알아낼 수 있다. 거꾸로, 그 사람의 믿음의 창에 무엇이 있는지 알면, 그 사람의 행동, 궁극적으로는 그 행동의 결과도 상당히 정확하게 예측할 수 있다. 그렇기 때문에 이 모델이 강력한 도구인 것이다.

그렇다면 히틀러의 믿음의 창에 무엇이 써져 있는지 알 수 있을까? 물론 알 수 있다. 히틀러가 쓴 「나의 투쟁」이 있기 때문이다. 히틀러는 그 책에서 자신의 믿음의 창에 무엇이 있는지 상당히 자세하게 써놓았다. 「나의 투쟁」에서 보듯이, 그의 믿음의 창에는 인종의 등급이 있었다. 그 믿음에 따르면 세상에는 우수한 인종과 열등한 인종이 있다. 가장 우수한 인종은 아리안 인종으로 이 세상의 주인이 될 운명을 가지고 태어났으며, 가장 열등한 인종은 유태인과 흑인으로 모든 문명의 사악함과 해악의 뿌리가 바로 그들이었다.

히틀러가 믿음의 창에 그런 믿음을 가지고 있다는 사실을 안 이상 히틀러의 행동을 예측할 수도 있지 않았을까? 거듭 말하지만 분명히 예측할 수 있었다. 실제로 그렇게 예측한 사람들도 있었다. 그러나 너무나 황당하고 좋지 않은 예측이었기에 아무도 그들의 말을 믿으려 하지 않았을 뿐이다.

제2차 세계대전 당시 히틀러가 저지른 대량 학살의 와중에서 수백만 명이 목숨을 잃었다. 그것은 그릇된 믿음의 창이 빚어낸 결과였다. 그렇다면 히틀러의 행동의 결과는 궁극적으로 그의(또는 그의 나라의) 욕구를 충족시켰을까? 히틀러의 제국은 얼마나 지속되었는가? 기껏 12년에 불과했다. 그리고 히틀러는 그 멸망의 와중에 죽었다.

리얼리티 모델은 역사를 연구하고 평가하는 데에도 강력한 도구가 될 수 있다. 특히 역사상의 인물을 연구할 때에는 더욱 유용하다.

예를 들어 링컨의 믿음의 창에는 무엇이 있었을지 생각해보자. 그가 한 일들과 그의 행동 패턴을 보면 그의 믿음의 창에 무엇이 있었는지 알 수 있다. 그것을 알아보는 시간이야말로 매우 재미있고 흥미로운 시간이 될 것이다.

잔 다르크의 믿음의 창에는 무엇이 있었을까? 플로렌스 나이팅게일은? 테오도어 루스벨트는? 윈스턴 처칠, 마틴 루터 킹, 마가렛 대처, 사담 후세인, 미하일 고르바초프는? 그들의 행동은 그 나라뿐만 아니라 전세계에 상당한 영향을 미쳤다. 그들의 믿음의 창에 기록되어 있는 것들이 그 행동을 촉발시켰다.

그들이 무엇을 했는지 연구해보면 그들이 무엇을 믿었는지 알 수 있다. 만약 당시 사람들이 그들의 믿음의 창을 읽을 수 있었다면 역사가 바뀔 수도 있었을 것이다. 나쁜 쪽으로든, 좋은 쪽으로든 사건이 다르게 전개되었을 것이다. 충분히 가능한 일이다.

말로 표현한 믿음과 실제 믿음

리얼리티 모델은 믿음과 행동 사이의 관계를 확실하게 보여준다.

생각으로는 믿고 있지만 실제로는 그와 관련해서 아무 행동도 취하지 않는 경우가 있고, 해서는 안 된다고 믿지만 이것을 해버리고 마는 경우가 있는데 이것은 어떻게 된 것일까? 물론 내가 갑자기 심리학자가 된 것도 아니고, 복잡한 인간의 동기와 행동을 리얼리티 모델만으로 다 이해하고 있는 것도 아니다. 그러나 우리가 왜 해야 한다고, 또는 해서는 안 된다고 생각하는 것을 하지 않거나 하는지에 관한 일반적인 유형을 이해하는 데에는 리얼리티 모델이 충분한 역할을 해준다.

때로 믿음은 자신의 의무감이나 다른 사람의 기대에 의해 형성되는 경우도 있다. 동료 제리 펄시퍼(Jerry Pulsipher)가 대학에 들어갈 때는 소련이 최초의 인공위성 스푸트니크호를 쏘아 올려 우주개발 경쟁에서 미국을 젖힌 시기였다. 더 많은 엔지니어와 과학자가 나와야 한다는 애국적 발언이 줄을 이었고, 제리 역시 자신이 과학을 전공해야 한다고 믿었다. 제리는 지질학에 흥미를 가지고 있었다. 지질학은 행성을 탐사할 때 중요한 역할을 할 분야였다. 그 해 대학에 진학할 때 제리는 자신은 지질학자가 될 수 있고, 또 반드시 되어야 한다고 믿었다.

그러나 고등학교 시절에는 우등생이었고, 또 몇 일 밤이고 밤을 새워 가며 공부하기도 했건만 제리는 화학과 수학에서 낙제하고 말았다. 이 두 분야는 지질학을 하는 데 필수적이었다. 다음 학기가 되었을 때 그는 무의미한 시도를 반복하는 대신, 자신의 믿음의 창에 써져 있는 것을 살펴보았다.

그리하여 그 동안 자신은 반드시 지질학자가 되어야 한다고 믿고 있었지만 더 깊숙이 들여다보고 자신이 진실로 그렇게 믿고 있지는 않다는 점을 깨달았다. 믿지 않았기 때문에 그렇게 되지 않고 있었던 것이다. 그가 진정으로 사랑한 것은 글쓰기와 미술, 그리고 음악이었다. 제리는 저널리즘을 전공으로, 예술을 부전공으로 하기로 결심했다. 그 결심은 성적을 최하위에서 우등으로 끌어올렸다.

여기서 중요한 점은 후일 그가 집필과 회화 분야로 진출, 엄청난 공헌을 하게 된다는 사실이다. 진정으로 자신이 믿고 있는 것을 행동에 반영했을 때 비로소 그는 자신의 욕구를 만족시키고, 나아가 마음의 평화를 맛보게 되었다.

우리 모두, 속으로는 옳다고 믿는 일에 대해서도 실제로는 아무 것도 하지 않는 경우가 있다. 일례로, 살 빼기나 운동을 들어보자. 많은 사람들이 논리적으로는 너무 지나치게 많이 찐 살은 빼야 한다고 믿고 있다. 또 몸무게와 건강에 관한 온갖 글들도 읽고 있다.

그런데 왜 그 믿음을 행동에 반영하지 않는 것인가? 왜 몸무게를 빼거나 운동을 하지 않고 있는 것인가? 만약 뭔가를 진실이라고 믿는 것이 행동을 인도한다면, 왜 우리의 행동은 새로운 믿음을 받아들인 다음에도 변하지 않는 것일까?

내가 이 의문에 대해서 완벽한 대답을 가지고 있다면 많은 질병도 해결할 수 있을 것이다. 그러나 리얼리티 모델의 관점에서 볼 때는 문제가 달라진다. 그런 경우 실제로는 다른 믿음을 가지고 있을 때가 많다. 그것이 우리가 의식적으로는 진실이라고 알고 있는 믿음을 압도하거나 부정하고 있는 것이다.

예를 들어, 몸무게를 빼야 한다, 아니면 담배를 끊고 운동을 해야 한다는 사실을 알고 있는 사람이 있다고 하자. 그런데 그 사람이 '그런 일 (심장병, 폐암, 심장마비 등)은 나한테는 일어나지 않아. 내가 얼마나 건강한데' 라는 숨겨진, 그리고 말로는 표현하지 않은 믿음을 가지고 있을 수 있다. 물론 그것은 현실을 반영하지 않고 있기 때문에 올바른 믿음이 아니다. 또 궁극적으로는 우리의 욕구를 만족시키지도 못한다. 그러나 동시에, 그 믿음의 힘이 너무나 강해서 우리가 분명한 사실이라고 알고 있는 또 다른 믿음을 압도해버릴 수도 있다. 그렇다면 우리는 그 잘못된 믿음을 없애 버려야 우리의 행동이 올바른 믿음과 조화를 이루도록 만들 수 있다.

여기서 기억해야 할 중요한 점은, 일반적으로 볼 때 우리의 행동은 우리가 '진정으로' 믿는 바를 반영하고 있다는 사실이다. 만약 행동이 믿음을 제대로 반영하고 있지 않다고 판단되면, 믿음의 창에서 서로 충돌하고 있는 믿음들을 주의 깊게 살펴봐야 한다.

불충분한 믿음들

욕구가 충족되지 않는 이유는 부정확한 믿음을 따르고 있기 때문이 아니라, 믿음 그 자체는 정확한데 믿음의 창에 중요한 맹점이 있기 때문일 경우가 있다. 심지어는 우리가 추구하는 결과로 이끌어줄 믿음들을 인식조차 못할 수도 있다. 그것은 우리가 그 믿음들에 대해서 아직 배우지 않았기 때문이다. 그 예를 들어보겠다.

대학 친구인 상원의원 보브 베넷으로부터 들은 이야기이다. 워싱턴에 기반을 둔 광고 회사의 창립자인 보브 멀린(Bob Mullen)의 이야기인데, 그는 1930년대에 기자로 사회 생활을 시작했다. 그가 처음으로 취직한 회사는 덴버에 있었다. 어느 날 그는 점심식사 후에 천천히 거리를 걷고 있었다. 자주 가지는 않던 곳이었는데, 거기서 그는 한 상점 앞에 걸린 커다란 광고판을 보았다. "기러기 비행기 사".

그는 그 이름에 흥미를 느꼈고, 그 회사의 사장이 강사로 나오는 강연회에 참가했다. 사장은 제품을 설명하기 위해서 그 자리에 나왔다고 했는데, 그 자리에 참가한 사람들은 먼저 그 회사를 세우게 된 배경과 전제를 들어야 했다. 그것은 신이 엔지니어 가운데 최고의 엔지니어라는 것이었는데, 이 말은 그 사장(편의상 프레드라고 하자)의 설명인즉 신의 작품이야말로 인간이 만든 그 어느 것보다 훨씬 더 훌륭하다는 뜻이었다. 따라서 비행기를 만들고자 한다면 계획에서부터 신의 모범을 따라야 하는데, 이 회사가 하고 있는 일이 바로 그것이었다. 이 회사는 하늘을 나는 신의 작품 가운데 최고인 기러기를 모델로 사용하고 있었다.

프레드는 기러기를 연구했고, 그 결과 기러기의 놀라운 비행 능력의 비밀을 발견했다. "날개를 들어올릴 때 깃털이 사람의 손가락처럼 펴집니다. 그리고 공기가 그 사이로 지나갑니다. 따라서 날개는 아무런 공기 저항도 받지 않고 올라갑니다. 반대로 아래로 날개짓을 할 때는 깃털이 그 공기 통로를 완전히 막기 때문에 날개가 강력한 부력을 발휘하게 됩니다. 이게 바로 비밀입니다. 기러기의 비밀이 바로 이겁니다. 나는 그 비밀에 근거해서 비행기를 만들고자 합니다."

그런 다음 세일즈가 이어졌다. "여러분의 도움이 필요합니다. 이 비행기를 실제로 만들자면 돈이 필요합니다. 여러분이 우리 회사의 주식을 사주면 나는 최고의 공기 역학 엔지니어인 신의 원칙에 기초한 비행기를 만들 수 있습니다." 그리고 그는 접시를 청중 사이로 돌렸다(이제까지 내가 들어본 것 가운데 가장 이상한 주식 매수 방법이었다). 많은 사람들이 10달러를 내고 그 회사의 주식을 샀다.

새 주주들이 다 나가고 난 다음 멀린은 그 회사의 사장에게 다가갔다.

그리고 그에게서 자신은 전직 목사로서 덴버에 온 것은 건강상의 이유이며, 일자리를 찾지 못해 고생했다는 이야기를 들었다. 그런데 그는 어느 날 기러기와 신의 피조물의 아름다움에 관해서 곰곰이 생각하다가 이 회사를 만들 생각을 떠올렸다는 것이다. 그는 돈을 모으기 위해서 이 이상한 방법을 썼는데 그의 말인즉 "이게 알고 있는 유일한 방법이라서"였다.

젊은 기자는 사무실로 돌아가 이 이야기를 기사로 썼다. 그리고 그 후 이 회사가 어떻게 되어 가는지 추적했다. 그 비행기 회사가 드디어 비행기 한 대를 완성해서 시험 비행하는 날, 그 기자는 덴버의 한 공항에 있었다. 그 비행기는 상승 운동을 할 때는 열리고, 하강 운동을 할 때는 닫히는 공기 구멍이 있는 가변식 날개를 달고 있었다. 그러나 이륙하는 순간 그 날개는 그대로 망가지고 말았다. 그 기자는 프레드가 주식 사기로 고발을 당했다는 슬픈 기사를 써야 했다.

당신이 생각하기에 프레드의 믿음의 창에는 무엇이 써져 있었을 것 같은가? 만약 당신이 프레드에게 그가 믿음의 창을 가지고 있다는 전제하에 접근, 그 창에 무엇이 있는지 확인해 보라고 부탁했다면 프레드는 아마도 이런 식으로 대답하지 않았을까?

"나는 신을 믿습니다. 나는 열심히 일해야 한다는 것을 믿습니다. 나는 공정해야 하고, 다른 사람을 해치지 않아야 한다는 것을 믿습니다. 나는 내 의도를 솔직하게 드러내야 한다는 것을 믿습니다." 그리고 이렇게 덧붙였을 것이다. "내가 이 원칙들을 굳세게 지키면 끝에 가서는 성공할 것이라고 확신합니다."

그러나 결국 성공하지 못했다. 대신, 돈 한 푼 없는 알거지가 되어 창피를 당하고, 심각한 법적 문제까지 안게 되었다. 그의 믿음 가운데 과연 어느 것이 그를 빗나가게 만들었을까?

아니다. 그의 믿음이 그렇게 만든 것이 아니었다. 그가 무시했던 다른 요소들의 작용이었다. 예를 들자면 공기 역학이 그 한 가지일 것이다. 당신이 조물주를 믿든, 아니면 그 비행기 회사의 창립자를 믿든, 분명한 사실은 새가 공기 역학의 법칙들에 맞추어 난다는 사실이고, 프레드는 그것에 관해서 아는 게 하나도 없었다. 기러기가 날갯짓을 하는 방식은 중요하지 않다. 기러기는 날개를 움직이지 않고도 날 수 있다. 중요한 것은 날개의 모양이다(물론 다른 요소들도 많이 있다). 프레드는 이 모든 것을 무시한 채 오로지 자신의 믿음에만 매달렸고, 열심히 일했으며, 최대한 정직하려고 노력했다. 그러나 결국 바닥을 박차고 오르는 데에는 실패하고 말았다.

우리가 비행기를 만들겠다고 나서고 있지는 않지만 프레드와 똑같은 실수를 하고 있다. 우리는 어떤 믿음에 자신을 바치면서 그저 앞으로만 매진하고 있다. 언젠가는 자신이 시도하고 있는 일이 성공할 것이라고 굳게 믿고 있다. "내가 실패할 이유가 어디 있어. 내가 믿는 것들이 완벽하게 정상인데." 그러나 실패한다. 그리고 그 실패를 분석할 때 미처 몰랐던 다른 요소들이 있었다는 사실을 발견한다.

이것은 우리 인생에는 성장하면서 배워가야 할 것이 많이 있다는 사실을 의미한다. 우리는 언제나 좀더 올바른 믿음을 발견하고, 그것을 우리의 믿음의 창에 더해가야 한다. 그리고 기존에 가지고 있던 믿음들과 조화롭게 움직이게 만드는 법을 배워야 한다. 그렇게 하지 않는 한 인생을 컨트롤할 수 없다.

우리는 프레드가 놓치고 있던 믿음들이 어떤 것인지 배울 수 있다. 또 프레드가 자신의 믿음의 창에 써 놓았던 것이 왜 틀렸는지도 배울 수 있다. 프레드는 신과 선의, 그리고 근면에 대한 믿음만 있으면 뭐든지 성공할 수 있다고 믿었다. 그 마음은 칭찬 받아 마땅하지만 그것만으로는 우리가 반드시 이해해야 하는 다른 요소들에 대한 무시를 정당화할 수 없다.

따라서 우리는 새로운 정보에 대해서 언제나 개방적이어야 한다. 뿐만 아니라 이 세상의 모습을 있는 그대로 이해하기 위해서 능동적으로 움직여야 한다.

리얼리티 모델에 관해서 알아보았다. 이제는 앞서 제1부에서 확인한 당신의 지배가치로 돌아가 몇 가지를 다시 검토해볼 시간이다. 과연 그 가치관이 당신의 믿음의 창에 써놓은 것들에 반영되어 있는지, 또는 그것들에게 영향을 미치고 있는지 스스로 자문해 보라.

사실, 믿음의 창에 무엇이 써져 있는지 본다는 것은 매우 어려운 일이다. 배우자나 절친한 친구의 도움을 받아야 할지도 모른다. 당신을 잘 아는 사람이라야 당신의 믿음의 창에 있는 것들을 볼 수 있다. 사실, 당신은 그것들의 유효성을 조금도 의심하지 않기 때문에 볼래야 볼 수도 없다.

지배가치 리스트를 보면 몇 가지 믿음은 이미 당신의 믿음의 창에 올라가 있다는 것을 알 수 있을 것이다. 만약 당신이 결혼이나 가족 관계를 중요시한다면 '남편과 아내의 관계는 상호 존중에 기초해야 한다' 또는 '각자가 서로 다른 재능과 관점을 가지고 있을 때 결혼(또는 가정)은 더욱 공고해진다. 부분의 합보다는 전체가 더 많은 법이므로' 등의 믿음이 거기 올라가 있을 수도 있다.

그런데 그와 동시에 당신 스스로도 놀랄 믿음이 새겨져 있을 수 있다.

'배우자의 생각이 나와 다를 때에는 상대를 설득해야 한다' 나 '내 방식이 언제나 최고다' 같은 것들이 있을 수 있다. 당신이 어떤 믿음을 가지고 있는 것으로 확인되든 간에 중요한 일은 당신의 믿음의 창에 써져 있는 것을 면밀하게 검토하는 것이다. 거기에 무엇이 있는지 알아야 믿음의 창에 관해서 무슨 일이든 시작할 수 있다. 부정확한, 또는 만족스럽지 못한 믿음이 있을 때 그것을 어떻게 바꿀 것인가? 제7법칙에서 알아보기로 하자.

성공하는 10가지 자연법칙

믿음과 현실이 일치할 때
욕구를 실현할 수 있다

당신의 믿음의 창에 있는 믿음이나 태도, 또는 의견이 올바른지 아닌지 어떻게 알 수 있을까? 그 답은 리얼리티 모델의 다섯 번째 요소에 있다. 즉, 행동의 결과가 당신의 기본 욕구 4가지 가운데 하나, 또는 그 이상을 만족시킬 때 그것은 올바른 믿음이라고 할 수 있다. 그러나 역으로, 그 결과가 당신의 욕구를 만족시키지 못할 때에는 그 문제의 믿음이 그릇된 것이라고 판정해도 좋다.

여기서 이 문제를 한번 실험해보자. 당신이 '나는 운전실력이 너무 좋아서 규정속도 이상으로 달려도 안전하다'는 믿음을 가지고 있고, 또 자주 그렇게 달린다고 하자. 그런데 당신이 지금껏 사고가 나지 않았다고 해서 이 믿음이 올바르다고 할 수 있을까? 그렇다고는 할 수 없다. 당신도 알다시피 결과가 나오는 데에는 시간이 걸릴 때도 있는 법이기 때문이다. 뜨거운 것을 만질 때에는 그 결과를 즉시 알 수 있겠지만, 행동의 결과가 분명해지는 데는 몇 년의 세월이 걸리는 경우도 많다.

그런데 만약, 당신이 평생 동안 그 믿음을 따랐고, 사고 한 번 내지 않았으며 심지어 딱지조차 한 번도 떼지 않았다고 하자. 그러면 어떻게 되는가? 그것이 과연 올바른 믿음일까? 역시 꼭 그렇다고는 할 수 없다. 때로는 그릇된 가정 하에 움직이는 데도 그런 대로 좋은 결과가 나오는 경우도 있다. 때로는 단지 운이 좋을 경우도 있다. 바로 그런 이유에서 우리의 믿음에 대해서 2가지 실험을 해보는 것이 좋다. 한 번은 자신의 경험을 통해서, 그리고 또 한 번은 다른 사람의 경험을 통해서.

앞에서 거론한 운전과 관련해서 보자면, 속도를 많이 내는 운전자에 관한 자료가 참고가 된다. 교통 사고를 낸 운전자의 평균 속도에 관한 통계나 사망자를 낸 운전자에 관한 통계가 있을 것이다. 과속 운전자와 보통 운전자 사이의 사고 빈도 수에 관한 통계도 참고가 될 것이다. 아니면 상식이나 예측 가능한 나쁜 결과도 우리로 하여금 좀더 나은 믿음을 추구하도록 만들 것이다. '안전이 시간 엄수보다 중요하다'는 믿음이 좀더 합리적인 대안이 될 수 있는 것이다.

'속도에 관한 법률은 나한테 적용되지 않는다'는 생각은 다른 믿음으로도 이어질 수 있다. 이를테면 '조금 늦게 출발해도 약속 장소에 가는데는 문제가 없다'나 '약속에 늦으면 사업에 지장이 있다'는 식으로 생각할 수 있는 것이다. 그런데 그런 믿음을 바꾸면 속도에 관한 믿음이 무의미해진다. '약속에 늦는다고 세상이 끝나는 것은 아니다'는 것이 그 예가 될 수 있을 것이다. 아니면 '약속이 있으면 빨리 나서야 한다'나 '규칙을 깨지 않는 것이 나에게는 정말 중요하다'도 가능하다. 이런 믿음을 가질 때에는 과속을 합리화시키겠다는 욕구가 없어질 것이다.

다른 믿음을 하나 더 살펴보자. '내 자부심은 논쟁에서 절대 지지 않는 데서 나온다'는 믿음이 있다고 하자. 주위에도 이것을 믿음의 창에 써놓고 있는 사람이 있을 것이다. 어떤 욕구에서 그런 믿음이 나오는 것일까? 바로 중요하다는 느낌을 받고자 하는 욕구다. 때로는 거기에 사랑받고자 하는 욕구가 섞여 있을 수도 있다. 이 믿음을 리얼리티 모델에 걸러보자.

당신은 이 믿음이 사실이라고 믿고 그에 따라 당신의 행동을 지배하는 몇 가지 잠재 의식적 규칙을 세운다. 그런데 10살짜리 아들하고 논쟁을 하게 되는 경우는 어떻게 될까? 나아가 아들의 말이 맞다는 사실을 알게 되었을 때는 어떻게 해야 할까? 아들만 불쌍해진다.

여기서 중요한 문제는 바로 이것이다. 이 행동의 결과가 장기적으로 볼 때 당신의 욕구를 만족시키는가가 문제가 되는 것이다. 짧게 볼 때 당신의 자아는 한껏 만족감을 누린다. 자신이 중요한 사람이라는 느낌도 가지게 될 것이다. 또 아들에 대해서 당신의 권위와 지배력을 과시할 수 있다. 그러나 아들은 과연 어떤 감정을 가지게 될까? 그렇다. 당신을 거부하고 다른 새로운 모범을 찾아 나설 것이다.

당신의 행동 결과가 일시적으로는 중요하다는 느낌을 받고자 하는 욕구를 만족시켰을지도 모른다. 그러나 다른 욕구, 예를 들어 사랑하고 사랑 받고자 하는 욕구는 만족시키지 못한다. 따라서 논쟁에서는 절대 지지 말아야 한다는 생각은 그릇된 믿음이다.

상황을 바꾸면 그릇된 믿음이 드러날 수 있다

로버트 베넷은 「컨트롤, 자유와 성공으로 가는 열쇠」에서 그릇된 믿음에 관한 중요한 예를 한 가지 보여주고 있다. 이런 이야기이다. 결혼 초기에 아내(편의상 로다라고 부르자)는 남편(로널드)과 함께 일했다.

로널드가 학교를 마치고 사업을 막 시작했을 때, 로다는 남편이 하는 일에 깊이 관여했다. 그녀는 매우 명석했고, 교육도 제대로 받았기 때문에 로다는 남편에게 엄청난 도움이 되었다. 사람들은 이 부부를 보고 "대단한 팀이야. 그 사람하고 같이 일하면 그 사람 아내가 덤으로 따라오는데 보통 큰 힘이 되는 게 아니야"라고 했다. 두 사람은 경제 사정이 그리 넉넉하지는 않았지만 행복한 시절을 보냈다. 두 사람의 모델은 이런 식이었다.

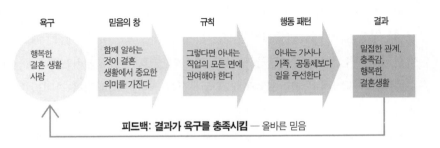

그리고 열심히 일한 보람이 찾아왔다. 로널드가 큰 회사에 들어갔고, 그의 자수성가형 노력을 높이 평가한 회사는 그를 아시아에 새로 설립한 핵심 사무실로 그를 발령을 내보냈다. 그런데 그곳에서는 아내가 사교적인 차원을 제외하고는 남편의 활동에 개입해서는 안 되는 것이 불문율이었다. 어쨌든 사업은 발전 일로를 걸었고, 로널드는 사무실에서 보내는 시간이 점점 더 많아졌다.

한편, 로다는 혼자 집에서 보내는 시간이 많아졌지만 아이가 없었다. 결혼 초기에 '그럴 시간이 없었던' 것이다. 드디어 그는 사무실의 책임자가 되었고, 더욱더 바빠졌다. 로다로서는 집에 가만히 앉아서 그 풍요로움만 즐기는 것이 마땅치 않았고, 따분하기만 했다. 얼마 가지 않아 그녀는 술에 빠져들었고, 두 사람은 이혼하고 말았다.

리얼리티 모델로 이 상황을 볼 때 로다와 로널드가 애당초 가지고 있던 믿음은 현실에 기초하고 있었다. 그러나 여성의 활동 제약이 심한 다른 문화에서 두 사람은 그 믿음을 실천에 옮길 수 없었다.

두 사람의 결혼이 실패로 끝난 것도 바로 그런 이유에서였다. 그 믿음은 부분적으로만 진실이었던 것이다. 그들의 진실한 믿음 속에는 뭔가 잘못된 믿음이 숨어 있었고, 그것이 새로운 환경에서 드러난 것이다.

로널드는 결혼 생활이 기본적으로 경제적 안정에 기초한다는 의문의 여지가 있는 믿음을 가지고 있었다. 그는 로다의 다른 욕구는 모조리 무시했다. 부와 지위도 다른 것을 위한 수단이 아니라 그 자체를 목표로 가정한 것이다.

한편, 로다 역시 남편의 일에서 배제된 것이 그녀가 할 수 있는 유일한, 의미 있는 일을 빼앗긴 것이라는 그릇된 믿음을 가지고 있었다. 그리고 상황이 바뀌면서(묘하게도 언제나 이렇게 된다) 더 이상 자신이 중요하다는 느낌을 받을 수 없었다. 기본적인 욕구가 충족되지 않게 된 것이다. 아마도 그녀는 사랑을 잃어버린 것 같은 느낌, 로널드가 그녀를 무시하고 있다는 느낌을 받았을 것이다.

그 욕구들을 충족시키기 위해서 그녀는 자신의 창에 새로운 믿음을 더해야 했다. '술을 마시면 기분이 좋아진다'는 것이 거기에 포함되었을 것이다. 또는 '내 불행은 모두 로널드 탓이다. 왜냐하면, 그가 나를 무시하고 나하고는 시간을 보내지 않기 때문이다'는 것도 있을 수 있다. 어쨌든 그 믿음들은 음주와 이혼으로 이어졌다. 그러나 이런 행동이 그녀의 좌절된 욕구를 충족시킬 수는 없었다. 그녀는 우리가 앞에서 살펴본 악순환에 빠진 것이다.

여기서 로널드가 이렇게 생각했다고 해보자. '우리 결혼 생활에서 로다의 자부심은 돈만큼 중요하다.' 새로운 믿음을 가지는 것이다. 그러면 그는 '로다가 사무실에 나올 수 없게 된 지금 어떻게 해야 로다의 자부심을 세워줄 수 있을까?' 라고 자문했을 것이다. 그리고 그의 행동도 달라졌을 것이다.

그리고 로다의 경우도 '나는 지금 새로운 상황에 처해 있다. 하지만 나는 내 반응을 컨트롤할 수 있어' 라고 올바른 믿음을 가질 수 있었다. 그랬다면 그녀는 '옛날이 좋긴 좋았지만 그때 중요했던 것들은 이제 내게 더 이상 필요하지 않아. 새로운 것을 찾아봐야지' 라고 생각했을 것이고 그러면 술이 그토록 매력적으로 보이지 않았을 것이다.

때로는 그릇된 믿음이 일시적으로는 효과가 있는 경우도 있다. 그러나 상황이 바뀌면 순식간에 우리의 욕구는 더 이상 충족되지 않는다. 그것은 변화하는 상황에 맞추어 우리의 믿음을 바꿀 필요가 있다는 사실을 경고해주는 신호이다. 무엇을 믿을 것인지 우리는 선택할 수 있다. 우리는 언제든 믿음의 창을 점검, 그 위에 써져 있는 것을 바꾸거나 재배치할 수 있다.

성장은 변화를 의미한다

성장한다는 것은 믿음의 창에 있는 것들을 향상시키는 과정이다. 그리고 그 첫 번째 단계는 자신의 믿음의 창 위에 있는 것들이 틀릴 수도 있다는 가능성을 인정하는 것이다. 그리고 기꺼이 그렇게 한다는 것은 성숙의 한 징표이다.

한번은 어느 회사에서 세미나를 마치고 집에 돌아가려고 하는데 한 여성이 다가왔다. 그 회사의 인사 담당 임원으로 아이를 둔 여성이었다. 올바른 믿음과 그릇된 믿음에 관해서 이야기를 나누던 중 그녀는 마음속에 일어난 변화에 대해 자세하게 설명했다. 그녀는 평소에 '좋은 엄마는 집에 있다'는 믿음을 가지고 있었다고 했다. 그리고 매일처럼 죄의식에 시달렸으며 그 때문에 어머니로서, 그리고 회사원으로서 일 처리하는 데에 심각한 지장을 받았다고 이야기했다.

그녀의 믿음이 그릇되었다는 사실은 너무나도 분명했고, 그녀는 세미나 도중에 그 점을 깨달았다. 홀로 사는 어머니나 아이들에게 의식주를 제공하기 위해서라도 두 사람이 같이 일해야만 하는 경우는 어떨까? 일을 하기 때문에 나쁜 어머니일까? 당연히 아니다. 좋은 어머니와 집에 있는 것 사이에는 아무 관계도 없다. 일을 하면서도 좋은 어머니가 될 수 있다. 그 세미나를 통해서 이 여성은 '좋은 엄마는 집에 있다'는 가정이 그녀의 인생에 매우 불만족스러운 결과를 낳고 있다는 점을 깨닫기 시작한 것이다.

그리고 그녀는 나에게 낡은 믿음을 대체할 새로운 믿음을 말해 주었다. 그것은 '좋은 엄마는 아이들이 필요로 할 때 같이 있어 준다'는 것이었다. 이 새로운 믿음은 그녀에게 마음의 평화를 가져다주었다. 그 결과 그녀는 직장에서의 생산성과 아이들의 요구에 대한 충실성 둘 다를 함께 높일 수 있었다.

우리는 그 후로도 계속 연락을 주고받고 있다. 그녀는 더 유능한 직장인이자 더 나은 어머니가 되었다. 죄의식에 시달리느라 에너지를 낭비하는 대신 그녀는 그 힘을 좀더 중요한 문제에 창조적으로 집중시킬 수 있었던 것이다.

꼭두각시와 꼭두각시 조종자

보브 베넷이 즐겨하는 이야기 가운데 매우 강압적인 아버지를 가진 친구(편의상 샘이라고 하자)의 이야기가 있다. 그런 유형의 아버지라면 당연히 샘을 자신이 바라는 대로 만들려고 했을 것이다. 그는 샘에게 자신과 같은 가치관을 가지기를 요구했고, 자신이 걸어온 길을 그대로 걷도록 만들려고 했다.

당연히 샘은 그 압력에 반항했고, 아버지가 원하는 것과 정반대로 움직였다. 그런데 샘도 나이가 들었고, 드디어 집을 떠나 아버지와 헤어지게 되었다. 샘은 집을 나오면서 아버지에 대한 거부감이 없어지기를 바랐다. 그러나 그렇게 되지 않았다. 오히려 세월이 가면서 더욱 커지기만 했다. 샘은 아버지의 통제에서 벗어난 자유로움도 느낄 수가 없었다. 뭔가 다른 대책이 필요하다고 생각했다.

마침내 샘은 당당하게 맞서기로 결심했다. 아버지와의 문제를 이번에는 영원히 끝장내기로 했다. 그는 아버지가 얼마나 완강한지 알고 있었고, 이번의 대면이 사랑하는 어머니에게는 큰 고통이 될 것이라는 사실을 알고 있었다. 그래도 결과야 어찌되든 훌훌 털어 버리고 싶은 마음뿐이었다. 그게 모두에게 이롭다고 스스로를 위로했다. 그것이 그의 믿음의 창 위에서 구체화된 기본적 믿음이었다.

마침내 그는 부모님이 있는 곳으로 차를 몰았다. 그곳으로 가는 동안이 문제를 생각하고 또 생각했다. 그러다가 그는 처음으로 자신이 꼭두각시처럼 행동해 왔다는 사실을 깨닫기에 이르렀다. 무조건 아버지가 당기는 쪽과 정반대로만 움직이는 꼭두각시였다. 그런데 놀라운 것은 그 줄에서 떨어지지 못하고 있는 것이 아버지가 아니라 바로 자기자신이라는 점이었다.

성공하는 10가지 자연법칙

샘을 아버지와 연결시키고 있는 그 끈들은 자기의 창에 자신이 써놓은 믿음들이었다. 아버지의 바람과 정반대로 해야 한다는 것, 그리고 아버지가 바라는 것과 정반대로 움직여야 한다는 믿음이 그것이었다. 당황스럽기도 했지만 지난 세월 그가 그런 믿음에 따라 아버지에게 반응을 보였다는 사실을 인정하지 않을 수 없었다. 지난 세월의 불행과 좌절감은 그에게 그 믿음이 틀린 것이었다는 사실을 말해주고 있었다.

여기서 그는 아버지와의 관계를 정리하는 데에는 3가지 방식이 있다는 결론에 이르렀다. 먼저, 이제까지 해오던 대로 무조건 아버지를 거역하는 길이 있었다. 청소년기에 그는 아버지가 10시까지 들어오라고 하면 굳이 그렇게 하고 싶지 않아도 12시 전에는 집에 들어가지 않았다. 그리고 집을 떠난 후에도 이런 식의 행동을 계속했다.

그러나 거역으로는 그가 바라는 것처럼 그 줄이 끊어지지 않았다. 다만 손에서 발로 조종의 대상이 바뀔 뿐이었다. 샘의 생각으로는 아버지가 손을 조종하는 줄 알았는데 발이 움직이고 있었던 것이다. 꼭두각시 조종자는 원하는 반응이 나오지 않으면 좌절감을 느낀다. 그러나 그는 여전히 인형의 움직임을 통제하고 있다. 달리 말해서, 샘이 밤늦도록 집에 들어가지 않은 것은 그렇게 하고 싶어서가 아니라, 아버지가 10시까지 들어오라고 했기 때문이었던 것이다.

두 번째 가능한 반응은 샘 자신이 조종자가 되는 것이었다. 아버지의 컨트롤에서 벗어나는 길은 아버지를 컨트롤하는 것이었다. 샘은 어떻게 하면 아버지를 화나게 만들 수 있는지 알고 있었고, 이제 줄만 조종하면 아버지를 춤추게 만들 수 있었다. 사실, 많은 10대들도 그렇게 하고 있다. 10대들은 어떤 짓을 하고, 음악을 얼마나 크게 하고, 어느 친구를 집에 데려오고, 어떤 옷을 입으면 되는지 빤히 알고 있다.

그러나 줄이 있어야 연극을 할 수 있다. 꼭두각시든 그 조종자든 둘 다 자유롭지 않은 것이다. 그리고 조종에 기초한 인간 관계는 반드시 문제를 일으키게 되어 있다. 샘은 행복이 아버지를 조종하는 능력 여부에 달려 있지 않다는 사실을 알 수 있었다. 그렇다면, 꼭두각시 조종자가 되는 것은 해답이 될 수 없었다.

세 번째 가능성, 그리고 유일하게 희망을 주는 것은 샘 쪽에서 그 줄을 끊어버리는 것이었다. 그러면 단순히 반응을 보이는 것이 아니라, 능동적으로 움직일 수 있고, 자유로울 수 있을 터였다. 아버지가 되라고 하는 그런 인물도 아니요, 아버지가 원하는 정반대의 인물도 아닌, 자신으로 돌아올 수 있었다. '인생을 어떻게 살 것인지는 자신이 컨트롤한다' 는 사실을 깨닫는 바로 그 순간 그 줄들이 힘없이 끊어지고 있었다.

부모님의 집에 도착할 무렵, 샘은 대결할 이유가 하나도 없다고 생각했다. 집안으로 들어간 샘은 아버지에게 사랑한다고 말했다. 그리고 부모님과 잠시 이야기를 나눈 다음 다시 집으로 차를 몰았다.

그러나 돌아가는 길에는 그 동안 자신이 지고 다녔던 무거운 짐이 어디론가 사라지고 없었다. '아버지가 원하는 것은 무엇이든지 거역해야 한다' 는 믿음을 버리는 순간 샘은 행복을 느낄 수 있었다. 그것은 그가 그릇된 믿음을 버리고 보다 나은 믿음을 가졌다는 좋은 신호였다.

마음의 창에 쓴 것을 바꾸기 위한 5가지 규칙

여기서는 인생을 컨트롤하는 데 꼭 필요한 5가지 기본 법칙을 소개하고자 한다. 이 법칙은 '인식의 부조화' 라는 개념에 기초한 것이다. 심리학자에 따르면, 우리의 마음은 서로 모순되는 두 개의 관점을 동시에 포

성공하는 10가지 자연법칙

용할 수 없고 자동적으로 그 모순의 해결에 나서는데, 좀더 논리적인 관점을 선택하고 아닌 것은 거부한다고 한다. 이 법칙은 이렇게 진행된다.

1. 바람직한 결과를 낳지 않는 행동방식을 확인한다.
2. 그 행동을 이끄는 믿음들을 확인한다.
3. 그 믿음에 기초한 미래의 행동을 예측한다.
4. 보다 나은 결과를 가져올 대안을 확인한다.
5. 새로운 믿음에 기초한 미래의 행동을 예측한다.

이 과정이 어떻게 이루어지는지 우리 집을 예로 들어보겠다. 나에게는 조지프라고 하는 아들이 있다. 고등학교 시절 조지프는 톰 크루즈 닮은 사람 뽑기 대회에 나가서 2등을 했다. 사실 참 못 생긴 아들이다. 그런데 그 조지프가 고등학교 농구팀을 만들었다. 조지프는 아주 좋아라 했다. 나는 아들의 행동을 그저 지켜보고만 있었다. 첫 번째 시즌이 되었고 나는 두어 번 구경을 갔다. 그런데 나는 조지프가 슛을 했다가 실패하면 다시는 슛을 쏘지 않는다는 사실을 발견했다. 또 상대 선수와 몸싸움이라도 하게 될라치면 뒤로 물러설 뿐 적극적으로 나서지 않았다. 이런 행동은 농구장 밖에서도 마찬가지였다. 성적이 안 좋게 나오면 가까이 접근도 못 할 정도였다. 나쁜 성적을 내고 집으로 돌아온 것이 못내 참기 어려운 것이었다.

어느 일요일 아침, 조지프를 앉혀놓고 물었다. "아빠는 몇 번 네 경기를 볼 기회가 있었단다. 네 믿음의 창에 무엇이 있는지 알기 위해서 경기에서의 네 행동에 대해서 아빠가 본 대로 이야기해도 될까?"

물론 위협이니 하는 것은 있을 수 없었다. 믿음의 창에 관한 이야기였고, 조지프 자신이 리얼리티 모델에 대해서 잘 알고 있었기 때문이다. 설령 내가 그의 믿음의 창이 망가져 있다고 말해도 조지프는 내가 자기를 한 사람의 인간으로서 사랑한다는 점을 잘 알고 있었다. 조지프라는 인간과 믿음의 창은 서로 별개의 문제인 것이다.

여기서 기억해야 할 놀라운 점은 어떤 사람에 대해서 그의 인간 존재 자체를 공격하지 않고도 그의 믿음의 창에 대해서는 매우 대결적인 태도를 취할 수 있다는 것이다. 그 사람이 고칠 수 있는 부분을 공격하고 있는 것이다.

다른 말로 하자면 이렇게 된다 "나 자신은 괜찮죠. 그렇죠, 아버지?" "그럼, 괜찮고 말고. 너의 믿음의 창에는 손볼 게 있지만 너 자신은 아무 문제도 없고말고."

조지프는 이 점을 이해하고 있었기 때문에 나는 아들의 행동을 설명해줄 수 있었다. "너는 슛을 했다가 실패하면 다시는 슛을 하지 않더구나. 상대방하고 부딪힐 때도 뒤로 물러서서 공격적으로 나아가질 않아. 학교에서 성적이 나쁘게 나오면 옆에 가기도 힘들고 말이야. 성적이 나쁘면 너도 당연히 싫겠지. 그건 너의 행동이야. 왜 그런 식으로 행동할까? 너의 믿음의 창에서 그런 행동을 이끌어내는 것이 그 무엇인지 확인할 수 있지 않을까?"

이 공식의 제2단계에 들어갈 때 문제를 제기해야 한다. '왜?' 왜 그렇게 행동하느냐? 그리고 그 질문에 대한 대답은 그 창에 있는 믿음의 형태로 되돌아온다.

우리는 그 문제에 관해서 25분 가량 이야기를 나누었다. 제법 오래 이야기를 한 셈이다. 그런데 그 이야기가 끝나고 나서 조지프가 의자에 몸을 기대더니 이렇게 말했다. "그런데 아버지, 아버지께서 꼭 이해하셔야 할 점이 있어요. 저는 실패가 너무나 두려워요."

"조지프, 방금 전에 우리가 너의 믿음의 창에 있는 가정 하나를 확인한 것 같은데. '실패는 나쁘다'는 믿음 말이다. 그런데 네가 도대체 어디서 그런 생각을 하게 되었을까?" 그 아이의 입에서 어떤 대답이 나왔는지 아는가. 바로 나를 보고 그런 믿음을 가지게 되었다는 것이었다!

조지프는 감정이 북받치는 모양이었다. "아버지는 실패가 뭔지 하나도 모르세요."

"그게 무슨 말이냐? 내가 실패가 뭔지 모른다니?"

"아버지는 실패해본 적이 없잖아요. 전세계를 다니면서 연설을 하고…. 또 아버지는 없는 게 없고요."(혹시 아이들이 성공을 물질과 동일시하고 있다는 것을 느껴본 적이 있는가?) 그리고 아들은 강조하듯 덧붙였다. "아버지는 '실패'라는 단어의 뜻도 제대로 모르실 거예요." 조지프는 점점 더 흥분하고 있었다.

여기서 나는 조지프가 아버지를 제대로 이해하지 못하고 있다는 사실을 알 수 있었다. "얘야, 이 아버지의 실패 이야기를 들어보겠니?" 그리고 나는 1시간 30분 동안 이제까지 5차례나 결정적인 위기를 맞았던 내 실패담을 늘어놓았다. 그러다가 학교 성적이 어땠는지 실토하는 실수까지 범하고 말았다. 어쨌든 나는 실패담을 가능한 한 자세하게 이야기했다. 내 이야기를 들은 조지프의 표정이 달라졌다. 마치 등에서 무거운 바윗돌이라도 내려놓은 듯한 표정이었다.

조지프는 그렇게 멍하니 앉아 있다가 이윽고 입을 열었다. "그럼 실패해도 괜찮다는 뜻인가요?"

"물론이고 말고. 실패는 아무 문제도 아니야. 실패를 하고도 아무런 조치를 취하지 않는 것이 진짜 문제지."

일단 그릇된 믿음이 무엇인지 확인한 이상 조지프가 믿음의 창에 있는 것을 바꾸지 않을 때 어떤 행동을 하게 될지 예측하는 일은 쉬웠다. 그럴 때는 새로운 시도가 두려워진다. 자신의 재능을 발휘하고, 한계에 도전하며, 자신의 지평선을 확장하는 일이 겁나는 것이다. 결국 언제나 실패만 되풀이하며 살게 된다. 실패가 두렵다는 그 한 가지 이유 때문에 그렇게 되는 것이다.

우리는 그날 조지프의 믿음의 창에 새로운 믿음 하나를 썼다. '실패는 성장의 일부분이다'는 믿음이었다. 그러고 나니 그 믿음으로부터 나오는 행동을 예측하는 일은 너무나 쉬웠다.

이틀 후, 나는 다시 농구 경기를 보러 갔다. 조지프는 라이벌 팀과 경기를 하고 있었다. 그 아이가 동물로 변해 있었다. 조지프는 슛을 쏘지 말아야 할 때도 슛을 쏘아댔다. 그리고 몸싸움도 마다하지 않았다. 나중에는 성적이 나쁘게 나와도 오히려 의기양양했다.

"아버지, 혹시 이런 것 보신 적 있으세요. D를 받았어요." 물론 우리는 믿음의 창과 성적에 관해서 다시 대화를 가져야만 했다. 조지프가 엉뚱한 방향으로 너무 나간 것이다.

조지프는 실패가 나쁘다고 믿는 대신, 필요의 차원을 넘어 바람직하다고까지 믿고 있었다. 우리는 문제를 솔직하게 털어놓았다. 그리고 그 대화에서 나는 실패를 해도 문제가 아니라는 점을 깨닫는 순간, 조지프의 인생에서 고통과 마음의 상처가 없어졌다는 사실을 확인했다.

이 이야기에서 우리가 어떤 단계를 밟았는지 알 수 있을 것이다. 우리는 행동을 확인했고, 어떤 믿음인지 확인했다. 이어 우리는 미래의 행동도 일부 예측했다. 그런 다음 새로운 믿음을 찾아냈고, 그 새로운 믿음에 기초해서 미래의 행동을 예측했다. 조지프는 이 새로운 믿음을 과거의 것보다 훨씬 더 좋아했다. 자연스레 치유가 시작되었다. 행동이 올바른 방향으로 바뀌기 시작한 것이다.

다른 예를 하나 더 들어보겠다. 내 주변에는 훌륭하기는 하지만 일 중독증 환자라고 할 수 있는 사람들이 많다. 나 자신도 일을 열심히 한다고 자부한다. 그 점에는 잘못된 구석이 하나도 없다. 그런데 내가 보기에는 일 때문에 인생의 다른 측면들을 거의 전부 다 무시하는 사람들이 많다. 그들은 다른 중요한 일들을 하지 않는 이유로 일을 들곤 한다. 그들의 믿음은 이것이다. '내 인생에서는 일이 제일 중요하다.'

그렇지만 그 믿음을 들이대면 부정하기도 한다. "그건 사실이 아닙니다. 일보다 중요한 일이 많습니다." 그 예를 들어보라고 하면 그들은 가족, 종교, 학습, 우정, 건강 같은 것을 든다.

그러나 그들의 행동은 그 주장을 뒷받침하지 않는다. 직업으로 인해 부과되는 일 때문에 가족활동에 빠지는 일이 너무나 잦다. 심지어 일과 가족의 관계를 왜곡시켜 자신의 행동을 합리화하는 경우까지 있다. 그들은 "일을 열심히 하는 것은 다 가족을 부양하기 위해서"라고 한다. 그래도 그들이 가족과 함께 시간을 보내지 않는다는 사실은 남는다. 그들은 "시간이 없어서" 충분한 대화를 하지 못하고, 책을 읽지 못하며, 또 일 관계를 떠나서는 친구를 사귀지도 못하고, 운동도 하지 못한다. 그들의 믿음의 창에 무엇이 있는지 그들의 말이 아니라 행동이 말해 주는 것이다.

우리는 그들이 '내 인생에서 제일 중요한 것은 일이다' 라는 믿음을 가지고 있다는 사실을 확인했다. 이 믿음을 확인한 이상, 미래의 행동도 쉽게 예측할 수 있다. 이 가정에 따라 움직이는 사람이 미래에는 어떻게 행동할까? 그 사람은 지금과 똑같이 행동하고 있을 것이다. 그렇다면 그렇게 하는 것이 장기적으로 볼 때 그의 욕구를 충족시킬까? 그 대답은 당연히 부정적이다. 그렇다면 좀더 나은 결과를 낳을 다른 대안을 찾을 수는 없을까?

물론 찾을 수 있다. 내가 젊었을 때 혼자 다짐하곤 하던 말이 있는데 결코 잊을 수 없다. "아무리 성공한다고 해도 가정 생활에서 실패하면 아무 소용이 없다." "임종의 순간에 일을 더 열심히 할걸 하고 후회하지는 않을 것이다." "실제 현장에서 나를 유능한 사람으로 만들지 않는다 해도 지식은 소중한 것이다."…. 이런 믿음에 기초한 미래의 행동이 어떤 것일지는 충분히 예측할 수 있다. 한 개인의 기본 욕구를 충족시키는 데에는 이 믿음이 중요하다는 점은 누구나 인정할 것이다.

그렇다고 이 5단계 공식의 비밀은 다른 사람의 인생에 적용시킬 수 있다는 데 있지 않다. 이 개선 과정이 가지는 1차적인 가치는 이것을 우리 스스로에게 적용하는 데 있다. 물론 그 일이 쉽지는 않다. 그렇게 하자면 먼저, 우리는 우리의 믿음을 객관적으로 볼 수 있어야 하며, 설령 우리 자신이 보지 않으려 한다 해도 그 믿음이 우리의 행동을 통해서 믿음의 창에 나타난다는 사실을 인정해야 하기 때문이다. 앞에서 지배가치를 확인하는 문제에 관해서 이야기할 때 제안했듯이 당신의 배우자나 절친한 친구라면 당신이 믿음의 창에 쓴 믿음들을 확인하는 데 귀중한 통찰력을 제공해 줄 것이다.

나 메시지

그렇다면 다른 사람의 기본적 믿음을 바꾸는 일에 도움을 주려면 어떻게 해야 할까? 당신은 가족이나 친구, 또는 동료가 믿음의 창에 그릇된 믿음을 가지고 있다는 사실을 알지만, 정작 그 사람은 그 사실을 모르고 있는 경우를 경험하기도 할 것이다. 달리 말하자면, 당신은 그 사람의 행동을 통해서 미래의 결과를 예측할 수 있는데, 그 사람은 전혀 모르고 있는 것이다. 인생에서 제일 어려운 과제 가운데 하나가 바로 다른 사람에게 변화의 동기를 부여하는 일이다.

그 이유는 그 누구도 다른 사람을 변화시킬 수 없기 때문이다. 우리가 설득하고, 애원하고, 제안하고 심지어 요구한다 해도 그 사람이 자신의 행동을 바꾸고 싶어하지 않는다면 변화는 있을 수 없다. 변화하고자 하는 마음은 반드시 내부에서 나와야만 한다. 그렇다면, 그런 마음을 일으키는 데 도움을 줄 방법은 없을까? 여기, '나 메시지'라고 하는 개념이 있다. '나 메시지'는 4단계로 구분된다.

1. 그 사람에게 "나에게 문제가 있다"고 말한다.
2. 위협적이지 않은 방식으로 당신의 입장에서 그 문제를 설명한다.
3. 그런 상황에서 당신이 어떤 느낌을 받는지 이야기한다.
4. 그런 상황의 실체가 변화를 일으키도록 유도한다.

처음의 3단계는 상당히 솔직하다. 그리고 상대방이 위협을 받는다는 느낌이 들지 않는 분위기를 만들어야 한다. 4번째 단계에서는 두 개의 강력한 질문을 던져야 한다.

1. 만약 당신이 내가 어떤 기분을 느끼는지 알면서도 이런 행동을 계속한다면 우리의 관계가 좋아질까, 아니면 나빠질까?

그리고 2. 당신은 우리 관계가 좋아지기를 원하는가, 아니면 나빠지기를 원하는가? 이 두 질문은 어떤 상황에서든지 다 이용할 수 있다. 그리고 문제가 없는 한 솔직하고도 긍정적인 반응과 의견 교환을 촉진할 것이다.

한 가지 예를 들어보겠다. 당신의 이름을 '킴'이라 하고, 우리 회사에서 일한다고 하자. 그런데 당신이 지난 열흘 동안 매일 지각을 했다. 그러면 사장인 나는 당연히 관심을 가질 것이고, '나 메시지'를 전하고자 할 것이다. "킴, 나한테 문제가 있습니다. 보니까(제2단계) 당신이 지난 열흘 동안 지각을 하고 있더군요. 당신이 매일 늦는다는 사실에 대해서 내가 매우 불편한 심정이라는 점을 알릴 필요가 있을 것 같습니다(제3단계). 킴, 당신이 그런 행동을 계속한다면, 그러니까 내가 어떤 기분인지 알면서도 계속 늦는다면 우리 관계가 좋아지겠습니까, 나빠지겠습니까?"

여기서 신비의 힘을 발휘하는 것은 바로 이것이다. 즉, 그런 행동을 계속한다면 우리 관계가 좋아지겠는가 나빠지겠는가 하는 것이다. 이런 식의 문제 제기는 당신의 행동을 당신의 욕구 충족이라는 차원의 것으로 만들어준다. 그리고 자연스럽게 마지막 질문으로 이어진다.

"킴, 당신은 우리 관계가 좋아지기를 바랍니까, 아니면 나빠지기를 바랍니까?" 그 대답은 십중팔구 좋아지는 쪽이다. 그런데 당신이 우리 관계에 대해서 신경 쓰지 않는다면, 논쟁이라도 한 번 하고 싶은 기분이라면 그때는 당신은 뭐라고 할까? 당연히 나빠지는 쪽일 것이다. 그러면 어떤 일이 일어날까? 당신은 직장을 잃게 될 것이다. 그렇게 됐을 때 당신의 욕구가 충족될까? 그런 경우는 거의 없을 것이다.

일반적으로 당신은 "우리 관계가 좋아지기를 바랍니다"라고 대답할 것이다. 그러면 나는 "좋아요, 당신이 우리 관계가 좋아지기를 원한다면 당신은 어떻게 행동해야 하겠습니까? 당신은 당신의 믿음의 창에 '지각을 해도 상관없다'고 쓴 것을 바꿔야 합니다'라고 말할 것이다. 그 믿음을 대체할 새로운 것은 이런 것일 것이다. "지각을 하면 나와 사장이 불편한 관계가 된다. 그러면 장기적으로 볼 때 내 욕구가 충족될 수 없다."

몇 년 전인가 나는 아이들에게 이 '나 메시지'를 가르쳐준 적이 있다. 나에게 스테이시라는 딸이 하나 있는데 아주 멋진 꼬마 숙녀다. 그 아이가 중학교 3학년일 때의 일이다. 스테이시는 학교 밴드에 들어갔다. 지금도 그렇지만 당시에도 나는 일 때문에 멀리 가는 일이 많았다. 그러던 어느 날 스테이시가 회사로 나를 찾아왔다. 회사라고 해봐야 당시는 우리 집 지하실에 있던 때이므로 스테이시는 지하실 문을 열기만 했을 뿐이다. 스테이시가 머리를 빠끔 내밀고는 말했다. "아빠, 할 이야기가 있어요."

"그래, 뭐냐."

스테이시는 사무실로 들어섰다. 그리고 책상 건너편에 앉아서는 턱을 책상에 괴고는 다시 한 번 더 말했다. "아빠, 저한테 곤란한 문제가 하나 있어요." 제1단계. "저는 요새 학교 밴드에서 연주를 하고 있어요. 연주회도 자주 하고 있고요. 그런데 아빠는 출장 때문에 바쁘다고 한번도 연주회에 오지 않았어요." 제2단계, 내 행동에 대한 위압감 없는 설명. 나는 딸의 문제가 무엇인지 금방 알 수 있었다.

그리고 스테이시는 3단계로 들어갔다. "아빠가 알고 계셔야 할 게 있는데, 아빠가 연주회에 오시지 않으면 저는 정말 기분이 안나요. 다른 애들도 아빠가 한 번도 오시지 않는다고 저를 놀려요." 이어서 제4단계. "아빠가 연주회에 오시지 않으면 우리 관계가 좋아질까요, 나빠질까요?"

드디어 내가 도마에 올라간 꼴이 되었다. 나는 아주 조그맣게 대답했다. "나빠지지."

그러자 스테이시가 말했다. "한 가지 더 여쭤볼게요. 아빠는 우리 관계가 좋아지기를 원하세요? 아니면 나빠지기를 원하세요?" 이 말을 남기고는 자리에서 일어나 나가버렸다.

이틀 후 스테이시의 학교에서 연주회가 있었다. 나는 3개의 세미나를 취소했다. 연주회 때 나는 맨 앞줄에 앉아 있었다. 그것은 스테이시가 한 가지 기본적 믿음을 되살려 주었기 때문이다. 그것은 내가 믿음의 창에서 지워버리고 있던 것, 아이들과의 관계는 내가 아이들의 인생에 얼마나 개입하는가에 비례한다는 믿음, 그것이었다. 그것이 놀라운 방식으로 내 믿음의 창으로 돌아왔다.

그런데 이 모든 것은 우리가 함께 앉아서 서로를 공격하는 대신 다른 것, 즉 좌절의 진짜 원인인 내 행동을 공격함으로써 가능해졌다. 당신의 행동이 곧 당신은 아니다. 이 점을 이해하고 넘어가기 바란다. 내가 당신의 행동이 나에게 고통을 준다고 말할 때 당신이 나쁜 사람이라고 말하는 것은 아니다. 다만 당신이 그릇된, 때로는 해로운 믿음에 따라 행동하고 있는 것 같다고 말하는 것일 뿐이다. 이 일이 있은 후 스테이시와 나는 믿음의 창에 관해서, 그리고 믿음이 행동을 어떻게 유도하는지에 관해서 멋진 대화를 나눌 수 있게 되었다.

이것은 아주 간단한 도구이다. 자리를 잡고 이렇게 이야기하기만 하면 된다. "토드, 아빠한테 문제가 하나 있단다. 그게 우리 집에는 12시까지 집에 돌아와야 하는 규칙이 있는데 너는 그 시간에 돌아오지 않아. 그래서 이 아빠는 영 마음이 편치 않구나. 네가 왜 그러는지 생각하면 걱정이 돼서 속이 다 탄단다. 네가 계속해서 그렇게 한다면 우리 관계가 좋아질까, 나빠질까?" 행동에 관한 이야기, 그리고 그 행동을 어떻게 변화시킬 것인지에 관한 이야기는 그렇게 시작하면 된다.

리얼리티 모델은 강력한 도구이다. 우리 자신의 행동과 그 행동이 가져올 결과를 분석하는 데 강력한 효과를 발휘한다. 뿐만 아니라, 다른 사람들이 기분 좋게 행동의 변화를 이루어내도록 해준다. 다른 사람과의 관계를 향상시키는 데 효과적인 수단인 것이다.

리얼리티 모델은 우리 자신과 우리의 행동을 분리시켜 준다. 사실, 그 두 개는 서로 별개의 것이기도 하다. 만약 우리가 우리 자신이나 다른 사람을 직접 공격하는 일 없이 그릇된 믿음과 파괴적인 행동을 공격할 수 있다면 대인 관계와 각자의 생산성 문제를 대부분 손쉽게 해결할 수 있다.

그런데 이런 문제제기가 가능하다. 그 뿌리가 훨씬 더 깊고 파악하기조차 힘든 문제도 있지 않은가? 중독성 행동이나 자기 포기형 행동은 어떻게 해야 할까? 이런 경우에도 리얼리티 모델이 효과가 있을까? 제8법칙에서 살펴볼 문제가 바로 그것이다.

제8법칙

그릇된 믿음을 바꾸면 부정적인 행동을 극복할 수 있다

리얼리티 모델이 보여주듯이, 행동은 믿음의 창에 써놓은 것들로부터 많은 영향을 받고 있다. 우리는 그 믿음이 옳든 그르든 자신의 믿음이 옳다고 믿고 있고, 그것에 따라서 행동하고 있다. 진정으로 올바른 믿음은 긍정적인 행동, 바람직한 결과를 낳는 행동으로 이어진다. 반면에, 그릇된 믿음은 부정적이고, 자기 패배형 행동으로 이어진다. 그런 행동은 10가지 자연법칙을 실천하는 데 방해가 될 뿐이다. 부정적인 행동을 그대로 내버려두면, 인생을 컨트롤하고자 하는 당신의 노력이 수포로 돌아가고 만다.

부정적인 행동은 그 폭이 매우 넓은 개념이다. 아이에게 큰 소리로 야단치거나 악의 없는 거짓말을 하는 것, 지나치게 일하는 습관 등이 가벼운 정도라면 약물 남용, 배우자나 아동 학대, 협박성 거짓말 등은 강도 높은 행동에 속한다. 부정적인 행동이 극단적인 형태로 나타나면 자신과 상대방 모두 심각한 피해를 볼 수 있다.

그런데 우리 스스로도 설명할 수 없는 부정적인 행동("내가 왜 그랬지?")은 우리가 이해할 수 없는 행동 과학적인 용어로만 설명 가능한 경우가 대부분이다. 여기서 리얼리티 모델이 등장한다. 리얼리티 모델은 우리가 부정적인 행동을 피하거나 극복하는 데 도움이 되는 몇 가지 중요한 단서와 통찰력을 제공한다.

부정적인 행동은 컨트롤 부족을 의미한다. 인생에 대한 퇴행적 반응의 증후군인 것이다. 그릇된 믿음으로 욕구를 충족시키려고 하는 데서 부정적인 행동이 나온다. 그 믿음이 현실에 뿌리를 두고 있지 않기 때문에 그 욕구를 충족시키지 못하는 행동과 결과가 나오는 것이다. 그리고 그 충족되지 않은 욕구를 만족시키겠다고 계속해서 부적절한 행동을 취하는 악순환의 고리에 빠지고 만다.

예를 들어, 남의 이야기하기를 좋아하는 사람을 보자. 이 흔하디 흔한 부정적 행동은 자신이 중요하다는 느낌을 받고자 하는 욕구에서 나온 것이고 ,때로는 사랑 받고자 하는 욕구의 왜곡된 변형판일 수도 있다. 남을 밟고 올라서는 것이 세상에서 위로 올라가는 제일 좋은 방법이라는 생각에 다른 사람을 깎아 내리는 사람이 있다. 또 남을 깎아 내리지는 않지만 유명 인사를 거론, 듣는 사람으로 하여금 말하는 당사자가 그 사람과 동류의 사람인 양 믿게 만드는 사람도 있다. 이 행동들이 어떤 욕구에서 나온 것이든, 그리고 그 욕구가 단기적으로 얼마나 충족되든, 장기적으로 볼 때는 필연적으로 손해를 보게 되어 있다.

남의 이야기하기는 짧은 순간 자신이 중요한 인물이 된 것 같은 느낌을 준다. 나아가 순간적으로는 다른 사람들이 숭배하게 만들기도 한다. 그러나 숭배는 사랑이 아니다. 그리고 다른 사람을 깎아 내리면 반드시 자신에게 그것이 그대로 돌아오게 되어 있다. 장기적으로 볼 때, 우리는 두 개의 적과 마주치게 된다. 하나는 우리가 등뒤에서 비난했던 사람이고, 또 하나는 없애려야 없앨 수 없는 평판이다. 그런 점에서 이것이야말로 부정적인 행동의 전형이다. 단기적인 만족을 추구했던 그 욕구가 장기적으로 볼 때는 결코 충족되지 않는 것으로 결말을 보는 것이다.

부정적인 행동 가운데 극단적이 것이 이른바 '중독성 행동'이다. 이 말을 들었을 때 무엇이 떠오르는가? 아마 약물이나 알코올 중독이 떠오를 것이다. 요즘 신문지면을 장식하는 중독성 행동이 바로 이것이고, 실로 매우 심각한 문제가 되고 있다.

한 심리학자는 중독성 행동을 "단기적으로는 이익을 주지만 장기적으로는 파괴를 가져오는 강박적 행동"이라고 정의한 바 있다. 약물이나 알코올 중독은 가장 심각하고, 눈에 잘 띄는 부정적 행동의 대표적인 예이다. 이 책이 그 중독에서 벗어나는 문제에 관한 책도 아니고, 나 자신도 이 엄청난 사회문제에 대한 전문가도 아니다. 그러나 그런 문제들이 부분을 이루고 있는 것, 즉 부정적인 행동의 상당 부분은 리얼리티 모델이 제공하는 통찰력을 통해서 좀더 분명하게 볼 수 있고, 이해할 수 있다.

일반적으로는 중독성이라 간주하지는 않지만 많은 부정적 행동은 그 강박성과 파괴적 행동의 결과가 정도만 다를 뿐 중독성 행동과 별반 다를 게 없다. 약물과 알코올 외에 중독성이라고 할 수 있는 행동으로는 다음과 같은 것들이 있다.

과식
일에 대한 집착
흡연
허풍떨기

잠자기

쇼핑

남의 이야기하기

어린이와 배우자 학대

어린이에게 큰소리 치기

노골적인 농담

조깅

　위의 목록을 보고, "아니, 저런 것까지 다 중독성이라고?"라고 하는 사람이 있을지 모르겠다. 특히 조깅을 보고 그렇게 말하는 사람들이 많을 것이다. 조깅도 중독될 수 있다. 조깅을 꼭 해야만 한다는 강박 관념에 사로잡히면 조깅도 중독성 행동이 된다. 장기적으로 볼 때 부정적인 결과를 낳는다는 점에서는 다른 행동과 다를 바가 없는 것이다.

　예를 들어, 당신이 하루에 5킬로미터씩 달리는 것을 철칙으로 삼는다고 하자. 무릎이 시원찮은 데도 계속 그렇게 달린다면 심장은 단련할 수 있겠지만, 무릎은 영원히 망가지고 말 것이다. 또 저녁식사가 끝나고 배우자가 "오늘은 당신이 설거지 할 차례예요"라고 했을 때 "미안해, 운동할 시간이라서. 내가 운동하는 건 당신도 알고 있잖아"라고 한다면, 울퉁불퉁하고 우람한 몸매를 가질지는 모른다. 그러나 당신의 결혼 생활은 장기적으로 볼 때 제대로 굴러가지 않게 된다. 단기적으로는 이익이지만 장기적으로는 파국으로 끝나게 된다. 그것이 바로 중독성, 부정적 행동이다.

　아이에게 큰소리치는 것을 일례로 살펴보자. 이 행동으로 얻을 수 있는 단기적 이익은 무엇일까? 먼저, 당신의 가슴이 후련해질 것이다. 또는 세상을 좀더 좋은 것으로 만드는 데 당신의 책임을 조금이라도 다했다는 느낌을 얻을 수도 있다. 최소한 그 순간만이라도 당신 아이의 못마땅한 행동을 억제시킨 것이다. 아니면 아이들을 컨트롤하고 있다는 자부심을 가질 수도 있다.

하지만 장기적인 결과는 어떻게 나타날까? 당신의 아이들은 거리감을 갖게 될 것이다. 거역하는 태도로 나올 수도 있다. 또 뿌리깊은 적대심을 품을 수도 있다. 후일, 당신이 아이들에게 의지해야 하는 노년에 접어들 때 아이들이 당신을 소홀히 할 수도 있다. 또 아이들에게 분노가 다른 사람의 잘못에 대한 적절한 반응이라고 잘못 가르칠 수도 있다.

그렇다면 우리의 인생에서 부정적인 행동을 극복할 수 있는 방법은 무엇일까? 이 문제에 대한 몇 개의 해답이 리얼리티 모델에 들어 있다. 물론 그 첫 번째 단계는 우리에게 문제가 있다는 사실을 인정하는 것이다. 두 번째는 우리가 그런 행동을 유발하는, 충족되지 않는 욕구를 가지고 있다는 사실을 인정하는 것이다. 그러고 나면 그릇된 믿음을 확인할 수 있다. 어느 순간엔가 그 믿음이 최소한 단기적으로는 우리의 욕구를 만족시키고 있다는 판단 하에 그 믿음을 선택한 것이다. 그리고 마지막으로 그릇된 믿음 대신 올바른 믿음을 가지면 된다. 일단 그렇게 하고 나면, 즉 우리가 새로운 믿음에 의지하고 나면 자동적으로 행동도 변하게 된다.

마약과 술은 재미있다

어느 날, 사무실에 앉아 있는데 브렌트 워드라는 사람에게서 전화가 왔다. 당시 그는 유타주 연방 검사였다. 나는 그를 한 번도 만난 적이 없었다. 그러나 그는 이렇게 말했다. "하이럼 씨, 나는 약물과 알코올 남용 혐의로 아이들을 감옥에 집어넣는 데 지쳤습니다. 그래서 우리 주의 고등 학교를 순회하면서 강연회를 할 계획을 세웠습니다. 유타 재즈 팀에서는 농구팀을 보내 주기로 했고, 영화도 상영할 예정입니다. 당신도 우리하고 같이 다니면서 아이들에게 인생을 어떻게 컨트롤하는지 가르쳐 줄 의향은 없습니까?"

그 말을 듣자마자, 흔쾌히 승낙했다. "좋습니다, 같이 해봅시다."

그리고 3년 동안 유타 주의 모든 고등학교에서 강연회를 열기로 했고 곧 실행에 옮겼다. 그러던 어느 날, 브렌트가 워싱턴에 일이 있어서 오지 못했다. 대신 그는 부검사를 보냈다. 유타 재즈 팀도 마침 경기가 있어서 오지 못했다. 결국 그 부검사와 나만 가야 했다. 우리는 그날 하기로 되어 있는 고등학교에 갔다. 현관에 들어서니 교장 선생님이 우리를 맞아 자기 사무실로 안내했다.

우리를 자리에 앉힌 후 교장 선생님이 말했다. "여러분은 전체 학생을 다 모아놓고 강연을 하고 있지요?" 그러고는 곧바로 말을 이었다. "그런데 나는 두 분이 전체 학생에게 강연하게 하고 싶지 않습니다. 모두가 문제를 가지고 있는 게 아니니까요. 나는 두 분이 우리 학교의 마약과 알코올 상습자에게만 강연하기를 원합니다."

그래서 내가 물었다. "교장 선생님이 누가 그런 애들인지 아십니까?"

"그럼요, 훤히 알고 있습니다."

교장 선생님이 우리를 안내한 곳은 음악실이었다. 교장 선생님은 우리를 거기로 안내한 다음 그곳에서 기다리게 했다. 그 방에는 문이 한 개뿐이었고, 우리가 앉아 있는 앞쪽에서 뒤쪽으로 가면서 의자들이 계단식으로 높게 배치되어 있었다. 몇 분 후 수업 시작종이 울렸다. 문이

열리면서 50명의 아이들이 들어왔다. 각양각색의 아이들이 등장했다. 코에 코걸이를 한 아이가 있는가 하면 녹색 물을 들인 머리를 하늘로 치켜세운 아이도 있었다.

이윽고 교장 선생님이 들어와 앞으로 갔다. 그런데 그가 말을 시작하기도 전에 한 아이가 의자에서 벌떡 일어섰다. 무리의 리더격인 듯했다. "우리를 왜 여기다 모아 놓은 겁니까?"

그러자 교장 선생님이 대답했다. "마약하고 알코올 중독자들만 모이라고 한 거다. 그리고 이 두 사람이 그 문제를 해결해 주실 거다."

그때까지 나는 여러 사람 앞에서 소개를 받은 경험이 참 많았다. 그러나 이번만큼 색다른 경우는 없었다. 교장 선생님은 그 말을 끝으로 돌아서서 나가버렸다. 지켜보고 싶지도 않은 모양이었다.

나는 교단 앞으로 가 섰다. 한 장발머리 아이가 의자 세 개를 연결해 놓고 누워 있는 것이 눈에 들어왔다. 그 아이는 용수철로 장식한 이상한 안경을 쓰고 있었다. 세상 모든 것에 무관심한 듯한 태도였다. 나는 그 아이를 1차 상대로 결정했다. "여기 바보가 하나 있는 것 같은데…, 허리를 세우고 앉을 줄도 모르니 말이야."

그러자 그 아이가 자리에서 벌떡 일어섰다. 그리고 안경을 휙 벗었다. "거 참, 대단히 듣기 불쾌한 말인데요."

"그래, 그 말이 맞다. 그런데 왜 그러고 가만히 있니?"

"좋아요, 나가겠습니다." 아이는 성큼성큼 문쪽으로 갔다. 그리고 문 앞에서 몸을 돌리더니 나를 보고 욕을 했다. 그러고는 문을 쾅 닫고 사라졌다.

그 아이가 문을 부술 듯 닫고 나가는 순간 나머지 아이들이 거의 한 목소리로 소리를 질러댔다. "옷 가져가라고 해요!"

아이들이 너무나 시끄럽게 떠들어대는 바람에 나는 소리를 질러야 했다. "자, 여기 주목. 내가 여기 온 이유는 리얼리티 모델이라고 하는 것을 가르치기 위해서입니다. 여러분은 이제 저 문을 나가기 전에 이 이야기를 기억에 담아두어야 합니다. 여러분 머리 속 깊숙이 새겨두어야 한다 이 말입니다. 알겠습니까?"

악의에 찬 시선들….

"여기는 칠판이 없습니다. 그래서 5명의 자원자가 필요합니다." 약간의 감언이설 끝에 리얼리티 모델의 다섯 부분을 의미하는 다섯 명의 아이를 앞줄에 앉힐 수 있었다. 조금 전에 교장 선생님에게 인사를 건넸던 J.D.라고 하는 아이가 믿음의 창 역할을 맡았다. "됐습니다. 그럼 이제 내가 여러분의 믿음의 창에 한 가지 믿음을 제시하겠습니다. 그것은 '나의 가치는 친구들과 잘 지내는 일에 달려 있다'는 것입니다. 여러분 가운데 혹시 그 믿음을 자기 믿음의 창에 써놓고 있는 여러분 또래의 사람을 아는 사람이 있습니까? 더 나이든 사람도 좋고?"

내가 누구에겐가 어떤 욕구에서 그 믿음이 나오는지 말해보라고 했을 때 한 아이가 불쑥 말을 던졌다. "자기가 중요하다는 느낌을 받기 위해서겠죠." 좀 건방진 투의 목소리였다. "그겁니다. 그리고 사랑 받고자 하는 욕구도 있을 수 있습니다. 그 2가지 욕구에서 그 믿음이 나온다고 할 수 있을 겁니다. 자, 만약 그 믿음이 사실이라면 여러분 친구가 여러분이 좋은 사람이라고 하기 전에는 여러분은 가치가 없는 인간입니다. 어떤 모임에 갔는데 친구들이 마약하고 술을 내놓는다고 합시다. 여러분은 어떻게 할 겁니까?"

다들 이구동성으로 말했다. "당연히 해야죠."

"당연히 하게 되겠죠. 그런데 계속 그렇게 할 때 여러분의 욕구가 충족되는 결과가 나옵니까?" 멍한 시선들. 아이들은 내가 무슨 말을 하는지 이해하지 못하고 있었다.

어쨌든 우리는 그 모델을 계속 확인해 나갔다. 그 이야기를 한 지 25분 정도 되었을 때였다. J.D.가 벌떡 일어섰다. 그 순간, 나는 아이들의 표정에서 모두 '아하, J.D.가 옷을 갖다주러 나가려고 하는구나' 라고 생각한다는 것을 알 수 있었다.

그러나 그 아이는 밖으로 나가지 않고 이렇게 말했다. "이 모델이 얼마나 엉터리인지 말해볼까요. 선생님 이야기는 믿음의 결과가 욕구를 충족시키지 않으면 믿음의 창에 그릇된 믿음이 있다는 겁니다. 그 뜻인즉, 우리 행동의 결과가 우리의 욕구를 정말로 충족시킨다면 우리가 올바른 믿음을 가지고 있다 이거고요. 안 그렇습니까?"

그 말을 들으면서 나는 흥분하고 있었다. 그 아이가 리얼리티 모델의 용어를 완벽하게 사용하고 있었던 것이다. "바로 그겁니다!" 그리고 그 아이가 무슨 말을 하려고 하는지 정확하게 알고 있었기 때문에 그 아이의 말을 중단시켰다. "자, 여기서 잠깐만 내 말을 들어봐라. J.D., 술을 마시니?"

"예, 마십니다."

"얼마나 마시는데?"

"일주일에 맥주 여덟 잔에서 열 잔이요. 그리고 주말에는 취할 정도로 마십니다."

"주말마다 취한다고?"

"그래요."

"그럼 알코올 중독자냐?"

"아뇨, 그건 절대 아닙니다. 그 정도 마셔 가지고는 중독자가 될 수 없습니다."

"자, 방금 전에 너는 네가 믿음의 창에 써놓은 것 한 가지를 말했다."

"뭐라고요?"

"아니, 분명히 말했다. 너는 일주일에 여덟 잔 마시고 주말에는 취할 정도로 마셔도 알코올 중독자는 되지 않는다고 믿고 있다고 했어. 그게 바로 네가 믿고 있는 거지."

"그래서요?"

"그냥 그렇다 이거야. 나는 네가 그 점을 이해하고 있는지 확인하고자 했을 뿐이고. 자, 이야기를 계속해보렴."

"좋아요, 선생님. 나는 내 창에 한 가지 믿음을 가지고 있습니다. 나는 친구들이 뭐라고 생각하든 상관하지 않습니다. 내 창에 있는 믿음은 '마약하고 술은 재미있다'는 겁니다. 그 믿음을 이끌어내는 욕구는 뭘까요? 그거야 여러 가지가 있죠. 선생님의 그 엉터리 모델에 적용해 보시죠. 그 모델이 진짜라면 나도 내 규칙을 세울 수 있습니다. 파티에 가서 친구들이 약과 술을 권하면 나는 마실 겁니다. 그 결과가 내 욕구를 만족시킬까요? 당연하죠. 마약하고 술을 마실 때 나는 기분이 엄청나게 좋아집니다. 그렇다면 내가 믿음의 창에 올바른 믿음을 가지고 있다는 이야기가 되겠군요, 안 그렇습니까?"

이제 교실 안은 바늘 떨어지는 소리도 들릴 정도로 조용했다. 나는 30초 가량 가만히 서 있다가 입을 열었다. "그래, 그 말이 맞다."

"맞다고요?"

"그래, 맞아. 하지만 네가 잊고 있는 게 있어. 결과를 재는 데는 시간이 걸린다는 것. 너는 아직 몰라. 그날 밤, 기분이 좋을지는 모른다. 하지만 시간이 흘렀을 때에도 너의 욕구가 충족되고 있을까?"

그러자 그 아이의 말이 곧바로 떨어졌다. "알았어요, 알았어. 그러니까 나보고 평생 약하고 술을 마시면서 그걸 증명해 보라 그거군요, 그렇습니까?"

똑똑하기도 해라. "그래, 원한다면 그렇게 할 수도 있겠지. 하지만 그건 올바른 믿음을 가지고 있는지 확인하는 방법 가운데 제일 어리석은 방법이지."

"안 그러면 어떻게 알 수 있습니까?"

"평생 마약하고 술을 마신 사람의 일생을 보면서 정말로 그게 그 사람의 욕구를 충족시켰는지 확인하는 것도 하나의 방법이 되겠지. 어때?"

"예."

"좋다. J.D." 여기가 바로 우리의 대결점이었고, 나는 마지막 한 방을 준비하고 있었다. "그럼 네가 평생 마약하고 술을 마시고 살았고, 그게 진정으로 그의 욕구를 충족시킨 사람의 예를 들어봐라. 네가 아는 사람 가운데 그런 예를 들어봐."

그 아이가 든 예는 엘비스 프레슬리였다.

"프레슬리? 그렇게 큰소리로 노래부르더니 지금 어디 있지?"

"죽었습니다."

"어떻게 죽었지?"

"마약 과용으로요."

"그게 그의 욕구를 충족시킨 걸까?"

J.D.가 자리에 앉았다.

여기서 처음으로 아이들의 주의를 한 몸에 받을 수 있었다.

"자, 잘 새겨듣도록. 내가 여기 온 것은 여러분이 여러분의 믿음의 창에 무엇을 가지고 있어야 하는지 말해주려고 온 게 아닙니다. 내가 여기

온 이유는 여러분이 믿음의 창을 가지고 있다는 것, 나와 똑같이 4개의 욕구를 가지고 있다는 것, 그리고 여러분이 여러분의 욕구를 충족시킨다고 생각하는 믿음을 매일매일 그 창에 쓰고 있다는 사실을 알려주기 위해서입니다. 여러분 정도라면 그 창을 떼 내서 과연 그 믿음들이 올바른지 확인하고 제대로 맞지 않는 것은 바꿀 수 있을 정도로 성숙하지 않았습니까?"

몇 개의 머리가 끄덕이기 시작하고 있었다. 아이들은 '여기에 뭔가 있다'는 생각을 하기 시작했다. 앞에서 나는 이 점을 강조해둔 바 있었다. 즉, 행동 패턴을 잘 관찰하면 그 사람의 믿음의 창에 무엇이 있는지 알 수 있다. 그리고 그보다도 더 두려운 점은 어떤 사람의 믿음의 창에 무엇이 씌어져 있는지 알면 행동을 정확하게 예측할 수 있다는 것이다. 그리고 행동을 예측할 수 있다면, 또 무엇을 알 수 있을까? 바로 그 결과를 알 수 있다.

나는 이제 이야기를 더 해 나가도 되겠다는 판단을 내렸다. "여러분, 앞에서 행동 패턴을 알면 그 사람의 믿음의 창에 무엇이 있는지 알 수 있다고 말했습니다. 맞습니까?"

다들 고개를 끄덕였다. "예, 맞습니다."

"좋습니다. 나는 지금 행동 패턴을 관찰하면서 여기 서 있습니다." 그리고 그 장발머리 학생을 지목했다. "학생, 자리에서 일어나도록."

아이가 자리에서 일어나기는 했지만 사뭇 반항적인 태도였다. 머리가 어깨까지 내려오고 있었다. "학생은 지금 머리가 아주 길군."

"그래서요?"

"머리를 기른 지 얼마나 됐지?"

"5년요."

"그게 하나의 행동 패턴이 되었다, 그렇지?"

"예."

"학생의 믿음의 창에 머리를 기르게 만든 그 뭔가가 있을 것이다. 그게 뭔지 알고 싶은데."

그 아이는 1분 동안이나 가만히 서 있었다. 그리고 정확히 1분이 흘렀을 때 그 아이가 조용하게 말했다. 그 말은 평생 잊지 못할 것이다. "아버지의 관심을 끌려고요."

그 아이의 인생에서 충족되지 되지 않고 있는 욕구는 과연 무엇이었을까? 여기서는 다음과 같은 사실을 이해하는 것이 매우 중요하다. 즉, 4가지 욕구 가운데 어느 것 하나라도 충족되지 않으면 우리의 에너지는 그것의 충족을 향해서 흐른다는 것.

믿음의 창에 그릇된 가정이 놓일 경우 단기적으로는 효과가 있는 행동이 나올 수도 있다. 그러나 장기적으로 볼 때 파괴적인 결과가 나온다. 장기적인 결말이 뻔한데도 계속 그렇게 행동하게 될까? 불행하게도 그렇게 된다. 우리가 그 악순환을 깨겠다고 결심하지 않는 이상. 단기적 이해를 넘어 멀리 본다는 것이 사실 대부분의 사람들에게는 매우 어려운 일이다.

아무도 그녀를 사랑하지 않는다

이 시점에서 J.D.가 용수철처럼 일어섰다. 이제 그의 얼굴에 적대감이라고는 없었다. "그런데, 진짜 문제가 있습니다."

"진짜 문제"라는 말을 입에서 낸 다음 J.D.는 가만히 고개를 숙이고 있다가 다시 말을 이었다. "나한테 친구가 있습니다. 여자애고요. 그렇

다고 애인은 아닙니다." 교실 안이 죽음 같은 침묵에 잠겼다. 아이들은
J.D.가 무슨 말을 하고 있는지 알고 있었다. "그 애는 코카인에다가 알
코올 중독자입니다. 부모님이 있기는 있지만 아무 쓸모도 없습니다. 둘
다 알코올 중독에다가 시간만 나면 그 애를 때립니다. 그 애는 지금 어
딘가에서 자살을 생각하고 있을 거예요. 그 애가 자살한다면 한 생명이
없어지게 되는 겁니다. 그 애를 구하려면 어떻게 해야 합니까?"

교실 안의 모든 사람이 이 정장 차림의 남자 입에서 황금의 대답이 나
오기를 기대하고 있었다. 그러나 나는 가만히 서 있다가 이렇게 말했을
따름이다. "모르겠는걸."

"모르다니 그게 무슨 뜻입니까?"

"아니, 어떻게 내가 알고 있을 거라고 생각했지. 자, 지금 알게 된 사
실을 리얼리티 모델에 넣어보자. 그 아이의 행동은 어떤 것이지?"

"그 애는 코카인 중독에다가 알코올 중독입니다. 그 점은 벌써 말했습
니다."

"그 행동의 결과가 시간이 흐르면서 그녀의 욕구를 충족시키게 될
까?"

여기서 나는 가장 짜릿한 강의 경험을 맛보았다. 방안에 있던 60개의
머리가 일제히 함께 움직인 것이다. "그래, 맞았습니다. 그렇다면 그게
무슨 뜻입니까?"

"그 애가 엉터리 믿음의 창을 가지고 있다는 겁니다." 한 아이가 대답
했다.

그리고 J.D.가 말을 받았다. "만약 내가 그 애한테 가서 네가 지금 엉
터리 믿음의 창을 가지고 있다고 말하면 그 애는 날 바로 몰아내 버릴 겁
니다."

"그렇겠죠. 그리고 그렇게 사실대로 말할 수도 없고요. 하지만 뭐가 잘못됐는지는 우리는 다 알고 있습니다, 안 그런가요? 그렇다면 어떤 욕구가 충족되지 않고 있다는 뜻입니다. 여기서 한 걸음 뒤로 돌아가 봅시다. 4가지 욕구 가운데 어느 것이 충족되지 않고 있습니까?"

저쪽에서 한 아이가 일어섰다. 긴 머리에 텁수룩한 수염을 기르고 있었다. 낡은 군복을 입고 있는 그 아이의 얼굴은 마치 서른 다섯은 돼 보였다. 이제 겨우 열 여섯인데. 그 아이는 주머니에 손을 넣은 채 마치 무슨 계시라도 받은 표정으로 말했다. "아무도 그 애를 사랑하지 않기 때문입니다."

"재미있는 말이군요. 그럼 우리는 어떻게 해야 합니까?"

그 아이가 여전히 그대로 서 있었다. 그는 나를 이런 멍청이를 다 보았나 하는 표정으로 쳐다보았다. "우리가 사랑해주면 되는 거죠, (바보) 선생님."

"그거 좋은 생각이군요. 자, 어떻게 하면 될까요?"

그리고 학생들은 그녀에게 자신들이 그녀를 사랑하고 있다는 사실을 보여줄 수 있는 가장 좋은 방법에 의견의 일치를 보았다. 그녀가 자부심을 세우고, 그 위기에서 벗어나게 도움을 줄 수 있는 일들이 있었다.

"자, 어떤 식으로든 그 여학생의 욕구가 충족되기 시작한다면 그 학생의 믿음의 창에 무엇이 있는지에 관해서 이야기할 수 있게 되겠죠?"

"그럼요."

여기서 종이 울렸다. 시간이 다 된 것이다. 교장 선생님이 다시 들어왔다. 그는 그 모든 것을 놓치고 말았고, 무슨 일이 있었는지 모르고 있었다. J.D.가 자리에서 일어나 나에게 다가왔다. 그리고 내 눈을 똑바로 응시하며 이렇게 말했다. "이 말을 꼭 하고 싶습니다. 저는 10년 동안 마약과 알코올 중독 치료를 받고 있습니다." 이 아이의 나이는 열 여섯이다. 여섯 살 때 형으로부터 코카인을 받았다. "감옥에도 4번이나 갔었습니다. 우리 주에 있는 정신과 의사는 다 만나보았고요. 하지만 저한테 뭔가 와 닿은 것은 이번이 처음이었습니다."

나는 J.D.의 얼굴을 들여다보면서 말했다. "J.D., 한 번 더 이야기하마. 내가 여기 온 것은 너의 믿음의 창에 뭐가 있는지 말해주려고 온 게 아니다. 그건 아무래도 좋아. 내가 여기 온 것은 네가 믿음의 창을 가지고 있다는 사실을 말해주기 위해서였다. 너도 나하고 똑같이 4가지 욕구를 가지고 있단다. 그리고 너는 그 창에 매일 믿음들을 쓰고 있어. 그것들이 네 욕구를 충족시켜 줄 거라고 생각해서 그렇게 하고 있는 거지. 너도 이제는 다 컸어. 그 창을 내려서 테이블 위에 올려놓은 다음 어느 것이 올바른지 살펴볼 수 있을 정도로 말이야. 그렇지?"

J.D.는 어깨를 펴면서 말했다. "예, 그렇습니다."

나는 다시 한 번 더 그 아이를 쳐다보면서 말했다. "J.D. 다시 볼 기회가 있겠지, 그렇지?"

그날 이후 나는 J.D.와 연락을 주고받고 있다. 그는 많이 성숙했고, 그릇된 믿음들을 올바른 것으로 바꾸었다. 그리고 고등학교를 졸업하고 대학에 진학했다. 지금은 아내와 함께 열심히 살고 있다. 과거 그 중독성 행동의 희생자일 때보다 지금 그의 욕구가 훨씬 더 만족스럽게 충족되고 있다.

리얼리티 모델은 2가지 점에서 정말 놀랍다. 한 가지는 다른 사람을 직접 공격하지 않고 그 사람의 믿음의 창을 공격할 수 있다는 점이다. 또 하나는 각 개인의 행동의 책임을 그 사람에게 묻는다는 점이다. 개인적으로 나는 "우리 부모 때문에 이렇게 엉망이 됐어"라고 말하는 사람들에게 도저히 공감할 수 없다. 우리가 정신적·감정적 결함을 가지고 있지 않는 한, 우리 인생에서 우리가 그 어떤 지점에 도달하든 그 책임은 전적으로 우리 자신에게 있다.

우리는 믿음의 창에 쓴 것에 대해서 스스로 책임을 져야 한다. 우리는 그 창에 남겨 놓은 것을 스스로 컨트롤하고 있기 때문이다. 부정적인 행동이라고 해서 우리가 컨트롤하고 있지 않은 것이 아니다. 부정적인 행동을 취하게 만드는 그릇된 믿음을 올바른 믿음으로 대체할 때 부정적인 행동은 거의 자동적으로 사라진다.

이제까지 살펴보았듯이, 믿음에 창에 씌어져 있는 것은 행동뿐만 아니라 스스로의 감정에도 강력한 영향을 미친다. 제9법칙에서 이 점을 자세히 살펴보자.

제**9**법칙

자부심은 자신의 내면으로부터
나와야 한다

벤저민 프랭클린이 이렇게 말했다. "다른 사람의 눈은 자신을 망치는 눈이다. 만약 나말고 다른 사람들의 눈이 다 멀었다면 나는 좋은 옷도, 좋은 집도, 좋은 가구도 바라지 않을 것이다." 다른 사람의 의견을 무시하는 것은 어렵다. 특히나 그 사람이 존경하거나 흠모하는 사람일 때에는 더더욱 어렵다.

우리는 자기 가치에 대한 자신의 느낌을 정당화하려고 한다. 그것은 아주 자연스러운 일이다. 우리는 자신이 훌륭하다고 느끼고 싶어하고 다른 사람이 자신을 높게 생각해주기 바란다. 그런데 다른 사람의 인정을 받고자 하는 노력이 원래 가지고 있는 가치관과 정반대로 행동하게 만드는 경우가 많다.

우리가 외적으로 확인 받으려고 하면, 우리는 인생을 컨트롤할 수 없게 된다. 이때에는 우리 자신의 가치관과 원칙이 아니라 다른 사람의 가치관과 원칙에 따라서 행동하게 되기 때문이다. 그리고 때로는 어떻게 하면 다른 사람들을 기쁘게 할 수 있을까 궁리한다. 그럴 때 우리는 다른 사람의 가치관에 대한 우리 자신의 생각(또는 오해)에 따라서 움직이는 자신의 모습을 발견하게 된다. 이거야말로 대단히 수동적인 방식이고, 당연히 엄청난 스트레스가 뒤따른다.

너는 추하다

친구 보브 베넷이 믿음의 창에 대해서 강의를 하다가 한 번은 청중들에게 이런 질문을 던졌다. 언제, 어디서 누구로부터 어떤 말을 듣고 자기가 추하다고 느낀 적이 있느냐는 질문이었다.

한편 청중 가운데에는 눈에 띄게 매력적인 한 여성이 있었다. 방안에 들어서는 순간 그런 느낌이 오는 여성이었다. 그런데 강의하면서 발견한 이 여성의 문제는 절대 웃지 않는다는 것이었다. 보브가 그 특이한 원칙을 이야기하는 데도 그녀는 결코 웃지 않았다. 그리고 그 다음에 이어진 토론에도 일절 참가하지 않았다.

강연이 끝난 후 그녀의 애인이 보브에게 다가와 잠시 이야기할 것을 청했다. 그의 이야기인즉, 이 여성은 자신은 추하게 생겼다고 믿고 있다는 것이었다. 어릴 때부터 그녀는 어머니로부터 이 이야기를 귀에 닳도록 들었다고 했다.

"자기가 얼마나 매력적인지 아무리 이야기해도 받아들이려고 하지 않습니다. 그녀의 자존심에도 중대한 문제가 되고 있고, 또 우리 관계에도 지장을 주고 있습니다."

당연한 말이었다. 그가 그녀에게 그녀가 얼마나 아름다운 사람인지에 대해 이야기하면 그녀는 속으로 이렇게 생각했다. "이 사람이 지금 거짓

말을 하고 있거나, 아니면 너무 뭘 몰라서 내가 얼마나 추한지 모르고 있는 거야." 그렇다고 그녀가 진짜로 애인이 그러기를 바라는 것은 물론 아니었다.

이 젊은 여성은 어머니의 의견을 자신의 믿음의 창에 올려놓음으로써 자기 인생의 이 측면에 대해서는 어머니의 컨트롤을 받아온 것이다. 그녀는 어머니의 관점을 자신의 것으로 대체하기 전까지는 이 문제를 스스로 컨트롤할 수 없다.

만약 이 젊은 여성이 자기 어머니가 틀렸을 수도 있다는 가능성을 받아들인다면 그녀는 자신이 실제로 아름답다는 것, 그리고 그가 거짓말을 하고 있는 것이 아니라는 것을 깨닫게 될 터였다. 그래야만 어머니가 무덤에 가서도 두 사람의 관계를 지배하게 하는 대신 그 사람에 대한 자신의 감정을 컨트롤할 수 있을 것이다.

집단적 믿음

우리가 살고 있는 사회의 분위기에 따라 우리는 믿음의 창에 무엇을 올릴지 결정하는 경우가 많다. 기업이나 이웃 같은 보다 큰 집단의 가치관이 우리의 행동이나 자부심에 어떤 영향을 미치는지 생각하지 않고 그대로 받아들이는 것이다. 그 예를 들어보자.

1989년 초, 필라델피아에 있는 벤저민 프랭클린 고등학교의 교장인 노먼 스펜서(Norman K. Spencer) 박사가 프랭클린 퀘스트 사에 제휴 관계를 맺자고 제안했다. 이 학교는 미국에서 가장 위험한 흑인 구역, 그리고 그 한복판에 있는 흑인만의 고등학교이다. 스펜서 박사가 학교에서 해낸 일(이것 자체만으로도 하나의 이야기가 된다)을 살펴본 다음,

이 새로운 제휴 관계의 결과로 나는 그 학교에 가서 중학생과 고등학생들에게 강연을 하기로 했다. 1989년 5월 16일이 그날이었다.

강연 전날 밤, 나는 뉴저지에서 중요한 강의를 했다. 보통 프린스턴에 갈 때면 그 회사에서는 공항에 리무진을 대기시켜 놓고, 프린스턴으로 데리고 갔다가 다시 공항으로 데려다 준다. 그런데 그때는 다음날 필라델피아에 가야 했으므로 그 리무진으로 나를 바로 필라델피아로 데려다 주었다.

우리는 호텔로 가는 도중 그 학교가 있는 지역을 통과했다. 정말 끔찍한 곳이었다. 최고급 리무진을 타고 지나가면서 본 그들의 궁핍상에 눈이 저절로 감겼다. 우리 옆을 스치는 모습과 리무진이 이루는 대조가 내 마음을 더욱 아프게 했다.

다음날 아침 나는 그 고등학교로 안내되었다. 그들은 위험한 지역이라고 나 혼자는 다니지도 못하게 했다. 이윽고 학교에 도착하자 스펜서 박사가 나와서 맞아 주었다. 박사는 정말 좋은 사람이었다. 학교로 들어가면서 박사가 해준 설명에 따르면 오전 8시 30분이면 학교의 문이란 문은 전부 걸어 잠근다고 했다. 마약 밀매상이 들어오지 못하게 막기 위해서였다.

학생들 앞에서 강연하기에 앞서 학생회 간부들을 만날 기회를 가졌다. 나는 그 젊은 흑인 학생들의 품성에 깊은 감명을 받았다. 그들은 불충분한 환경에서도 희망을 찾아낸 학생들이었다. 나는 그 모든 것이 바로 스펜서 박사와 교직원들의 노력 덕분이라고 믿는다.

그날 아침 나는 900명의 흑인 학생들과 함께 2시간을 보냈다. 아마도 스물 다섯 블록 안에서는 내가 유일한 백인이었을 것이다. 나는 리얼리티 모델에 대해서 설명했고, 믿음의 창에 관해서 이야기했다. 강연을 시

성공하는 10가지 자연법칙

작하고 90분 정도 지났을 때 나는 마이크를 들고 학생들 쪽으로 갔다. 그리고 복도 쪽에 앉아 있는 학생에게 말을 걸었다.

"자, 학생이 이런 믿음의 창을 가진 이웃에 둘러싸여 살고 있다고 해봅시다. 믿음의 창에 무엇이 있는가 하면 '흑인은 전부 멍청하다'는 가정을 써놓고 있는 그런 이웃입니다." 그 순간, 청중석 쪽이 바늘 떨어지는 소리도 들릴 정도로 조용해졌다. 무겁게 가라앉은 분위기가 몸에 느껴질 정도였다. 900명의 학생들이 금방이라도 일어설 듯한 자세를 취하고 있었다.

그 학생이 나를 쳐다보았다. 그리고 언제든 붙어보자는 듯 어깨를 떡 펴고 턱을 치켜든 자세로 입을 열었다. "모든 흑인은 멍청하지 않습니다."

"나도 그렇다고는 말하지 않았네. 그런 생각이 지배적인 이웃에 둘러싸여 살고 있다는 가정을 해보자고 한 거지."

그래도 그 학생은 아까의 그 태도 그대로 같은 말을 되풀이했다. "모든 흑인은 멍청하지 않습니다."

네 번이나 같은 말을 거듭한 끝에야 그 학생은 지금 우리가 어떤 취지에서 그 말을 하는지 이해했다. 드디어 내가 지금 자기를 비난하고 있지 않다는 사실을 깨달은 순간 그 학생은 이렇게 말했다(그리고 나는 그 말을 내 평생 잊지 못할 것이다). "저는 바로 지금도 그런 이웃 속에서 살고 있습니다."

그리고 내가 물었다. "그게 얼마나 재미있지?"

"전혀 재미있지 않습니다."

나는 다른 학생들을 향해 돌아서서 이렇게 강조했다. "우리의 선입견, 사실은 편견이 바로 선입견 그 자체이지만, 우리는 우리의 선입견을 믿음의 창 위에 올려놓고 있습니다. 우리는 그것이 사실이라고 믿고 있고, 그렇기 때문에 그 편견들로부터 전세계의 모든 사람들에게 엄청난 고통을 안겨주는 행동을 하고 있습니다. 우리가 '흑인은 전부…' '히스패닉계는…' '여자는 모두…' 라고 말할 때마다 우리는 이 세상의 고통의 수준을 한 단계씩 올리고 있는 것입니다."

그리고 우리는 우리에게 불리한 다른 사람들의 편견, 어떤 식으로든 우리가 열등하다고 하는 편견을 인정할 때마다 우리는 그들에게 우리의 인생을 컨트롤하게 하는 것이며 우리의 자부심은 상처를 받는다.

나는 하와이에서 성장했다. 그곳에서 나는 소수 민족이었다. 고등학교 졸업반 때 60명 가운데 백인은 5명뿐이었다. 나머지는 폴리네시아인, 동양인이었는데 주로 동양인이 많았다.

당시 나는 나에 대한 그 어떤 편견도 없는 그런 분위기에서 성장했다. 또 내가 다른 다수 민족에 비해서 열등하다는 생각도 해본 적이 없었다. 편견이 무엇인지 알게 된 것은 미국 본토에 와서의 일이었다.

이 나라 젊은이들이 믿음의 창에서 이런 편견을 없앨 수만 있다면 얼마나 좋을까? 설령 그런 일이 불가능하다 해도 우리를 비하하거나 우리 자신 스스로를 열등하다고 생각하게 만드는 생각들을 받아들일 필요는 없다. 다른 사람이 어떻게 생각하느냐는 내가 그 믿음을 받아들이지 않는 한 나에게 아무런 영향도 미치지 못한다. 다른 사람의 생각이 어떻든 나는 행복할 수 있고 성공할 수 있다.

10점 만점인 당신

만약 당신이 진정으로 인생을 컨트롤하고 싶다면 반드시 당신의 믿음의 창에 올려놓아야 할 개념이 하나 있다. 그것은 개인으로서의 당신, 그리고 이런저런 역할 속에서의 당신과 다른 것들과의 관계이다. 아래의 표는 당신을 의미한다. 가운데 원이 인간으로서의 당신이고, 바깥의 원들은 당신의 다양한 역할을 나타낸다.

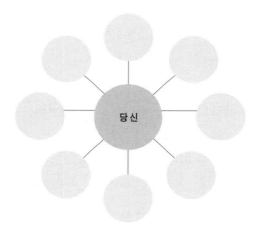

원한다면 가운데 원에 당신의 이름을 써도 좋다. 그리고 바깥의 원에는 당신의 다양한 역할을 써 보라. 아버지, 어머니, 배우자, 경영자, 종업원, 친구, 형제, 누나, 아들, 딸, 코치, 팀원, 학생, 교사 등등. 시간만 충분하다면 당신이 수행하고 있는 역할이 수백 개는 족히 떠오를 것이다.

부엌에 들어가 요리를 하면 요리사가 되고, 가게의 문안으로 들어서면 당신은 고객이 된다. 시의회에 나가 의견을 낸다면 시민 활동가가 되고, 돈을 어떤 단체에 기부하면 후원자가 된다. 지역의 무주택자 보호소에서 일한다면 자원 봉사자가 된다. 이렇게 볼 때 당신이 하는 역할에는 끝이 없다고 할 수 있다.

여기서 당신이 역할들을 어떻게 수행하고 있는지 스스로 점수를 매겨

보라. 1점은 아주 엉터리, 10점이 만점이다. 달리 말해서 이렇게 자문해보는 것이다. "나는 친구로서 몇 점짜리 친구인가? 형제로서는? 딸로서는? 직원으로서는?" 어떤 결과가 나오는가? 당신이 평범한 사람이라면 거의 모든 역할에 4~8점 사이의 점수를 매길 것이다.

왜 이런 결과가 나올까? 그것은 자신을 엉터리라고 생각하는 사람은 하나도 없기 때문이다. 최고는 아닐지 몰라도 그렇다고 그렇게 나쁜 사람도 아니라고 생각하는 것이다. 예를 들어, 직장인의 경우를 생각해보자. 당신은 지각을 하고, 일찍 퇴근하며, 어영부영 시간을 보낼 때도 있다. 그런데도 완전히 낙제점은 주지 않고, 적어도 4점은 준다. 중간 바로 아래 점수다.

또 우리는 최고의 부모는 아닐지라도 엄청나게 노력하고 있다. 아이들은 1~2점이라고 생각하더라도 부모는 스스로를 폭넓게 바라 본다. 스스로 자신이 노력한 바를 인정하고, 모든 일에서 그 의지를 높이 사며 취약점보다는 장점에 초점을 맞추려고 노력한다. 그러면서 논리적으로 최소한 4점은 된다고 결론을 내린다. 어떤 면에서는 아주 뛰어나고, 감동적인 면까지 있다고 자위한다. 그러면 10점이 아닐까? 아니 그것은 아니다. 9점도 아니다. 그러나 최소한 7~8점은 확실하다.

이웃 사람으로서도 훌륭하다. 아무나 붙잡고 물어봐도 좋다. 우리가 얼마나 점잖은 사람인지. 바로 그렇기 때문에 자기가 자기한테 9점이나 10점을 주지 않을 뿐이다. 완벽하지는 않지만 어떤 때는 놀라울 정도로 거기에 가까이 다가가 있다고 생각한다.

이 역할 평가는 흥미로운 연습이다. 특히 배우자들끼리 그 점수를 비교할 때에는 더욱 흥미로울 것이다. 그 비교가 멋진 대화로 이어지는 경우도 많다.

가운데 원에 대해서도 같은 평가 작업을 해 보라. 과연 몇 점이 나올까? 특정 역할과 상관없이 당신을 하나의 인간 존재로 볼 때 몇 점이 나오는가? 대부분의 사람이 그 가운데 원 안에 몇 점을 써넣는지 아는가? 물론 10점은 절대 아니다. 그리고 일반적으로 바깥 원들의 점수보다 낮게 나온다. 많은 사람들이 인간으로서의 자신에 대해서 그렇게 위대하다고 생각하지는 않는다. 주로 이렇게 생각한다. "나는 상당히 우수한 직원이다. 하지만 한 개인으로 볼 때는 그리 특별하지 않다."

다음 문장에 특히 주의해주기 바란다. 이것이 이 책에서 제일 중요한 개념일 수도 있다.

만약 가운데 원에 10점을 써넣지 않았다면 당신은 바깥 원 그 어느 것에도 10점을 넣을 능력이 없다. 내가 말하고자 하는 바는 바로 이것이다. 나는 조물주가 인간을 만들 때 7점, 8점, 9점짜리로 만들지 않았다고 믿는다. 조물주는 모두 10점짜리로 만들었다.

그런데 우리는 우리가 수행하는 역할에서 10점짜리가 아니다. 여기서 생각해보자. 스스로 자신이 7점짜리 인간이라고 믿는데 과연 내가 9점짜리 직원이 될 수 있을까? 불가능한 일이다. 육체적으로든, 감정적으로든, 정신적으로든 그 어느 면으로도 불가능한 일이다. 그렇게 될 수는 없다.

그러나 사실인즉 우리는 모두 10점짜리이다. 실제로 그렇게 행동을 하는 경우는 그리 많지 않더라도 가능성의 측면에서는 분명히 10점이다. 일단 그 사실을 받아들이고 나면, 즉 우리의 믿음의 창에 절대 지워지지 않게 그 믿음을 써놓고 나면, 우리가 10점짜리처럼 행동할 가능성이 엄청나게 높아진다. 10점짜리 아버지, 어머니, 배우자, 친구, 직원, 그리고 이웃이 되는 것이다.

물론 이상과 현실에는 격차가 있는 법. 우리의 행동은 절대 완벽할 수 없다. 그러나 중요한 것은 우리가 지금의 모습과 원래의 모습 사이의 거리를 좁히려고 노력하고 있다는 사실이다. 그 거리를 좁히는 데에는 2가지 길이 있다.

하나는 기준을 낮추는 것이다. 달리 말해서, 10점 만점은 될 수 없다고 스스로 인정하는 것이다. 또 하나는 점수를 올리는 방법이다. 그런데 이상을 낮추는 것은 일종의 도피이다. 그렇게 하면 스스로에 대해서 조금은 더 낫게 느끼고 좌절감도 약간은 사라질지 모른다. 그러나 다른 한편으로 공허감은 피할 길이 없다. 꿈, 진정한 가치, 그리고 목표를 희생시켰을 때 우리는 공허감을 느낄 수밖에 없다. 이상을 낮추었을 때 바로 그런 현상이 생긴다. 그럴 때 우리의 가치관과 목표는 희석되고 만다. 즉, 우리 스스로 10점 만점이 되는 것이 불가능하다는 허위를 받아들였기 때문에 절대 10점 만점이 되지 못하는 것이다.

마음의 평화를 얻는 유일한 통로는 가치관과 목표를 마음속에서 절대 지워지지 않도록 깊게 새기는 것뿐이다. 우리가 마음속에 품고 있는 이상을 더럽히는 일은 절대 거부해야 한다. 그리고 우리의 실적을 그 수준에 좀더 가까이 올리기 위해서 열심히 노력하는 길뿐이다. 쉽지는 않다.

그러나 가능한 일이다. 우리는 우리가 담당하고 있는 역할에서 10점이 될 가능성을 가지고 있다. 우리가 인간으로서 10점짜리이기 때문에 그럴 가능성이 있는 것이다. 만약 당신이 이 테스트에서 가운데 원에 10 아래의 점수를 써넣었다면 이 장을 끝까지 읽어 보라. 반드시 10으로 바꾸게 될 것이다.

자신에게 순응하기

이제까지 자부심에 관해서 이야기했다. 지금쯤 당신은 당신 자신에 관해서 2가지 기본원칙을 이해하게 되었을 것이다. 먼저, 긍정적으로 든, 부정적으로든 '당신의 믿음의 창에 써놓은 것이 당신의 자부심에 강력한 영향력을 발휘한다는 것'이다. 둘째, '인간으로서 우리는 모두 10점짜리라는 것'이다.

이 2가지 원칙은 때로는 우리 내부에서 서로 싸울 때가 있다. 우리의 마음 저 깊은 곳에 있는 신성한 느낌의 발견은 우리의 영혼 한 가운데에 있는 뭔가 초월적인 것의 존재를 확인시켜 준다. 그런데 그와 동시에 다른 그 무엇이 있어서, 우리가 쓸모 없으며, 중요하지 않다는 생각을 끊임없이 불러일으킨다. 우리 내부에 있는 그 신성한 것의 직관에 귀를 기울일 때 우리는 우리 모두가 갈구하는 마음의 평화를 향해서 나아가게 된다.

반면에 우리가 무가치하다는 생각을 따르면 의기 소침과 절망으로 이어지고, 우리 각자가 가지고 있는 천부적인 능력과 독특한 잠재 능력도 무력해지고 만다.

아울러 내가 또 하나 굳게 믿는 것은 우리의 성공과 충족감이 상당 정도 우리 자신의 기대와 예측에 달려 있다는 점이다. 각자 자신의 행운을 만들어가고 있는 것이다. 그러나 그렇다고 해서 그런 행운이 우연히 얻어지는 것은 아니다. 우리가 우리 내부에 깃들여 있는 천부적인 힘을 밖으로 표출시켜 성공으로 이어지는 힘을 만들어낼 때에만 그 행운을 찾을 수 있다.

운동 선수에 관한 최근의 연구들을 보면, 그들이 자연적인 능력을 넘어 엄청난 기록을 달성할 때에는 어떤 '흐름'을 경험했다고 한다. 자신이 마치 어떤 힘을 따라 천천히 움직이는 그런 느낌을 받았다는 것이다. 지금 자신이 어떻게 움직이고 있는지 생생하게 보였으며, 목표를 이룰 것이라든가, 아니면 성공할 것이라는 사실을 알 수 있었다고 한다.

굳이 그 '흐름'을 경험하려고 한다고 해서 그런 성적이 나올 수는 없다. 자연스럽게 그런 느낌이 흘러나와야 한다. 우리 내부에서도 어느 정도까지는 그런 과정이 일어날 수 있다. 어떻게 해야 하는지 배우기만 하면 된다. 여기 그 실례가 있다.

주변에 뭘 해도 자꾸만 실패하고 마는 사람이 있는가 하면 모든 게 술술 풀려 멋지게 살아가는 사람도 있다. 그런데 그것은 그 사람이 얼마나 양심적인가, 또는 진지한가와 아무 상관이 없다. 빵을 떨어뜨려도 언제나 잼이 발라져 있는 부분이 그대로 바닥에 떨어지는 사람이 있는가 하면, 잼 부분은 티 하나 묻지 않고 괜찮은 사람이 있다.

친구 하나가 자기가 잘 아는 두 사람의 이야기를 들려주었다. 한 사람은 언제나 돈을 벌려고 안간힘을 썼다. 오랜 세월 여러 가지 방법으로 노력했지만 별 성과가 없었다. 그는 진지했고, 부지런했으며, 똑똑하고, 또 열심히 일했다. 그러나 도대체 되는 일이 없고, 아직까지도 겨우겨우 살아가고 있다.

그런데 비교가 되는 것은 바로 옆에 언제나 돈을 잘 버는 동료가 있다는 사실이다. 그 사람은 돈을 벌어보겠다고 노력하는 법조차 없었다. 한 번은 부동산을 아주 싸게 사서 엄청난 차익을 남기고 되팔았다. 그는 그 대금으로 저당권을 해제하고, 새 차도 몇 대나 샀다. 그런 그 땅이 다시 그에게 돌아왔다. 개발업자가 대금을 완불하지 못한 것이다. 그때, 앞서 말했던 사람도 부동산을 샀지만 그는 알거지가 되고 말았다.

첫 번째 사람은 그 동료를 보고 "여우처럼 교활하다"고 한다. 그러나

성공하는 10가지 자연법칙

오랜 세월 그를 잘 알고 있는 사람들은 그가 무슨 계획을 세워서 일을 벌이는 사람이 아니라고 한다. 도대체 이 땅 위에 사는 사람 같지 않을 때가 많다고 한다. 건망증에라도 걸린 사람처럼 왔다갔다하고 있을 뿐인데도 모든 게 술술 풀리고 있다는 것이다.

사실 이런 경우가 그리 드문 것도 아니다. 우리 주변에서도 숱하게 찾아볼 수 있다. 여기서 중요한 문제는 무엇 때문에 그런 차이가 나느냐 하는 것이다. 무슨 마법의 힘, 불가사의한 능력을 가진 것처럼 보이는 사람, 딱 그 시간 그 자리에 나타나 우연의 일치인 듯 기회와 성공을 잡는 사람들이 있는 것은 왜일까? 나머지 사람들은 경악과 좌절감 속에서 그저 지켜보기만 해야 하고.

내가 제시하고자 하는 대답은 바로 순응이다. 그러면 당신은 곧바로 이런 반응을 보일 것이다. "농담하는 겁니까, 뭡니까?" 내 설명을 들어보라.

보수당원의 모임이 하나 있다. 보수적인 복장과 2대의 차, 그리고 배우자와 가족이 있는 회계원들이 모인다. 비슷한 복장과 나이의 사람들이라면 그 집단의 규범과 기대치에 순응할 것이다. 그런데 히피처럼 옷을 입고 공동체 생활을 하고 있는 회계원이 그 모임에 참석한다면 그 사람은 순응주의자가 아니다.

여기서 이 예를 뒤집어보자. 그 히피 회계원이 '삶의 대안을 찾는 회계원'의 모임에 참석한다면 그는 순응하고 있는 중이다. 여기에 아까의 그 정장 차림 회계원이 간다면 이때 그는 순응주의자가 아니다. 이렇듯, 순응이란 완벽하게 환경과 상황에 좌우된다.

다른 사람들이 우리 자신의 본능이나 가치관에 어긋나게 움직이고 있는데도 우리가 그것을 따라 하려고 하면 그 순응은 효과가 없다. 이런 종류의 순응은 오히려 우리의 눈을 멀게 하는 경우가 너무나 많다. 다른 사람들을 따라 하느라 너무 바빠서 조금만 돌아보면 볼 수 있을 올바른 해결책과 기회를 보지 못한다. 그것은 마치 단단한 벽에 대고 머리를 찧는 것과 같다. 조금만 더 세게 찧고 조금만 더 오래 노력하면 그 벽을 뚫고 나갈 수 있는 것으로 착각하는 것이다.

벽에 대고 머리를 찧고 있는 자신의 모습을 발견하는 일이 자주 발생한다면 당신의 믿음의 창에 이런 믿음이 있기 때문일 것이다. 즉, '자기 만족을 얻으려면(행복하려면, 성공하려면 등), 다른 사람들이 나에게 하라고 하는 것에 순응해야 한다'는 믿음을 써놓은 것이다. 여기서 말하는 다른 사람이 친구든, 같은 반 학생이든, 직장 동료든, 동년배 집단이든 그것은 중요하지 않다.

우리가 우리 자신의 가치를 확인하기 위해서 그들에게 의지하고 그들의 가치관을 절대적인 것으로 받아들인다면, 우리 인생의 컨트롤을 그들에게 넘기는 것이다. 심지어 자신의 인생을 자신이 컨트롤하고 있지 않다는 사실조차도 모르고 있거나, 그 점에 대해서 한번도 의문을 품어보지 않고 살아가는 경우도 있을 수 있다.

맹목적인 수용은 최악의 경우 스페인의 종교 재판과 유태인 대학살로 이어졌다. 그리고 최소한 우리 각자의 인생이 천박해지고 헛되이 쓰여진다. 헨리 데이비드 소로우(Henry David Thoreau)는 "대다수 사람이 참으로 절망적인 삶을 살고 있다"고 말한 적이 있다.

여기서 말하는 절망이란 다른 사람의 가치관과 이상에 순응하는 데서 온 것이다. 또한 소로우는 "동반자와 보조를 맞추지 못할 때도 있다. 다른 북소리가 들려오기 때문이다. 그럴 때는 그게 얼마나 멀리서 들리든 지금 귀에 들려오는 소리에 발을 맞추어야 한다"라고 말했다. 정말 탁월

한 조언이 아닐 수 없다. 이것이 앞에서 말한 마법의 비밀이다.

여기서 앞에서 말한 벽 이야기로 돌아가게 된다. 그 벽에 대고 머리를 찧는 것은 다른 사람의 가치관을 가지고 효과를 보겠다고 하는 것에 다름 아니다. 분명히 효과가 있어야 하는데, 논리적인 판단과 달리 실제로는 아무 효과가 없다. 그 벽을 뚫을 좀더 현실적인 수단을 사용하는 게 차라리 더 쉽다. 그러나 지금 당신이 머리를 찧고 있는 곳에서 그리 멀지 않은 곳에 문이 하나 있다. 자물쇠도 없다. 그러나 그 문을 열고 들어가려면 당신은 다른 가정을 받아들여야 한다. '자기 만족을 얻으려면 나 자신의 독특함에 순응해야 한다. 그리고 나 자신의 가치관의 북소리에 맞추어 행진해야 한다. 나의 행복과 성공은 나 자신을 찾는 것, 그리고 나만의 가능성에 따라 살아야만 가능하다'는 소로우의 가정이 바로 그것이다. 이것이 바로 '자신(자신만의 독특함)에게 순응하기'이다.

간단한 일처럼 보일지 모른다. 그러나 벽을 따라 돌아가는 것은 그리 쉽지 않다. 사고의 전환을 요구하기 때문이다. 그러면 이제 더 이상 당신의 실패를 다른 사람의 잘못으로 돌리는 위안을 누릴 수 없다. 자신의 성공과 실패는 오로지 자신에게 달려 있다는 사실을 인정해야 한다.

그런데 우리는 서로를 컨트롤하기를 좋아한다. 다른 사람이 내 생각대로 움직이고, 내가 생각하는 그런 사람이 되도록 내 생각을 주입하는 것이다. 그리고 더욱 당혹스러운 점은 때로 우리가 컨트롤 당하는 것을 즐기기도 한다는 사실이다. 다른 사람의 가치관에 순응함으로써 얻는 안전함을 갈망하는 것이다. 그러나 우리는 그릇된 믿음의 경우와 마찬가지로 그런 행동에서 비롯되는 결과 가운데 일부는 좋아하지 않는다.

이 책이 전체적으로 강조하는 주제는 당신의 인생을 '당신이', 다른 그 누구도 아닌 바로 '당신이' 컨트롤하라는 것이다. 당신은 하늘 아래

둘도 없는 존재이다. 만약 당신의 인생을 스스로 컨트롤하지 못한다면 당신은 자신만의 독특함을 잃게 되고, 다른 사람의 복사판밖에 되지 못한다. 인생에서의 진정한 성공은 당신이 당신의 그 독특함 앞에 진실할 때만 찾아온다.

자동차를 예로 들어보자. 자동차는 1만 5,000개 이상의 부품으로 이루어져 있다. 그리고 그 부품 하나 하나는 제각기 독특하다. 계기판 수만 개나 핸들 수만 개가 있어도 그것들만으로는 자동차를 만들 수 없다. 그런데 그 1만 5,000개의 제각기 다른 부품들이 하나로 모일 때 마법이 나타난다. 한 시간에 100킬로미터 이상의 속도로 20만 킬로미터 넘게 달릴 수 있는 기계가 하나 탄생하는 것이다. 기계든 생명체든 같은 마법이 적용된다. 우리는 그 1만 5,000개의 자동차 부품들을 제각기 최고의 것으로 만들기 위해서 무진 애를 쓰고 있다.

그런데 우리는 그 마법을 뻔히 보면서도 왜, 다른 사람들을 우리의 복사판으로, 더욱 나쁘게는 우리 자신을 다른 사람의 복사판으로 만들겠다고 안간힘을 쓰고 있는 것일까? 그 어떤 조직이든 제대로 움직이려면, 우리는 각 구성원의 특성을 인정하고, 더욱더 발전시키는 쪽으로 힘을 기울여야 한다.

여기서 잠시 쉬면서, 당신이 제일 존경하는 인물 세 사람을 생각해 보라. 링컨이나 처칠 아니면 테레사 수녀처럼 역사적 위인이거나 유명한 인물일 수도 있고, 아니면 당신이 본받고자 하는 특성을 가진 주변의 가까운 인물일 수도 있다. 이렇게 자문해 보라. 이 사람들 가운데 다른 사람의 가치에 순응한 사람이 있는가? 내 추측으로는 당신이 그들을 존경하는 이유가 부분적으로나마, 그들이 자신에게 충실했다는 사실에 있을 것이다. 그들은 자신만의 독특함에 순응했다.

성공하는 10가지 자연법칙

한편, 어떤 사람들은 다른 사람의 북소리에 맞추어 걷는 사람을 좋아하지 않는다. 그들은 그런 사람을 컨트롤하려고 하며, 때로는 죽이기까지 한다. 벽을 따라 가서 문을 통과하려면 상당한 대가를 치러야 할 수도 있다. 그러나 그렇게 할 때 마법이 이루어진다. 한 천재적인 발명가는 자신의 비전을 따를 때에는 모든 일이 잘 풀렸다고 말했다. 그런데 대다수 사람들이 하는 대로 직업을 가지고 평범한 생활을 시작하자 모든 게 엉망이 되어버렸다고 고백했다.

나 자신도 나만의 꿈을 따랐을 때 마법이 이루어진다는 사실을 발견하고 있다. 사람, 자원, 그리고 기회가 마치 마법이라도 펼쳐진 양 딱 맞아떨어지는 것이다. 내가 군중을 따를 때 그 마법은 어디론가 사라지고 만다.

그 마법을 찾을 때 당신이 스스로에게 던져야 하는 2가지 질문이 여기 있다.

1. 내가 진정으로 원하는 것은 무엇인가? 대답하기 매우 어려운 질문이다. 이 질문은 당신의 핵심가치관과 관련되어 있다. 당신에게 진정으로 중요한 것에 이르기까지 당신은 온갖 '해야 하는 일들' 사이를 전전하면서 고통도 맛보게 될 것이다.

2. 과거, 나에게 효과가 있던 것들은 무엇인가? 당신이 그 마법을 얻고 일들이 술술 풀릴 때, 그 시절들의 기억을 되살려 보라. 거기에 혹시 공통되는 어떤 유형은 없는가. 어떤 상황이었는지, 어떤 사람들과 관련해서 일어난 일이었는지, 그리고 당신이 구체적으로 어떻게 했는지 등등. 미래의 성공도 그 유형을 되풀이하는 데서 올지 모른다.

동기의 세 수준

우리가 가지는 많은 동기의 뒤에 숨어 있는 감정을 이해하는 데 도움을 주기 위해서 여기, 케이 앨런(Kay Allan)이 「두려움에서 사랑으로의 여정(*The Journey From Fear to Love*)」에서 개발한 아이디어를 소개하겠다. 앨런에 따르면 만약 우리가 탐욕, 분노, 복수심, 정욕 등 온갖 열정의 감정을 넘어 그 뒤를 본다면 우리가 취하는 대부분의 행동에 동기를 부여하는 3가지 중요한 감정이 있다고 한다.

바로 두려움, 의무감, 사랑이 그것이다. 이 세 감정은 개인적인 만족도와 달성도에 따라 다르게 등급을 매길 수 있다. 달성도가 낮은 감정, 중간 정도의 감정, 그리고 달성도가 높은 감정, 이렇게 세 수준으로 나눌 수 있다. 당신이 무슨 일을 하고 있든 완전 자동으로 움직이고 있지 않는 한, 아니면 열정이나 습관에 따라 움직이고 있지 않은 한, 당신은 이 세 감정 가운데 어느 하나 아래 행동하는 것이 보통이다.

동기 부여의 힘이 가장 낮은 것은 물론 두려움이다. 두려움의 수준에서 나오는 감정은 나는 이 일을 '해야 한다'는 것이다. 두려움에 일터에 나오는 사람이 있는가 하면, 일상 과제도 두려움 때문에 완수하는 사람이 있다. 그 일을 해내지 않으면 벌이 기다리고 있는 것이다. 심지어 두려움 때문에 배우자에게 외식을 시켜 주는 사람도 있다.

두려움이란 미묘한 감정이다. 아이들을 과보호하는 사람 가운데에는 단지 아이들을 사랑해서가 아니라 이 크고도 넓은 세상에서 아이들에게 무슨 일이 일어날까 두려워서 그러는 사람도 있다. 혹시나 자기 꿈대로 했다가는 부모가 어떻게 생각할까 걱정이 된 나머지 부모가 원하는 길로 들어서서는 엄청난 좌절에 고민하고 있는 사람들도 있다.

두려움은 강한 동기 부여의 힘을 가지고 있다. 그런데 단 한 가지 문제점은 이것을 경험하는 사람이 무서움을 느낀다는 점이다. 왜 무서움을 느끼게 될까? 그것은 이것이 동기 부여의 외적인 원천이기 때문이다. 우리가 두려움에서 행동을 취할 때는 다른 사람의 가치관에 반응하는 셈이 된다. 궁극적으로 두려움은 수동적 양식이다. 그리고 수동적으로 움직인다면 인생의 컨트롤을 포기한 것이다. 내가 두려움에서 뭔가를 한다면 내 인생은 누가 컨트롤하고 있는 것일까? 바로, 내 머리 위에서 형벌의 칼을 휘두르고 있는 사람이다.

동기 부여의 두 번째 수준은 의무감이다. 여기서 나타나는 감정은 이 일을 '해야만 한다'는 것이다. 많은 사람들이 의무감으로 나날을 보내고 있다. 하고 싶어서가 아니라 의무라는 생각으로 움직이고 있다. 그들은 일반적으로 상당히 훌륭한 가치관을 가지고 있다. 특히 공평성에 고도의 감각을 가지고 있다.

"나는 받는 보수만큼 일한다. 그렇게 하는 것이 명예롭기 때문이다." "나는 가족을 부양하기 위해서 열심히 일한다. 가족은 내가 제공할 수 있는 최고의 대우를 받아야 하기 때문이다." "나는 보이스카우트에 기부를 한다. 그 조직이 어렸을 때 내가 문제에 휘말리지 않게 도움을 주었기 때문이다."

의무감은 두려움보다 달성도가 높은 동기 부여 요인이다. 하지만 외적인 요인이라는 점은 마찬가지이다. 우리에게 어떤 일을 해야 한다는 책임감을 느끼게 만드는 사람은 누구일까? 부분적으로는 명예심에서 의무감이 나오기도 한다.

그러나 의무감이라는 것은 만약 누군가 우리가 의무라고 부르는 줄의 반대쪽 끝을 잡고 있지 않으면, 그저 가만히 있는 것에 만족하는 것으로 끝날 수도 있다. 아무 부담감도 느끼지 않는 것이다. 거의 의식하지는 못하지만 누군가 저쪽 끝에서 줄을 잡아당기는 사람이 있다. 뭔가를 빚진 사람이 있는 것이다. 그리고 완전히 갚기 전에는 아무래도 마음이 불편하다. 사장에게는 하루의 일을 빚지고 있다. 그가 나에게 돈을 주기 때문이다. 그리고 그는 아주 현실적인 방식으로 내 행동을 컨트롤하고 있다. 바로 내 의무감을 통해서 나를 컨트롤하고 있는 것이다. 일을 좋아하지 않을 수도 있지만 최선을 다해야 한다. 그것이 내 의무이다. 그래서 나는 열심히 일하고 있다. 내 시간과 에너지, 그리고 지식을 다 동원하고 있다. 그러나 내 마음까지는 주지 않는다.

동기 부여의 힘 가운데 가장 높고 또 가장 만족스러운 수준이 바로 '사랑'이다. 누구나 알 수 있듯이, 사랑에서는 의무감이나 두려움과는 완전히 다른 유형의 행동이 나온다. 일을 사랑한다면 더 이상 그 누구를 위해서 하지 않는다.

나는 일을 사랑하기 때문에, 내가 하고 싶기 때문에 일한다. 나는 일에 흠뻑 빠져든다. 그럴 때 성공의 기회도 많아지고 만족도도 높아진다고 믿는다. 나는 아이들을 위한 두려움 때문이 아니라 아이들을 사랑하기 때문에 비현실적인 요구들로 아이들을 구속하지 않는다. 아이들을 신뢰하고, 가르친다. 그리고 아이들에게 저 넓고 큰 세상에서 자신의 인생을 살아가도록 준비를 시키고 그런 열망을 품게 만든다.

스트레스

앞에서, 다른 사람의 가치관에 따라 산다는 것이 매우 수동적인 방식이며, 이것은 엄청난 스트레스를 준다고 말한 바 있다. 우리에게 맞지 않는, 다른 사람들의 가치관에서 고른 원칙에 따를 때 우리의 내부에서는 갈등이 생기고, 그 갈등은 스트레스를 낳는다. 내 자신의 경험으로 그 실례를 들어보겠다.

몇 년 전, 메릴린치 사에서 세미나와 컨설팅 일을 하고 있는 멋진 사람을 만난 적이 있다. 심장 전문의 로버트 엘리엇(Robert Eliot) 박사였는데 그는 심장마비를 경험한 적이 있다. 그 결과, 그는 심장마비를 일으키는 사람이 겪는 문제에 대해서는 아주 정통했고, 스트레스와 심장마비의 상호 관계에 대한 연구에서 선구적인 업적도 많이 올리고 있다.

엘리엇 박사는 사람들의 인생에서 스트레스를 유발하는 요인을 찾기 위해서 여러 차례 연구를 수행했다. 나중에는 기업의 임원들을 위한 연구소도 만들었다. 그 연구소에서는 기업의 임원들이 과연 '핫' 리액터(reactor, 반응을 나타내는 사람 : 옮긴이)인지, '콜드' 리액터인지 테스트를 통해서 판단해주고, 그들로 하여금 올바른 균형 감각을 찾아서 심장질환을 피하는 데 필요한 도움을 제공했다.

여기서, 내 자신의 경험을 이야기하기에 앞서 핫 리액터와 콜드 리액터의 차이점에 대해서 이해하고 넘어가도록 하자. 누구나 어느 정도의 스트레스는 받고 산다. 그런데 사람들이 스트레스를 경험할 때 심장혈관계는 일정한 방식으로 반응한다. 예를 들어, 당신이 스트레스를 경험했을 때 당신의 혈관은 마치 정원의 호스처럼 늘어난다. 그런데 호스를 두 대의 차에 묶고 차를 움직이면 호스는 늘어나고, 입구는 좁아진다. 스트레스를 받을 때 우리의 혈관에도 똑같은 일이 벌어진다. 어느 누구든 똑같다. 그런데 스트레스를 받는 상황에서 핫 리액터와 콜드 리액터는 심장의 움직임에서 차이를 보인다.

핫 리액터의 경우, 스트레스를 받으면 혈관이 수축되지만 심장이 박동수를 증가시키면서 그 좁아진 혈관을 통해서 더 많은 피를 내보내려고 노력한다. 그러면 당연히 혈압이 올라갈 것이고, 그래서 핫 리액터란 이름이 붙는다. 반면, 콜드 리액터의 경우는 심장이 좁아진 혈관을 통해서 더 많은 피를 내보내려고 노력하는 대신 박동이 느려지면서 그 좁아진 부분으로 되도록 피를 적게 보내려고 한다. 그래서 콜드 리액터라고 부른다. 콜드 리액터인 사람은 스트레스 상황에도 심장혈관계에 과도한 부담이 가지 않기 때문에 심장마비를 일으킬 가능성이 훨씬 낮다.

여기서 놀라운 것은 우리가 우리 몸을 쿨 리액터로 반응하도록 훈련시킬 수 있다는 사실이다. 스트레스를 받을 때 혈관으로 밀고 나가는 혈액의 양을 의식적으로 줄일 수 있는 것이다. 나로서는 그게 가능하다는 사실 자체가 너무나도 흥미롭다.

핫 리액터와 쿨 리액터라는 개념을 이해하였을 때 나는 엘리엇 박사의 건강 연구소를 방문하기로 결심했다. 내가 어떤 유형의 리액터인지 알고 싶었던 것이다. 하루 반나절이 걸리는 테스트였다. 실제로 테스트가 이루어지기 전날 밤 건강검진을 받는다. 그리고 다음날 아침에는 그날과 다음 반나절 동안 무엇을 먹어야 하는지 설명을 듣는다. 그런 다음 8시간 동안 신체검사를 받는다.

그들은 나에게 온갖 테스트를 다 했다. 내 몸에 15개의 전극을 붙인 다음 나를 러닝머신 위에 올라가게 했다. 그러고는 그 속도를 올려 내 심장이 터질 것처럼 뛰게 만든 다음 옆방으로 안내했다. 그리고 거기서 매우 흥미로운 경험을 했다. 나는 의자에 앉았고, 온갖 스트레스성 사건들을 가상적으로 구성한 상황을 경험했다. 내 심장 혈관계가 스트레스를 받았을 때 어떻게 움직이는지 판단하기 위해서였다. 14개의 전극이 내 몸에 부착되었고, 이제 방안에는 내 앞에 텔레비전 스크린 한 대만 있을 뿐 아무도 없었다. 이윽고 화면에 사람 얼굴이 하나 나타났고 그 사람은 앞으로 3개의 테스트를 할 것이라고 말했다. 스트레스를 가상 구성한 상황으로 나를 집어넣는 테스트였다. 옆방에서 내 심장 혈관계를 모니터할 것이니 가능한 한 충실하게 지시에 따르라는 말이 들려왔다.

그런데 이미 실내용 러닝머신 테스트를 거친 바 있으므로 그들은 내 심장혈관계가 육체적 스트레스 아래서 어떻게 움직이는지는 이미 알고 있었다. 이제부터 받게 될 스트레스는 심리적이고 감정적인 스트레스였다. 첫 번째 테스트는 비디오 스크린을 이용한 게임이었다. 옛날부터 많이 해오고 있는 게임으로, 화면 위에서 공이 떨어지면 의자에 붙어 있는 토글 스위치를 이용해서 그 공을 화면 아래에 있는 접시에 집어넣는 것이었다.

60초에서 90초 가량 계속할 것이니 공을 잡기 위해서 최대한 노력해달라는 지시가 있었다. 드디어 게임이 시작되었고, 요즘 어린이들이 많이 하는 그런 게임과 비슷했다. 화면 위에서 공이 계속 떨어졌다. 그런데 갈수록 떨어지는 속도가 빨라지고 있었다. 나는 스위치를 더욱더 빨리 움직여야 하는 수고가 필요했지만 그래도 매우 재미있었다. 한편, 옆방에서는 내 심장혈관계가 어떻게 움직이는지 그래프 위에 그 패턴이 그려지고 있었다.

모니터의 얼굴이 설명한 다음 테스트는 777에서 7을 빼면서 거꾸로 세어보라는 것이었다. 그것도 큰소리로 가능한 한 빨리 세라고 했다. 주어지는 시간은 1분이며 정확하게 거꾸로 세어야 한다는 지시가 있었다. 준비가 되었느냐는 말에 내가 그렇다고 하자 시작이라는 말이 떨어졌다. 777, 770, 763… 그런데 그게 그렇게 빨리 되지 않았다. 나로서는 정확하게 세는 것이 더 중요하다고 생각했고, 될 수 있는 한 천천히 세었다. 그때 내가 얼마까지 세었는지는 기억하지 못하지만 그대로 제법

센 것 같았다. 정확히 1분이 지나자 화면 위에 사람 얼굴이 나타나더니 이번 테스트도 끝났다고 말했다.

그 얼굴은 마지막 테스트는 의자 옆에 있는 얼음 양동이를 이용하는 것이라고 했다. 사실 나는 그때까지 그 양동이가 있는지도 모르고 있었다. 일반적으로 가정에서 많이 쓰는 그 양동이에는 얼음이 가득 차 있고 수건이 덮여 있었다. 화면 속의 얼굴이 수건을 치우고 얼음과 물이 가득 차 있는지 확인해 보라고 했다. 이번 테스트는 오른팔을 그 양동이 안에 완전히 집어넣고 60초 동안 참는 것이었다. 못 참겠거든 60초 안에라도 팔을 빼낼 수 있지만, 그렇게 하기 전에 먼저 신호를 보내달라고 했다.

그리고 그 얼굴은 테스트가 시작되기 직전에 이렇게 덧붙였다. "이번 테스트가 사실 조금은 괴로울 수도 있습니다. 하지만 웬만하면 다 할 수 있는 일이니까 그렇게 걱정하지 않아도 좋습니다." 그 말을 듣는 순간 나는 이까짓 것쯤이야 하는 생각이 들었다. '다른 사람들이 다 한다면 나한테는 식은 죽 먹기지.'

드디어 팔을 넣으라는 말이 떨어졌고, 나는 오른쪽 팔을 쑥 집어넣었다. 팔뚝 가운데까지 얼음과 물에 잠겼다. 처음 3, 4초 동안은 별 고통이 느껴지지 않았다. '별 것 아닌데.' 그러나 6, 7초가 지나면서 엄청난 고통이 엄습해왔다. 고통이 심해지고 있었고 나는 속으로 이렇게 중얼거리고 있었다. "남들도 다 하는 일인데 나도 할 수 있어. 이 친구들한테 내가 어떤 사람인지 보여줘야 돼." 그렇게 60초가 지나가고 있었다.

드디어 화면의 얼굴이 다시 나타나 60초가 지나갔으니 팔을 빼도 좋다고 알려 주었다. 나는 내가 얼마나 강한 사람인지 보여줘야겠다는 생각에 10초 동안 팔을 빼지 않고 그대로 있었다. 그런 다음 그 아프고, 벌건, 그리고 부어오르기 직전인 팔을 얼음 속에서 빼냈다. 나는 타월을 집

성공하는 10가지 자연법칙

어들어 팔을 닦은 다음 무릎 사이에 끼고 피가 다시 돌 때까지 비볐다.

그러자 그 화면 속의 얼굴이 말했다. "자, 스미스 씨, 테스트가 모두 끝났습니다. 우리는 이쪽 방에서 할 일이 있습니다. 그러니 우리가 데이터 분석을 끝낼 때까지 3, 4분 동안만 긴장을 풀면서 기다려 주십시오."

나는 그 얼굴이 말하는 것을 들으면서 의자에 앉아 있었다. 기분이 좋았다. 그리고 기다리라고 한 대로 3, 4분 동안 그대로 쉬고 있었다. 잠시 후 한 사람이 방안으로 들어와 내 몸에 연결되어 있는 전극들을 모두 떼냈다. 테스트가 모두 끝난 것이다.

다음날 아침, 나는 상담을 위해서 내 담당 의사를 만났다. 부스 박사 (Dr. Booth)가 2시간 동안 전날 발견한 자료를 설명해 주었다. 그러던 중 그는 아주 듣기 좋은 한 마디를 해주었다. "스미스 씨, 당신은 우리가 본 사람 중에서 가장 확실한 쿨 리액터 가운데 한 사람입니다."

그리고 그는 그래프 용지를 보여주면서 내가 다양한 스트레스성 상황에서 어떤 반응을 보였는지 설명했다. 러닝머신이 오르막길 상황에서 속도가 올라갔을 때 내 심장혈관계는 놀라운 반응을 보였다. 스트레스가 올라가는데도 내 혈관과 심장은 과잉 반응을 보이지 않았다. 지금 생각해보면 당시 내가 내 심장에게 그렇게 하도록 의식적으로 시켰다는 생각이 든다. 그런 훈련을 받은 적은 없지만 그렇게 했다는 점만은 분명히 기억하고 있다.

다음으로 그가 보여준 것은 내가 그 텔레비전 모니터가 있는 방에서 했던 일이었다. 공 게임을 할 때 내 심장혈관계의 반응을 나타내는 그래프에는 아무런 변화도 없었다. 숫자 거꾸로 세기에서도 마찬가지였다. 그래도 얼음 테스트에서는 어떤 식으로든 반응이 있을 것이라고 생각했다. 그러나 그 역시 마찬가지였다.

다음 페이지를 넘기기 전 박사가 툭 던졌다. "그런데 스미스 씨는 긴장을 푸는 게 어려운가 보죠?"

"그게 무슨 뜻입니까?"

박사는 페이지를 넘겼다. 내 심장 계통이 안 좋은 반응을 보인 유일한 시간이 바로 화면 속의 얼굴이 잠시 쉬라고 했을 때였다. 그가 긴장을 풀라는 말을 꺼내는 순간, 옆방의 바늘이 그래프를 벗어나고 있었다. 나의 모든 체계가 긴장을 푼다는 생각을 거부한 것이다. 심장 박동수가 올라가고, 혈관이 좁아졌다. 핫 리액터의 반응을 그대로 보이고 있었다.

그 일은 나 자신을 다시 한번 진지하게 돌아보게 만들었다. 아내는 지금도 내가 긴장을 푸는 것이 어떤 것인지 배울 필요가 있다고 말하고 있다. 나 자신도 그 테스트를 받은 후 이 문제에 대해서 많은 것을 생각하고 있다. 내 젊은 시절을 돌이켜보면, 생산성과 행동을 같은 것, 또는 서로 관련이 있는 것으로 생각했음이 분명하다. 만약 내가 움직이지 않고 아무 것도 하지 않고 있다면 자신이든 다른 사람이든 그 누구에게도 가치가 없는 존재라고 생각하고 있었다. 쉰다는 생각은 조금도 없었다.

우리 가족은 한동안 휴가를 가지 않았다. 휴가는 내가 생각하기에 필요한 일이 아니었다. 나는 일을 좋아하고, 또 언제나 일에 파묻혀 살고 있다. 긴장을 풀 시간을 따로 낸다는 것이 보통 어려운 일이 아니다. 그러나 그 일이 있고 난 뒤 나는 휴식의 필요성을 의식적으로 생각하고 있다. 잠시 시간의 흐름을 멈추고, 충전의 시간을 가질 필요성을 인식하고 있다. 친구 스티븐 코비(Stephen R. Covey)가 말했듯이 나도 "톱날을 가는 시간"이 필요한 것이다.

몇 년 전 우리 가족은 매년 7월에는 가족 여행을 떠나기로 약속을 했다. 그 약속을 하고 첫 번째로 휴가를 간 그해 7월이 지금도 기억에 생생하다. 나는 한 달을 통째로 쉬었다. 그리고 1주일이 지나서는 완전한 무능력자가 되고 말았다. 그래도 참고 견뎠고, 놀라운 사실 한 가지를 발견했다. 일과 관련된 그 어떤 스트레스도 없이 가족과 함께 시간을 보내는 것이 얼마나 멋진 경험인지 알게 된 것이다. 그 후 7월이 오면 언제나 가족 여행을 떠나고 있다.

주말이면 나는 더욱더 신이 난다. 물론 집에 있을 때도 나는 쉴새없이 바쁘게 움직인다. 최근에는 유타 주에 있는 건록 시 인근에 농장을 하나 마련했다. 말이 18마리, 소가 100마리 있는 드넓은 목장이다. 거기 가면 나는 그 동물들을 돌보고 목장을 청소하는 일에만 매달린다. 나로서는 그게 긴장을 푸는 한 방법이다. 다른 사람들은 일로 생각할 수도 있지만 나에게는 정말 휴식의 한 방법일 뿐이다. 그리고 목장 가옥으로 돌아와 가족들과 둘러앉아 이것저것 이야기를 나눈다. 이제 내 심장혈관계는 내가 일을 하고 있지 않으면 생산적이 아니라는 생각을 단호히 거부하고 있다.

나는 그 테스트를 받으면서 나한테 한 가지 중요한 일이 일어났다고 믿는다. 그것은 내 믿음의 창에 이제까지와는 다른 믿음을 올려놓은 일이다. 어릴 때부터 믿어온 과거의 믿음은 '생산성과 활동은 같은 것이다. 움직이지 않고 있으면 생산적이 아니다. 그리고 생산적이지 않으면 사람으로서 가치가 없다'는 것이다.

그리고 새로운 믿음은 '활동과 생산성이 반드시 연결되는 것은 아니다. 바쁘다는 것과 생산적이라는 것이 반드시 같지는 않다. 쉬는 것도 좋은 일이다'는 것이다. 이 새로운 믿음을 받아들인 후 나는 더 이상 외부의 힘에 속박되지 않고 있으며, 내 인생을 더욱더 잘 컨트롤하고 있다. 휴식을 취해도 죄의식을 느끼지 않으며, 가치 없는 인간이라는 생각도 하지 않는다.

이 점을 꼭 기억해주기 바란다. 당신의 가치가 자기 외부의 것—다른 사람의 의견, 물질적인 것 등—에 기초하고 있을 때 결국 당신은 문제에 부딪히게 된다. 스스로를 좋게 생각하는 것이 마음의 평화를 얻는 비결이다. 이 책의 제1부에서 확인한 지배가치는 건강한 자부심의 기초를 이룬다. 그리고 당신의 믿음의 창에 올려져 있는 것들을 때때로 검사해보는 과정은 자기 패배형 행동을 제거하는 데 도움이 된다.

한 성인은 젊은이들에게 이렇게 말했다. "본래의 자신이 되어라. 그것도 완벽하게." 완벽하게 본래의 자신이 된다는 것은 우리 모두가 할 수 있는 일이다.

이제 갈수록 좋아지고 있는 자기 이미지로 무장하고 마지막 자연법칙을 살펴보도록 하자. 제10법칙은 우리 인생 최대의 역설 가운데 하나인, 많이 주면 많이 얻는다는 법칙에 관한 이야기이다.

더 많이 주면 더 많이 얻는다

어릴 때 우리 가족은 하와이에서 살았다. 당시 아버지는 연설학 교수였고, 어머니는 초등학교 교사였다. 그리 잘 살지는 못했는데 그 사실을 알게 된 것은 나이가 좀 들어서였다. 젊은 시절에도 그다지 부유하지는 않았는데, 그렇다고 아주 가난한 것은 아니었다.

이렇게 커가면서 나는 돈이 없는 것과 가난하다는 것 사이에는 엄청난 차이가 있다는 사실을 배우게 되었다. 내 인생에서도 파산한 경험이 몇 차례 있었지만 가난한 적은 한 번도 없었다. 가난이란 일종의 마음의 상태로서 돈과는 전혀 상관이 없는 문제다.

여덟 살 때의 일이다. 그때 나는 하와이에 살고 있었는데, 크리스마스가 다가오고 있건만 우리 집 사정은 영 여의치 않았다. 부모님은 그게 걱정이었던 모양이었다. 11월 말엔가, 12월 초엔가 부모님은 우리 형제 (모두 7명이었다)들을 불러모아 놓고 크리스마스를 보낼 돈이 충분하지 않다고 설명했다. 그래서 우리는 정말로 꼭 갖고 싶은 선물 하나만을 골라야 했다. 그것이 그해 크리스마스에 받을 유일한 선물이 될 터였다.

무슨 이유에서인지는 모르지만 지금도 그 일이 생생하게 기억난다. 그때 나는 '무슨 선물을 달라고 할까' 하고 대단히 신중하게 생각했다. 그러고 나서 꼭 받고 싶은 건 사과 한 바구니라고 말했다(그때도 그랬지만 나는 지금도 사과를 좋아한다).

내가 선물로 사과를 원한다는 말에 부모님은 깜짝 놀랐다. 두 분은 알아보겠노라고 했다. 두 분 말에 따르면, 나중에 호놀룰루의 베레타니아 거리에 있는 과일 가게에 가서 사과 한 바구니가 얼마나 하는지 알아보았다고 한다. 하와이에서는 사과가 나지 않는다. 사과 하나 하나를 포장한 채로 수입하고 있다. 사과 한 바구니는 그 당시 내가 요청할 수 있는 것 중에서 가장 비싼 선물이었던 것이다.

크리스마스 날 아침 모두들 자리에서 일어났다. 우리 가족의 전통은 아침을 먹은 후 나란히 서서 함께 방안으로 들어가 산타클로스의 선물을 확인하는 것이다. 방안으로 들어간 나는 '내 구역'으로 지정되어 있는 구석에서 그때까지 본 것 가운데 가장 멋있는 사과 바구니를 발견했다. 사과 하나하나가 노란 종이에 예쁘게 싸여 있는 커다란 바구니였다.

나는 흥분에 휩싸였다. 그리고 나머지 식구들이 선물을 다 열자마자 나는 사과 바구니를 재빨리 집어들고 바깥으로 나갔다. 친구들을 만나기 위해서였다. 그리고 밖으로 나간 지 몇 시간 뒤 내 사과 바구니는 텅 비었다.

당시 나의 행동이 무엇을 위한 것이고 무엇을 의미하는 것인지 생각해보거나 한 기억은 없다. 그러나 이웃에 사는 친구들과 사과를 나누는 것이 정말 신났다는 기억만은 분명하다. 해가 채 지기도 전에 사과가 모두 다 떨어졌다는 사실은 내게 중요하지 않았다.

성공하는 10가지 자연법칙

지금 생각해보면, 그것이 내가 '풍요의 심리'의 힘을 처음으로 경험한 때가 아닌가 한다. 풍요의 심리는 이 세상은 누구와 나누어도 서로에게 충분할 만큼 넉넉하고 풍족하다는 생각이다. 우리가 가지고 있는 것을 서로 나누기만 하면 우리 모두 승자가 될 수 있다. 이것은 그 크리스마스 날 이후 내 철학이 되었다. 나는 이 철학을 굳게 믿는다.

부를 나눈다는 것

우리는 이 세상에서 부를 생산하는 데 큰 제약을 받고 있지는 않다. 오히려 우리가 가지고 있는 문제는 그 부의 분배와 관련된 것이다. 각 나라뿐만 아니라 전세계는 한쪽에는 엄청난 부를 가진 사람이, 다른 쪽에는 가난하게 사는 사람이 언제나 존재하고 있다. 이게 무슨 비극인가 하는 생각이 머리를 떠나지 않는다. 우리는 왜 부를 창조하는 능력만큼 부를 나누는 능력도 키우지 못하는 것일까?

그 점을 존 스타인벡만큼 잘 지적한 사람도 없다. 「분노의 포도」에서 그는 이렇게 썼다. "나무를 접붙이고, 씨를 비옥하고 크게 키울 줄 아는 사람은 그 생산물을 굶주린 사람에게 먹이는 방법은 모른다. 이 세상에 새로운 과일을 내놓는 사람은 그 과일이 사람의 입에 들어가게 하는 체제를 만들 줄 모른다. 그리고 그 실패가 거대한 슬픔처럼 이 세상을 덮고 있다."

이 딜레마에는 간단한 해결책이 없다. 그러나 나는 우리 개개인이 변화를 이루려면, 풍요의 심리를 받아들이기만 하면 된다고 믿는다. 이 철학은 간단하게 말하자면 이렇다. 우리 각자가 넉넉하게 살 수 있을 정도 이상으로 부를 축적했을 때 각자가 넉넉하게 사는 데 소비하는 것(넉넉하게 산다는 것이 무엇인지에 대해서는 각자 나름대로의 기준이 있다)과 실제로 벌어들인 것의 차이분은 진정 자신의 것이 아니라는 점을 인정하는 것이다. 이 나머지 부는 그 문제에 대해서 생각하고 또 뭔가를 할 수 있도록 주어진, 단지 우리가 관리하고 있는 것일 뿐이라는 것이다.

예를 들어, 내가 좋아하는 삶의 방식을 유지하는 데에는 1년에 4만 달러가 든다. 그리고 내 수입은 세금 등 강제적인 지출과 가족의 미래를 위한 저축을 빼고 연 10만 달러이다. 나는 그 차액 6만 달러를 이 세상의 고통과 슬픔, 그리고 비극을 조금이라도 덜 수 있는 일을 하는 데 쓸 의무를 지고 있다.

몇 년 전, 덴버에 강연을 하러 갈 일이 있었다. 내게 그런 기회를 마련해준 사람은 엄청난 부자였는데 800만 달러나 하는 집에 살고 있었다. 차를 타고 가면서 잠깐 그 집 앞을 지나쳤다. 나는 그 우아하고도 멋진 모습에 감탄을 금할 수 없었다. 그러나 집으로 돌아오는 비행기 안에서 나는, 혹시 그 사람이 200만 달러나 150만 달러짜리 집에 살면서 그 차액인 600만 달러나 650만 달러를 가지고 이 세상의 어려운 사람들의 고통을 덜어주는 일에 쓸 수는 없을까 하는 생각을 하고 있었다.

물론 그 사람이 800만 달러짜리 집을 가질 권리가 있다는 점은 내 목숨을 걸고 보증한다. 시장경제가 바로 그런 것이다. 그렇지만 나는 생각 끝에 이런 결론을 내렸다. 즉, 시장경제에도 도덕적 문제는 있다는 것이다. 필요한 것 이상으로 가지고 있는 사람은 그 초과분을, 필요 이하로 가지고 있는 사람을 돕는 데 쓸 의무를 지고 있다.

그렇다고 덴버의 그 사람을 평가하자는 것은 아니다. 이 점에 관한 한 다른 사람을 평가할 수 있을 정도로 확실한 틀을 가진 사람은 있을 수 없다. 그 800만 달러짜리 집이 사실은 그가 가지고 있는 전체 가운데 극히 일부에 지나지 않을 수도 있다. 나는 그가 바로 그런 경우였다는 확신을 가지고 있다. 아마도 그는 1억 달러의 재산을 가지고 있으며, 9,000만 달러를 다른 사람을 돕는 데 쓰고 있었을 것이다. 나로서는 그 사람을 비난할 생각이 추호도 없다. 다만 그가 도덕적 문제를 생각해본 적이 있을까 궁금할 따름이다.

그렇다, 우리는 그 차이에 해당하는 돈을 가지고 뭔가를 할 의무를 지고 있다. 그리고 그렇게 할 때 인간 행동의 자연법칙이 등장, 그에 걸맞는 좋은 결과가 나타날 것이라고 알려준다. 그런데, 그 차이분을 가지고 무엇을 어떻게 할 것인가에 대해서는 어려운 문제점들이 많다. 그 차이분을 가지고 뭔가를 하도록 법을 만드는 일은 효과가 없다는 점은 이미 확인한 바이다. 소련과 유럽의 공산주의가 그 점을 증명해 보였다. 그들은 법률을 통해서 그렇게 할 수 있다고 70년 동안 노력했지만 결국 아무 소용도 없었다. 부의 분배를 법률로 강제했을 때 부의 창조가 오는 것이 아니라 빈곤의 창조로 끝나고 말았다. 그 점은 단지 공산주의 국가뿐만 아니라 여러 시대, 여러 지역을 통해서 확인되고 있다.

부의 분배를 법률로 강제할 수는 없다. 그 일은 자발적으로 이루어져야 한다. 그 일이 옳다고 믿어서 하기를 원하는 사람들에 의해서 이루어져야 한다. 그러면 돈을 주기만 하면 될까? 아마도 아닐 것이다. 복지제도는 단순히 돈을 주는 것만으로는 아무 효과가 없다는 점을 증명하고 있다. 실제로 3, 4대에 걸쳐 복지제도의 혜택을 보고 있는 사람들도 있다. 그런데 사람이 복지제도에 전적으로 의존하게 될 때에는 자부심을 잃는다. 그런 사람은 생산에 아무런 관심도 없다. 그리고 그들은 이 세상이 자신에게 뭔가 빚을 지고 있다는 생각을 믿음의 창에 올린다. 지금 받고 있는 돈을 벌기 위해서 손가락 하나 까딱하려 하지 않는다. 풀기 어려운 문제이다.

그렇다면 어떻게 부의 분배를 이루어야 할까? 속시원한 해답이 있으면 정말 좋겠다. 정말 이 문제에 대해서는 우리 모두 노력해야 한다.

그런데 나누어주어야 할 부를 그리 많이 가지고 있지 않을 때에는 편하다. 1년에 3만 5,000~4만 달러를 버는 사람이라면 쉽게 말할 수 있다. "아니, 10만 달러나 50만 달러씩 버는 사람이라면 그 5분의 1로 살고 나머지는 모자라는 사람에게 나누어주면 되는데 뭘 고민하느냐?"고.

내가 바로 그런 입장에 있고, 또 그런 태도를 취하라면 그리 어려운 문제가 아니다. 그러나 재미있는 사실은 어느 날 갑자기 내가 필요 이상으로 많은 돈을 벌게 되었을 때이다. 지금, 내가 고민하는 문제는 이것이다. 과연 내가 내 입으로 말하는 만큼 기꺼이 내 돈을 내놓을 수 있을까 하는 것이다. 나로서는 그것이 그리 어려운 일이 아니었다고 말할 수 있는 것이 행복이라면 행복일까.

프랭클린 퀘스트 사를 시작할 때 우리는 모두 5명이었다. 한 번은 각자가 얼마의 지분을 가져야 하는지 결정해야 할 일이 있었다. 1984년 초인 당시로서는 내가 과반수 이상을 가져야 한다고 주장할 충분한 근거가 있었다. 그러나 나로서는 꼭 그래야만 한다는 생각이 없었다. 그날의 이야기가 끝나면서 내가 33퍼센트를 가지고, 다른 파트너들이 나머지를 나누어 가졌다. 사실 회사를 만들고 각자 얼마의 지분을 가질 것인가를 결정할 당시 그 주식이라는 것은 거의 휴지나 다름없었다. 그러던 것이 기업 공개를 하고 세월이 지난 지금은 엄청난 액수가 되었다.

회사가 성장하고 사람들을 채용하기 시작했다. 그 과정에서 우리는 2개의 원칙을 발견했다. '혼자서는 모든 일을 할 수 없다'는 것과 '일을 하는 데는 한 가지 길만 있는 게 아니다'는 것이다. 그 원칙의 발견은 나에게는 하나의 계시와 같았다. 우리는 회사의 성장에 도움이 되는 사람들을 모으기 시작했다. 그리고 그 과정에서 정말 멋진 일들도 많았다. 어떤 특별한 재능을 가진 사람이 필요한 순간 바로 그 사람이 등장하는 이야기는 마치 귀신 이야기 같을 정도다.

당시 우리는 사람들이 프랭클린 퀘스트 사의 성공을 함께 하려면 위험도 함께 나누어야 한다고 생각했다. 그래서 몇 년 후 모든 파트너들은 주식의 일부를 내놓기로 결심했다. 우리는 프랭클린 사가 제 발로 일어설 수 있게 도와준 사람 10명 정도에게 당시로서는 별 쓸모 없는 것이었지만, 그래도 주식을 나누어주었다. 그리고 계속해서 우리는 여러 가지 장치를 통해서 사람들이 이제는 훌륭한 기업이 되어 가고 있는 우리 회사의 주인이 될 수 있게 만들어 나갔다.

드디어 1992년 6월 3일 드디어 우리 회사가 공개되었다. 그리고 나는 내가 선물로 주고 옵션 제도를 통해서 내놓은 것이 3,600만 달러에 이른다는 사실을 깨달았다(그 사실도 우리 회사의 공개를 주관한 투자 은행가들이 계산해주었기 때문에 알았을 뿐이다). 그들은 내가 기꺼이 그렇게 했다는 사실에 놀라워하고 있었다. 나는 그게 그렇게 놀라운 일인지는 몰랐다. 다만 그렇게 하는 것이 옳은 일로 보였을 뿐이었다.

그들이 그렇게 놀라워하고, 또 주식을 받은 사람들에게 옵션 제도가 미친 영향을 생각해보면서 나는 그것이 바로 풍요의 심리의 힘이 어떤 것인지 증명된 것에 다름아니라는 생각을 했다.

지금의 시세로 볼 때 내가 가지고 있는 주식은 6,000만 달러의 가치에 이른다. 그때 나는 내가 3,600만 달러를 남에게 주었다는 사실에 놀라고 있는 한 은행가에게 말했다. "만약 내가 그 주식과 회사의 소유권을 내놓지 않았다면 지금 내가 가지고 있는 것은 6,000만 달러 근처에도 가지 못했을 겁니다. 앞으로 몇 년 동안 우리 주식을 관찰해 보십시오. 그때 가서 과거에 내놓은 것보다 가지고 있는 게 훨씬 더 많아진다고 해도 나는 눈 하나 깜짝하지 않을 겁니다."

그는 말문이 막힌다는 표정이었다. 그러나 지금 생각해도 그가 정말로 내 말을 믿었는지 판단이 안 선다. 그러나 나는 진실로 한 말이다. 지금 내가 얼마를 가지고 있든, 내가 기꺼이 부를 나누었기에 이만큼 가지고 있다고 믿는다. 이 세상에서 우리가 해야 할 일은 바로 이것이라고 믿는다.

여유분을 다른 사람과 나눌 길을 찾는다면, 즉 그들이 고된 노동과 창조적인 재능을 통해서, 아니면 우정을 통해서라도 그 일부분을 받을 자격이 있음을 입증하기만 한다면 그 초과분은 자기 자신을 위해 비축하는 것 이상으로 훨씬 더 큰 의미를 지닐 것이다. 이것이 바로 또 하나의 자연법칙이다. 뭐든지 여유 있게 누리고 싶다면 그 최선의 방법은 당신이 가지고 있는 것을 다른 사람과 나누는 것이다. 나눔은 주인 의식을 확장시킨다. 반면, 축적은 질투와 분노를 불러일으킨다.

앞에서 말한 사과 이야기의 재미있는 후일담이 있다. 1992년 6월 5일, SRI갤럽 사에서 나를 그 회사의 명예의 전당에 올리면서 정말 우아한 만찬을 베풀어주었다. 그 회사의 본사는 네브래스카 주의 링컨 시에 있었다. 나는 회장인 돈 클리프턴(Don Clifton)을 비롯하여 그 회사의 훌륭한 사람들을 많이 만났다.

그날 저녁, 연회가 시작되자 클리프턴 박사는 내게 검은 가죽 바인더를 주었다. 그 안에는 어릴 때부터 내 인생에 깊은 영향을 준 사람들이 보낸 편지가 들어 있었다. 물론 어머니의 편지도 있었다. 당시 어머니는 백혈병으로 고생하고 있었다. 클리프턴 박사는 그날 모임에 참석한 600 명의 사람들에게 어머니의 편지 가운데 일부를 읽어주었다.

그런데 놀랍게도 하와이 시절의 사과 바구니 이야기가 들어 있었다. 그는 편지를 읽은 다음 나와 우리 가족에 대해서 약간의 찬사를 던진 다음 맛있게 생긴 사과가 가득 담긴 멋진 바구니를 선물했다. 나로서는 정말 가슴이 찡한 일이었다. 그들이 내게 준 명판보다 그 사과가 더 명예스러웠다. 헌정식이 끝난 다음 만찬이 시작되었다. 나는 바구니에서 사과를 꺼내 뷔페가 차려지고 있는 식탁 위에 놓았다. 그 자리에 참석한 사람들과 그 사과를 나누고 싶었던 것이다.

그때 나는 여덟 살 때의 일을 다시 경험하는 기분이었다. 그리고 풍요의 심리가 이 우주의 자연법칙이라는 사실을 다시 한 번 확인했다. 만약 우리가 가진 것을 나눈다면 많은 사람의 삶이 축복 받은 것이 될 수 있고, 또 우리가 나눈 것, 그리고 나눌 것의 양이 기하급수적으로 늘어날 것이다. 나는 진심으로 이것을 믿는다.

그리고 이 나라에서뿐만 아니라 이 온 세상 어디에 사는 사람이든, 우리가 자신의 편안함과 안전을 위해 필요한 것 이상으로 가지고 있다면, 우리는 그 차액을 일종의 관리인으로서 돌볼 의무를 가지고 있다는 것, 다른 사람에게 베푸는 데 사용해야 한다는 것을 알기를 바란다. 그럴 정도의 부를 가지고 있는 모든 사람이 그것을 일종의 책무라고 받아들일 때 이 세상의 가난과 고통, 그리고 고난이 설령 완전히 사라지지는 못한다 해도 엄청나게 줄어들 것이라고 믿는다.

교육

풍요의 심리는 돈이나 물질에만 국한되지 않는다. 이 원칙은 풍요의 혜택을 받는 우리 인생의 모든 측면에 다 적용된다. 예를 들어, 우리가 어떤 주어진 분야에서 타고난 재능이나 힘든 노력을 통해서 지식이나 전문성을 얻었다면 이 원칙은 그것을 혼자 축적할 것이 아니라 나누어야 한다. 대학—사실은 모든 교육 체계—의 기초가 바로 이 원칙이다. 그런데 교육은 단순한 지식의 공유보다 좀더 복잡한 문제이다.

교육은 2차적인 목적을 가지고 있다. 삶의 변화가 그것이다. 지식이 우리를 변화시키지 않고, 우리 개개인을 더 나은 인간으로, 나아가 좀더 생산성이 높고 행복하게, 그리고 쓸모 있게 만드는 데 도움이 되지 않는다면 어떤 새로운 지식도 가치가 없다. 프랭클린 퀘스트 사는 이 교육의 2차 목표를 매우 진지하게 고려하고 있다. 우리는 시간관리, 목표설정, 스트레스 관리 등 인생을 컨트롤하는 데 필요한 분야에 관해서 세미나를 열고 있다. 그리고 그 과정에서 우리는 중요한 점을 발견했다. 그것은 의욕을 가지고 배우려는 사람의 인생에 변화를 일으키려면 가르치는 사람이 지식 이상의 뭔가를 풍부하게 가지고 있어야 한다는 점이다.

대학교에 다닐 때 나는 지식의 공유에 노력하는 교수들의 강의를 많이 받았다. 그러나 그 학생들의 인생에는 아무 변화도 없었다. 뭔가가 빠져 있었던 것이다. 나는 그 뭔가가 바로 에너지라고 믿는다. 교육이란 말 그대로의 의미에서 보듯이 에너지의 이전(移轉)이다. 자신의 인생이 에너지로 충만한(활기에 넘치고 활동적인) 교사는 그 에너지의 일부를 학생들에게 이전시켜 학생들을 생기가 넘치게 만든다.

다른 사람에게 동기를 부여한다는 것이 바로 그런 것이다. 교육은 바로 이전이다. 지식은 물론이고 교육에서 더욱 중요한 것은 바로 에너지이다. 교사의 인생이 비어 있는데 이전은 있을 수 없다. 그것은 방전된 배터리로 차를 출발시키는 것과 같다.

다시 말해 당신이 높은 곳에 서 있을 때에만 다른 사람들을 끌어올릴 수 있다. 배우려는 사람보다 당신이 훨씬 더 많은 에너지와 지식을 가지고 있어야 한다. 그리고 위에서 말한 자연법칙은 여기서도 적용된다. 즉, 다른 사람들과 지식을 나눌 때 다른 사람이 새로운 개념을 이해하도록 돕는 행위는 오히려 자신의 이해의 폭을 넓혀줄 것이라고 믿는 교사가 학생들보다 더 많이 배우는 법이다.

하인형 지도자와 영향력의 힘

교사와 지도자의 역할은 겹치는 부분이 대단히 많다. 사실, 위대한 지도자는 모두 교사라고 말하는 사람들도 있다. 왜 그럴까? 위대한 지도자는 사람들이 변화하도록, 더 높은 것을 이룩하도록 동기를 부여하기 때문이다. 그것이 교육과 리더십의 본질이다. 진정한 지도자는 그 일을 풍요의 심리와 직접 연결시켜 해내고 있다는 점이 다르다면 다르다.

이 장의 앞부분에서 이야기한 개념을 논리적 귀결로까지 밀고 간다면 과연 진정한 지도자는 무엇을 풍요롭게 가지고 있는가 하는 의문에 도달하게 된다. 지도자라면 뛰어난 지식이나 풍부한 에너지를 가지고 있을 것이다. 그러나 진정한 지도자를 가짜와 구별짓는 한 가지 요인을 들라면 나는 주저 없이 바로 힘이라고 대답할 것이다.

진정한 지도자는 힘을 가지고 있다. 그것은 지위나 부, 또는 직함의 힘이 아니다. 바로 '영향력의 힘'이다. 그 힘은 스스로 그의 추종자가 되기로 한 사람들에 의해서 인정될 뿐이다. 그리고 진정한 지도자는 이 힘을 가지고 있기 때문에 그 힘을 나누는 것, 달리 말해서 추종자들에게 힘을 주는 것이 그 사람의 책임이 된다.

그런데 이상한 점은 다른 사람이 당신에게 그렇게 할 힘을 인정하기 전에는 그들에게 힘을 줄 수 없다는 사실이다. 그런데 그렇게 될 때에는 놀라운 일이 벌어지는데 그것이 바로 사람들에게 동기를 부여하는 비밀이다. 당신은 그들로부터 받은 것을 되돌려주지만 그 결과는 상승작용으로 나타나는 것이다. 이것을 내 표현대로 하자면 하인형 지도자이다. 사람들의 주인이 되기보다 그들의 하인이 됨으로써 얻은 그 엄청난 힘을 나누기만 하면 되는 것이다.

내가 이 원칙을 처음으로 발견한 것은 군대에 있을 때이다. 하인형 리더십을 배우기에는 이상한 곳이라고 생각할 수도 있겠지만, 나는 군대에서 그것을 배웠다. 군에 들어간 지 얼마 되지 않아, 나는 내가 다른 사람들 앞에 직접 있지 않는 한 그들에게 그 어떤 일도 시킬 수 없다는 것을 깨달았다. 내가 먼저 한 발 앞에 있을 때 나는 다른 사람들에게 무슨 일이든 시킬 수 있었다.

그러나 내가 없으면 사람들은 자기가 하고 싶은 대로 했다. 그런 일을 겪으면서 내 마음속에 한 가지 의문이 떠올랐다. "지도자로서 나의 역할은 무엇인가?" 나는 수없이 자문했다. 그러던 어느 순간 내 마음속으로 작은 불빛 하나가 켜졌다. 그 해답은 의외로 간단했다. 즉, 지도자로서의 내 역할은 내가 원하는 대로 사람들이 움직이는 분위기를 만드는 것이었다. 설령 내가 그 자리에 없더라도 그 사람들 스스로 그렇게 하고 싶어서 움직이게 만드는 것이다. 나는 사람들이 내가 원하는 것을 원하게 만들어야 했다.

군에 갔을 때 나는 간부 후보생 학교에 들어갔고, 장교로 임관되었다.

그렇게 한 이유는 결혼은 해야겠는데 장인 될 사람이 딸이 일반 사병과 결혼하는 것을 원하지 않았기 때문이었다. 어쨌든, 나는 우등으로 졸업했고, 내가 근무할 곳을 선택할 수 있었다. 나는 퍼싱 미사일 부대를 선택했고, 독일에 있는 부대로 배속되었다. 나는 히로시마에 떨어진 것보다 32배나 강한 핵탄두를 가진 4기의 미사일을 보유하고 있는 부대를 맡았다. 우리는 60일 단위로 30일씩 동유럽을 겨냥한 미사일을 하늘을 향해 세워둔 채 독일 땅에서 보냈다. 우리는 전쟁이 터졌다는 통보가 오면 12분 안에 그 미사일들을 발사할 수 있도록 완벽한 준비를 갖추고 있어야 했다.

내가 이 부대를 맡았을 때 부대의 사기는 정말 형편없었다. 전임 부대장은 부하들에게 자신이 말한 것을 반드시 그대로 해내라고만 강조했다. 문제 제기는 허용되지 않았다. 그런데 리더십에 대한 그의 접근법에서 중요한 한 가지 문제는 퍼싱 미사일이라는 것이 매우 복잡한 무기라는 점이었다. 그래서 퍼싱 부대에는 고학력자들이 많았다. 그 부대는 상당히 우수한 집단이었고, 솔직히 말해서 뭐든지 물어보기 좋아하는 사람들이 많았다. 그들은 모든 문제의 이유를 알고 싶어했다.

나는 소대장이었다. 밑으로 3명의 장교가 더 있었고 다시 일단의 하사관, 그리고 사병들이 있는 전형적인 군대였다. 그리고 이런 구조에서 장교들은 대개 사병들과 사이가 좋지 않은 게 일반적이었다. 그러나 나는 그렇게 하지 않았다.

야외 훈련을 나갔을 때의 일이다. 귀가 떨어져 나갈 것 같은 추위가 몰아치는 벌판이었다. 나는 "우리가 저 병사들을 위해서 경비 초소를 세워야겠다"고 말했다. 그것말고도 할 일이 많았던 탓에 일반 사병들에게 그 일을 시킬 수 없었지만, 재료로 쓸 전봇대용 기둥과 두꺼운 합판, 그리고 각목들은 충분했다. 그러나 내가 그 이야기를 했을 때 하사관 한 명이 나를 쳐다보면서 물었다.

"우리라니 무슨 뜻입니까?"

"말 그대로 우리가 만들자는 거야."

"바깥은 영하 10도입니다."

"영하 몇 도든 상관없어. 자, 얼른 만들자고."

나는 내켜하지 않는 장교들과 하사관들을 밖으로 끌어냈다. 우리는 전봇대용 기둥을 자른 다음 땅에 박았다. 이윽고 첫 번째 초소가 완성되었다. 새벽 2시경 보초병이 처음으로 그 초소 안에 들어갔다. 사병들은 장교들이 그들을 위해 초소를 지은 것에 탄복, 입을 닫지 못했다. 우리는 초소 안에 작은 히터도 하나 들어놓았고, 냉기를 쫓기 위해 단열재도 설치했다. 첫 번째로 만든 것은 사실 엉터리였지만 보초병들은 그곳을 타지마할 궁전쯤으로 생각했다. 경험을 쌓은 우리는 실력도 좋아졌고, 다음날 저녁 6시가 되어서는 5, 6개를 더 완성했다. 이제 모든 보초들이 초소 안에 들어가 근무하게 되었다. 땅의 냉기를 피하면서 따뜻하게 보초를 서게 된 것이다.

이 일이 부대 안에 퍼지면서 부대의 사기가 바뀌기 시작했다. 그리고 한 가지 재미있는 일이 벌어졌다. 부하들이 스스로 나서서 할 일을 찾기 시작했고, 발사 시간이 6분 30초로 줄어들었다. 이 일이 있은 지 사흘 정도 후에, 일반병들을 위해서 재래식 화장실을 지어야 하는 상황이 되었다. 전형적인 군대에서라면 하사관이 병사 한 명을 시켜서 화장실을 짓게 하면 그만이었다. 그런데 안타깝게도 그 병사가 아직까지 한 번도 곡괭이를 잡아본 경험이 없었다. 어쨌든 그는 땅을 파기 시작했다. 그런데 그대로 맡겨두었다가는 평생 걸려도 다 못 팔 것 같았다.

"자네는 곡괭이를 한 번도 잡아본 적이 없는 것 같은데?"

"아닙니다. 해본 적은 있습니다."

"그런가? 곡괭이는 어떻게 쓰는 건지 내가 보여주지."

나는 그 병사로부터 곡괭이를 받아 구덩이를 파기 시작했다. 우리가 10분쯤 파고들어 가는 동안, 우리를 지켜보고 있던 열댓 명의 병사들이 둘러서서 우리를 보고 있었다. 다들 놀란 나머지 아무 말도 하지 않고 있었다. 나는 일찌감치 상의를 벗고, 티셔츠 차림으로 일했다. 그 병사에게 곡괭이질을 가르치는 것이 나로서는 아주 즐거웠다. 그리고 일을 끝낼 때쯤에는 그 병사도 곡괭이질을 제대로 할 수 있게 되었다.

그런데 그날은 다른 부대에서 온 장교들도 몇 명 있었고, 그 중 한 사람은 대위였다. 그가 나를 보고 질책했다. "상의를 벗고 일하다니. 왜 그랬는가?"

"구덩이를 파는 데 옷을 입고 팔 수는 없는 일 아닙니까?"

"상의를 벗고 있으면 자네가 장교인지 누가 알아보겠나?"

그 말에 나는 이상하다는 표정으로 그를 쳐다보았다. "글쎄요, 견장을 차고 있어야만 내가 장교라고 알아본다면 그게 더 문제가 아닐까요?"

그 대위는 큰 착각을 하고 있었다. 그는 자신의 권위를 나타내는 방법으로 오로지 그 작은 표시를 믿고 있었다. 그러나 내 생각은 달랐다. 부하들에게 권위를 보이는 방법이 그것뿐이라면 그때는 이미 통솔력을 잃은 것이나 다름없다. 부하들은 그런 상사라면 따르지 않을 것이다. 리더가 해야 하는 일은 사람들이 일을 하도록 만드는 것이다. 단, 그들이 해야 하는 일이라서가 아니라 스스로 원해서 하게 만들어야 한다.

화장실을 파고 초소를 만든 일로 인해서 모든 것이 변했고, 부대의 사기가 올라갔다. 행동을 통해서 메시지가 전달되었기 때문이다. 그들은 위에 있는 사람들이 아래에 있는 사람들에 대해서 관심을 가지고 있다는 메시지를 분명하고도 똑똑하게 전달받았다. 사람들을 위해서 뭔가를 하는 데 함께 뛰어들어 직접 하려고 할 때 사람들은 그 호의에 보답할 마음을 갖게 된다. 그 일에서 내가 배운 교훈은 내가 내 휘하의 사람들을 소중하게 생각하면 그 사람들도 나를 소중하게 생각한다는 것이었다. 정말 중요한 점이다. 왜냐하면, 나의 성공은 내 아래 있는 사람들의 성공에 달려 있기 때문이다.

당시, 독일 주둔 56포병 전술단은 4개의 대대로 구성되어 있었다. 이런 부대에는 본부 통제관이 필요한데 일반적으로는 소령이 그 자리를 맡는다. 그러나 사령관은 우리가 야외 훈련을 나갔을 때 보여준 내 행동을 보고 나를 그 자리에 임명했다. 소령의 자리에 처음으로 중위인 내가 들어간 것이다. 나로서는 엄청나게 흥분되는 일이었다.

그러나 전체 부대의 사기는 형편없었다. 하사관과 일반 사병의 숙소가 형편없다는 것이 그 부분적인 원인이었다. 그들은 2차 세계대전 당시 롬멜 장군의 본부로 쓰였던 건물에 살았다. 6층짜리였는데 롬멜이 1944년에 죽은 후로 한 번도 손을 대지 않은 것 같았다. 벽은 여기저기 떨어지고, 한마디로 더러운 곳이었다.

그 자리에 간 나는 "여기는 정말 엉망이야. 손을 봐야겠어"라고 말했다. 그리고 부하 한 명에게 어떻게 해야 하는지 물어보았다. 그는 "공병대에 요구하면 우리가 해달라는 대로 모두 다 해줄 겁니다. 단 그렇게 되자면 4년이 걸린다는 게 문제지만요"라고 말했다. 나는 대안은 없는지 물어보았다. "독일인들에게 고쳐달라고 할 수도 있지만, 그러자면 돈을 내야 합니다. 우리는 돈이 없고요."

"다른 걸로는 받지 않을까?"

"물건으로 받는 경우도 있기는 있습니다."

"어떤 물건이면 되지?"

"합판도 받고, 커피도 받습니다."

그 말에 나는 귀가 솔깃해졌다. "그럼, 그 물건들을 구해 보자고."

"아니, 그렇게는 안됩니다. 지금은 구할 수가 없습니다." 그리고 그 이유를 이렇게 설명했다.

일이 그렇게 된 것은 프랑스인들이 미국 군대가 프랑스 내의 기지에서 작전을 하지 못하게 하면서부터였다. 프랑스는 미군에게 3주의 여유를 주고는 모든 장비를 가지고, 프랑스 밖으로 나가라고 했다. 그런데 너무나 황급히 움직이다 보니 많은 것들을 그냥 내버려두고 가야 했다. 내가 그 이야기를 들은 것은 보좌관인 치프 휼릿 준위로부터였다. "이곳을 고치려면 뭐가 필요한지는 이미 다 알고 있습니다. 하지만 프랑스에 갈 수가 없다는 게 문제입니다."

"그게 어딘지는 아나?"

"예, 하지만 군대 차를 이용해서 그렇게 하면 위법입니다."

"어떤 차가 필요한데?"

"5톤 트럭 5대만 있으면 됩니다."

당시 부대에는 장비를 갖추고 있는 초장축 5톤 트럭들이 있었다. 우리는 그 차들에서 장비를 떼어냈다. 만약 그 사실이 발각되면 엄청난 문제가 될 수도 있는 일이었다. 나는 트럭 1대당 2명씩 10명을 선발했다. 그리고 이렇게 말했다. "여러분은 3일 안에 돌아와야 한다. 그 3일은 내가 알아서 처리해주겠다." 그렇게 그들은 프랑스를 향해서 출발했다. 그들은 그 기지들을 돌아다녔고, 3일 후 새벽 2시, 5대의 5톤 트럭이 짐을 가득 싣고 돌아왔다. 믿어지지 않는 일이었다. 트럭 2대에는 당시의 독일에서는 황금만큼이나 귀했던 4분의 3인치 합판이 가득했고, 또 한 트럭에는 고급 커피 반 트럭분과 고급 타자기가 실려 있었다. 또 한 트럭에는 호사스러운 장군용 가죽 의자가 12개나 실려 있었다. 우리는 그것들을 기지에 보관했다.

우리는 독일인들에게 가서 우리 막사를 어떻게 손보았으면 좋은지 설명했다. 그러자 독일인들이 이렇게 말했다. "그거야 어렵지 않지만, 대가가 뭡니까?" 우리는 그들에게 합판을 보여주었다. 독일인들이 기지로 들어와 일을 하기 시작했다. 벽을 완전히 뜯어 낸 다음 다시 벽토를 입히고, 형광등을 달았으며, 마루를 칠했다. 그러고 나니 호화 맨션이 따로 없었다.

우리 부대원들이 그 모든 변화를 눈으로 직접 확인하는 순간 사기가 충천했다. 다음은 병사들이 사는 곳을 수리했다. 그들은 오크 나무 바닥을 사포로 닦았고, 벽을 다시 발랐다. 그리고 착색 합판을 벽에 댔다. 병사들은 궁전에 사는 기분을 맛보았다. 침대에서부터 시작, 온갖 것들을 전부 새것으로 만들어 주었다. 병사들은 꼭 전투화를 벗고서 방에 들어갔다. 혹시라도 더럽힐까봐 신경을 쓰는 것이다.

내 사무실을 보았으면 누구나 놀랐을 것이다. 중위가 장군용 의자에 앉아 있는 모습을 상상해 보라. 믿어지지 않을 것이다. 마지막으로 손을 본 곳은 식당이었다. 나는 이렇게 말했다. "여기를 멋진 레스토랑으로 만들어 주시오." 식당의 모습이 완전히 변했다. 우리는 커다란 풍경화도 하나 구해서 식당 벽에 걸었다. 식탁이며 의자도 완전히 새 것으로 바꾸었고, 식탁보를 깔았으며, 촛불도 구해서 올려놓았다. 그렇게 하는 데에는 1주일 가량 걸렸다.

이 소문은 유럽 전역으로 퍼져나갔다. 장군들이 헬리콥터를 타고 날

아와 우리 레스토랑에서 식사를 했다. 일이 진행되는 동안 우리는 사람들에게 알리지 않았다. 그리고 처음으로 식당을 보는 순간, 부대원들은 완전히 감동하고 말았다.

그 일이 나에게 어떤 결과를 가져왔을지 짐작이 가는가. 그때 나는 야외 훈련을 나가서도 매일 밤 스테이크를 먹었다. 그 고기를 어디서 구하는지는 몰랐다. 그러나 식당 선임 하사는 이렇게 말했다. "아, 소대장님이 나를 신경 써 주는데 나도 소대장님을 신경 써 드려야죠."

그러나 여기서 더욱 중요한 점은 우리 부대의 실적이었다. 우리는 전쟁이 터졌을 때 2시간 안에 움직이도록 되어 있었다. 내가 처음으로 갔을 때 우리 부대가 그 일을 하는 데에는 사흘이 걸렸다. 그러나 부대의 모습을 일신한 후, 부대원들은 스스로에게 자부심을 가지기 시작했고, 이제는 이동 명령이 떨어지면 45분 안에 준비가 끝났다. 그 모든 상황이 얼마나 순식간에 바뀌었는지 믿을 수 없을 정도였다. 그것은 우리 장교들이 부대원의 하인이 되기로 결심했기에 가능한 일이었다.

당시 우리 부대의 사령관 파워스 대령이 멋진 금속제 구령대를 신청해놓은 지 2년이 지나도록 아무 소식이 없었다. 우리는 프랑스에서 그런 것 2개를 발견했고, 2개를 하나로 붙여 상당히 크게 만들었다. 그리고 그것을 연병장에 설치했다. 파워스 대령은 새로운 구령대를 보는 순간 그 앞으로 가서 눈물을 흘렸다. 그리고 이렇게 물었다. "도대체 어디서 구했나?"

"모릅니다." 그는 내 사무실로 와서 그 장군용 의자를 보았다. "아니, 이건 또 어디서 구했나?"

"그건 묻지 마십시오. 하나 구해 드릴까요?"

"구할 수만 있으면…."

우리는 20분 안에 그 의자를 사령관 사무실에 갖다놓았고, 대장은 황홀해했다.

요점은 이것이다. 나에게 조그만 것이라도 일정한 권위가 주어지면 원할 때 언제든지 그 권위를 행사할 수 있다. 그러나 그 권위를 행사한다고 해서 효과가 있는 것은 아니다. 사람들에게 권력을 부리는 것으로는 결과를 얻을 수 없다. 하인형 지도자의 비결인즉, 사람들이 요청을 받는 느낌이 들게 명령을 내려야 한다는 것이다.

파워스 대령은 그 생각을 금방 받아들였다. 어느 날 여러 명의 장관이 시찰차 방문했다. 그런데 그 가운데 몇 명이 망나니로 통하는 반 윙클 특무상사의 사무실에 들렀다가 봉변을 당했다. 반 윙클 특무상사는 천상 군대 체질이었다. 그는 대령과 나의 리더십에 대한 생각을 충분히 알고 있었다. 그런데 장군 하나가 반 윙클의 책상에 엉덩이를 걸쳤고, 그는 이렇게 말했다. "장군님, 제 책상에서 엉덩이를 치워 주십시오."

그 장군이 그를 쳐다보았다. "정말인가?"

반 윙클은 같은 말을 되풀이했다. "장군님, 엉덩이를 제 책상에서 치워 주시기 바랍니다."

곧바로 파워스 대령의 사무실로 간 장군은 이렇게 말했다. "대령, 당신 특무상사가 나를 보고 자기 책상에서 엉덩이를 치워달라고 했다. 이 일을 어떻게 처리할 셈인가?"

파워스 대령은 반 윙클 상사를 쳐다보며 물었다. "장군님한테 엉덩이를 치워달라고 했나?"

"예, 그랬습니다."

그러자 파워스 대령은 몸을 돌려 장군에게 말했다. "장군님 엉덩이를 상사 책상에서 치워 주십시오."

반 윙클이 파워스 대령에게 어떤 마음을 가졌을지 충분히 짐작할 수 있을 것이다. 그리고 더욱 중요한 점은 그가 자신에 대해서 어떻게 느꼈을까 하는 것이다. 앞에서 이야기했듯이 자부심과 생산성 사이에는 인과관계가 있다. 그리고 사람들에게 자부심을 느끼게 하는 데는 그들에게 봉사하는 지도자를 갖는 것 이상의 것이 없다. 간단히 말해서, 당신이 사람들에게 더 높은 생산성을 원한다면 군림할 것이 아니라 봉사하라는 것이다.

경영자라면 그 자리에 있음으로 해서 어떤 형태로든 권위를 가진다. 그러나 그 권위를 조종하고 강요하는 데 사용한다면 비효율적인 경우가 대부분이다. 권위를 그런 식으로 사용하는 사람은 필요한 힘을 충분히 가질 수 없다. 반면, 하인형 지도자는 지위가 주는 권위를 못 가질 수도 있다. 그러나 사람들에 대한 실질적인 힘, 실제적인 영향력은 더욱 풍부하게 누린다. 그런 지도자는 스스로 그 힘을 벌어들이기 때문이다. 만약 당신에게 그런 힘이 주어진다면 당신은 그것을 나누고, 다른 사람에게 힘을 실어줄 의무를 가진다.

힘의 문제를 생각할 때 꼭 기억해야 할 한 가지 점은, 사람들이 우리에게 힘을 인정하고, 우리가 지도할 능력을 갖추었을 때 리더십이 양날을 가진 칼이 된다는 사실이다.

오래 전에 들은 말이 생각난다. 어디서 들었는지는 기억이 잘 나지 않지만 그 말을 듣는 순간 나는 엄청난 충격을 받았다. "지도하는 힘은 잘못 이끄는 힘도 된다. 잘못 이끄는 힘은 파괴의 힘이 된다."

온갖 리더십 기술이 개발, 강화되고 있지만 우리는 리더십이라는 것이 사악한 목적에 이용될 수도 있다는 점을 잊지 말아야 한다. 히틀러를 역사상 가장 위대한 지도자의 한 사람으로 꼽는 사람도 있지만 그는 자신의 리더십을 파괴에 사용했다.

조지 워싱턴은 훌륭한 지도자였다. 그리고 그는 자신의 리더십을 건설과 창조에 사용했다. 리더십에는 커다란 책임이 따른다. 그 책임은 다른 사람까지 고양시키고, 힘을 줄 책임이다. 그리하여 그들이 지도자가 없었을 때 지도자가 할 수 있는 것 이상으로 더 많은 일을 하게 만들 책임이다. 그렇게 하는 것이 진정한 지도자, 풍요의 심리를 이해하고 있는 지도자의 모습이다.

풍요를 통한 평등

평등은 우리 모두가 소중하게 생각하는 가치 가운데 하나이다. 모든 사람은 평등하게 창조되었으며, 조물주로부터 결코 남에게 빼앗길 수 없는 권리를 부여받았다. 생명, 자유, 그리고 행복을 추구할 권리가 그것이다. 나는 그 권리가 소수의 특권층만이 아니라 모든 사람에게 있다고 믿는다. 다른 사람보다 더 나은 생활을 누릴 자격이 있는 사람은 없다. 그리고 우리는 모든 사람이 행복한 생활을 영위하기를 바란다. 그런 뜻에서 평등은 우리 모두가 굳게 믿고 있는 가치이다.

여기서 풍요의 심리는 평등을 추구하는 데 큰 힘이 된다. 인간의 활동마당을 평등하게 만든다는 점에서 완전한 자유를 보장하는 수단이 된다. 그런 뜻에서 풍요의 심리는 인위적으로 평등을 강요하는 것과는 완전히 정반대된다. 대신, 풍요의 정신은 모든 사람을 새로운 수준으로 향상시키고자 노력한다.

우리 사회가 자기 중심적이고 이기적인 사회로 성장하면서 자유와 민주주의가 개개인의 풍요를 추구하는 데만, 그저 남들보다 위에 올라가는 데만 이용되고 있는 것이 아닌가 하고 생각하곤 한다. 물론 모두가 그런 것은 아니다.

우리의 체제는 모든 개인이 풍요를 얻는 것이 가능하도록 세워졌다. 그러나 그 특권에는 전체 사회의 발전을 위해 노력할 의무가 따른다. 우리가 특권에만 신경을 쓰고 의무를 소홀히 한다면 우리 사회는 무너지고 만다. 오늘날 우리 사회가 잘 굴러가지 않고 있는 것도 바로 이런 이유에서이다. 풍요의 정신을 잊고 살아가기 때문이다. 어떻게 나누어야 하는지, 어떻게 서로를 고양시키는지 잊고 있는 것이다.

여기서 이런 의문을 가질 수도 있다. 풍요의 정신과 리더십이 리얼리티 모델과 어떤 관계가 있고, 인생을 컨트롤하는 것과 무슨 관련이 있느냐고. 그러나 내가 보기에는, 여유가 있는 한 남을 돕는다는 저 강력한 자연법칙을 따르고, 그 과정에서 우리가 진정으로 필요로 하고 원하고 있는 것은 다 가지고 있다는 사실을 발견하는 것이 바로 우리 인생의 행복을 찾는 커다란 비밀 가운데 하나이다. 우리가 믿음의 창에 올려놓을 수 있는 온갖 믿음 가운데 그것이 마음에 평화를 가져다주는 가장 깊은 의미를 가진 믿음이다.

물론 그 말이 상식이나 인간의 본성과는 완전히 반대된다는 점은 알고 있다. 그러나 그것이 바로 이제까지 내가 말한 것의 신비 가운데 하나이다. 그리고 나는 그 말이 가지는 힘을 보면서 인간의 온갖 약점과 이기적이고 비인간적인 모습의 한 가운데에서 좀더 신성하고, 고귀한 측면이 있다는 사실을 다시금 확인하곤 한다.

우리 모두에게는 어딘가에 신성한 부분이 있다. 그리고 그 마음의 등불이 인도하는 바에 따를 때, 그리고 우리의 재능과 재산을 아무 조건 없이 남과 나눌 때 그 빛은 점점 더 커지고 다른 사람들에게도 번져갈 것이다. 이기심 없이 자신의 것을 내놓을 때 인간이라는 존재의 가장 깊은 곳이 그 친절과 관대함을 따라 움직인다. 그리고 그 나눔을 행하는 사람이 보답으로 받는 것은 이 세상에서 제일 소중한 선물, 바로 마음의 평화이다.

남에게 주어라 그러면 너희도 받을 것이다.
말에다 누르고 흔들어 넘치도록 후하게 담아서 너희에게
안겨주실 것이다.
너희가 남에게 되어 주는 만큼 너희도 받을 것이다.
누가 복음 6장 38절

결 론

모든 것을 아울러서

우리들의 학습도 마지막에 이르렀다. 이제 당신은 당신의 가치관과 믿음을 조사하는 과정이 그리 쉽지 않다는 것, 그리고 반드시 유쾌하지만도 않다는 사실을 알았을 것이다. 나 자신도 그 과정을 처음 접할 때에는 그 많은 것들을 말로 표현하기가 정말 어려웠다. 전에는 단지 그것들을 느낌의 차원에서만 의식하고 있었던 것이다. 그리고 믿음의 창에 있던 믿음 가운데 일부는 빛에 내놓기가 두렵기까지 했다.

어쨌든, 진정으로 내게 중요한 것들을 의식적인 인식의 단계로 끌어올리는 일은 내 인생에서 중대한 분수령을 이루었다. 그 당시 나는 생산성 피라미드를 세워서 가치관에 기초한 사건 컨트롤 원칙을 적용하기 시작했기에 나는 우리 모두가 바라는 마음의 평화를 경험하기 시작했다. 그와 마찬가지로, 리얼리티 모델을 이용, 내 믿음의 창에 써져 있는 것들이 마음의 평화를 찾는 내 여정에 어떻게 도움이 되고, 어떻게 방해가 되는지 이해한 것은 인생의 전환점이자 영혼이 넓어지는 경험이었다.

제2부에서 설명한 각종 연습들을 다 해보았다고 해서 당신이 리얼리티 모델과 생산성 피라미드의 밀접한 관계를 충분히 인식했다고 할 수는 없다. 그러나 두 모델은 동전의 양면과 같다. 아래 그림에서 서로 연결되는 평행선을 볼 수 있을 것이다. 같은 요소를 나란히 놓기 위해서 리얼리티 모델 위에 한 칸을 올려놓았을 뿐이다.

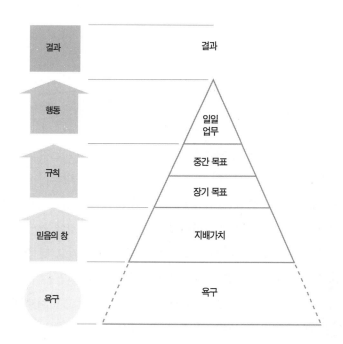

여기서, 욕망의 바퀴가 생산성 피라미드의 지배가치보다 아래에 있는 의식 수준을 의미한다는 점에 주목하기 바란다. 그 수준은 생산성 피라미드에서는 밑으로 약간 더 깊이 파고 들어가야만 찾을 수 있다. 비슷한 이치로, 리얼리티 모델에서 말하는 결과는 생산성 피라미드에서는 그려

성공하는 10가지 자연법칙

지지 않는, 그러나 분명히 존재하는 한 단계 위의 수준을 의미한다. 다른 요소들은 그림에 그려진 그대로 일치한다. 지배가치는 당신의 믿음의 창에 있는 것들 가운데 중요한 것들이고, 장기와 중간 목표는 지배가치에 맞추어 세운 규칙을 의식적으로 형식화시켜 만든 것이다. 그리고 일일 업무는 당신의 현재 행동의 일부분이다.

당신도 알 수 있듯이, 리얼리티 모델은 당신 인생의 보다 넓은 면을 다룬다. 그에 비해 생산성 피라미드는 우리가 일을 어떻게 처리하느냐 하는 과정으로 좀더 초점을 좁힌 것이다. 그러나 마음의 평화라는 보다 큰 목표를 달성하는 데 도움이 된다는 점에서는 둘 다 없어서는 안 될 도구이다.

리얼리티 모델을 이용하면, 당신의 가치관과 동기를 확인하는 데 도움이 된다. 아울러 제대로 작동하지 않거나 현실을 제대로 반영하지 않고 있는 믿음을 바꾸는 데도 도움을 받을 수 있다.

그런 다음 생산성 피라미드의 저 강력한 과정들을 이용해서 그 가치들과 동기를 체계적인 프로그램으로 만들어 일상생활 속에서 실천해 나가면 된다. 당신의 잠재 의식이 가치관과 믿음을 규칙과 목표로 바꾸게 놓아두는 대신, 당신 스스로 의식적으로 가치관과 믿음을 장기 목표와 중간 목표 그리고 일일 업무로 분류, 체계적으로 이룩해나가야 한다.

이제 모든 논의를 마무리하기에 앞서 마지막으로 한 가지만 더 생각할 거리를 내놓고자 한다. 행간을 읽으면서 이 책의 내용을 충분히 숙지했다면 당신은 마음의 평화라는 것이 모든 것을 서로 조화시키는 데서 온다는 점을 이미 알아냈을 것이다. 제1부에서 나는 마음의 평화를 경험하려면 우리의 일일 업무를 지배가치와 일치시켜야 한다고 강조한 바 있다. 제2부에서는 우리의 행동이 우리의 욕구와 일치해야 할 뿐만 아니라 믿음의 창에 있는 믿음들이 현실(진리 또는 있는 그대로의 사실)과 일치해야 한다는 것을 배웠다. 우리의 믿음이 현실에 뿌리를 박고 있지 않을 때에는 그 결과는 마음의 평화가 아니라 좌절감만 낳을 것이다. 그러나 우리의 믿음이 진리나 자연법칙과 일치할 때 우리는 마음의 평화를 누릴 수 있다.

그런데 마음의 평화 가운데서도 가장 만족스러운 상태를 누리고자 할 때에는 한 가지 다른 요소가 더 있어야 한다. 물론 그것이 이제까지 이야기한 것과 조화를 이루어야 한다는 것은 두말할 나위도 없다. 그것은 이제까지 우리가 이야기한 것들—지배가치, 일일 업무, 자연법칙에 기초한 믿음과 행동—이 반드시 '도덕적' 진리와 조화를 이루어야 한다는 것이다.

도덕적 진리란 당신이 가지고 있는 도덕적 신조를 말한다. 또한 당신이 인생에 대해서, 인생의 의미에 대해서 가장 깊숙이 간직하고 있는 생각도 도덕적 진리이다. 그리고 같은 인류, 또는 절대자가 우리에게 바라는 행동도 그 진리가 될 수 있다. 그것이 과연 무엇인지 좀더 정확한 정의를 내리는 과제는 당신의 몫이다. 그렇다고 내가 종교적인 믿음에 국한시켜 이야기하는 것은 아니다. 무신론자라도 우리가 어떤 존재이고, 서로를 어떻게 대해야 하는지에 대해서는 확신을 가지고 있다. 당신이 어떤 확신을 가지고 있든 중요한 점은, 가장 깊고도 만족스러운 마음의 평화를 얻고자 할 때에는 이제까지 이야기해온 것들이 그 확신과 일치해야 한다는 것이다.

내가 마음 깊숙이 간직하고 있는 저 믿음을 완전히 깨닫게 된 것은 몇년 전 애틀랜타에서 일단의 침례교인들을 상대로 시간관리 세미나를 할 때의 일이다. 우리는 생산성 피라미드에 관해서 이야기했다. 그리고 지배가치, 장기 목표와 중간 목표에 관해서 이야기했고, 어떻게 해야 지배적 가치관을 일상생활에서 실천할 수 있는지 이야기했다.

그리고 잠시 휴식 시간을 가졌다. 그때 세미나 참가가 가운데 한 사람이 내게 다가와 말을 건넸다. "그런데 말씀하신 것이 전부 성경에 나온 이야기 같은데요." 그의 말을 듣는 순간, 나는 그가 내 이야기에 화가 난 모양이라고 생각했다.

그래서 이렇게 되물었다. "그게 무슨 뜻이죠?" 그러자 그가 말했다. "아, 말씀하신 것들이 정말 마음에 든다는 겁니다. 사실, 가치에 기초한 목표설정이라는 아이디어는 옛날부터 있었죠. 성경에도 그런 비슷한 이야기가 있고요."

그제서야 나는 그가 불쾌한 마음을 가지고 있는 것이 아니라는 사실을 깨달았다. 마음이 편해졌다. "혹시 내가 개인적으로 확신하고 있는 것들을 들어보고 싶은 생각은 없으신가요?"

"아, 예. 들어보고 싶습니다."

"그러니까 우리는 이런 세미나에서 마음의 평화를 얻으려면 2가지 요소를 만족시켜야 한다고 가르치고 있습니다. 하나는 지배가치를 확인하는 겁니다. 우리에게 진정으로 중요한 것이 무엇인지 확인하는 겁니다. 또 하나는 그 지배가치에 기초해서 우리 인생의 여러 사건들을 컨트롤해야 한다는 겁니다. 그 2가지가 갖추어지면 우리는 마음의 평화를 얻게 됩니다." 여기서 나는 잠시 말을 끊은 다음 다시 이었다. "그런데 내 개인적으로는 궁극적인 마음의 평화를 얻으려면 제3의 요소가 만족되어야 한다고 생각하고 있습니다."

"정말요? 그게 뭡니까?"

"그것은 완전한 도덕적 진리입니다. 우리의 가치관이 도덕적 진리와 일치하고, 또 실제로 그렇게 행동할 때 궁극적인 마음의 평화를 경험할 수 있습니다."

그는 그 말을 대단히 진지하게 받아들였다. 그러고는 이렇게 말했다. "그 생각을 모든 사람에게 말해주십시오." 사실, 나로서는 아직 그렇게 까지 깊이 들어가고 싶지는 않았다. 그러나 그의 생각은 달랐다. 이번 세미나에 참가한 사람들이라면, 그 개념에 나오는 추가적인 의미를 충분히 이해할 것이라고 말했다. 그의 격려에 힘입어 나는 이 생각을 말했고, 우리는 인생에서 진실로 중요한 것들에 관해서 귀중한 토론 시간을 가졌다.

그런데 이 궁극적인 형태의 마음의 평화를 구하려고 하는 사람은 정말 극소수인 것 같다. 우리는 그런 사람을 한두 사람은 알고 있다. 그 마음의 평화를 누리는 것으로 보이는 유명인 가운데에는 우리 시대 가장 존경받는 사람도 있다. 그리고 당신은 테레사 수녀말고도 영적인 의미에서 그 모든 것을 갖추고 있는 평범한 사람도 많이 알고 있을 것이다.

그런 사람이 언제나 유명인인 것은 아니다. 우리가 단지 선한 사람이라고 알고 있는 사람 가운데 그런 사람이 더 많다. 그 '선함'이 그 사람의 마음 깊숙한 곳에서 조용히 빛을 발하고 있을 따름인 것이다. 내 자신의 경험으로 미루어 볼 때, 우리 모두가 마음속의 가치관, 믿음의 창에 올려놓은 것들, 그리고 도덕적 진리에 대한 이해를 어느 정도까지는 일치시킬 수 있다. 그럴 때 우리가 상상할 수 있는 그 어느 것도 다 초월하는 마음의 평화를 얻을 수 있다.

여기서 나는 당신이 마음의 평화를 추구하는 여정에서 이렇게 해보라고 추천하고 싶다. 근본적인 도덕적 진리를 확인하는 일을 직접 해보라고. 실제로 그 기회는 수없이 많다. 직접 실험해보고 진정한 자연법칙을 발견해 보도록 하라. 그 법칙대로 살고, 그것들이 실제로 효과가 있다는 것을 경험해야 한다. 그렇게 할 때 당신은 궁극적인 마음의 평화에 한 걸음 더 다가가게 될 것이다.

당신이 마음의 평화를 찾아 나설 때 도움을 줄 한 가지를 덧붙이자면, 매일매일 하루를 마감할 때나 시작할 때 그 결과를 판단해보는 시간을 가지라는 것이다. 내 행동이 지배가치와 일치하였는가? 오늘 나는 정말로 내게 중요한 일을 했는가?

하루도 거르지 말고 계속하라. 우리가 이제까지 이야기한 자연법칙과 개념을 실천함으로써 인생을 컨트롤하도록 하라. 당신의 믿음의 창에 있는 믿음들을 관찰하라. 효과가 없는 것은 제거하라. 어느 것이 좀더 올바른지 확인하여, 당신의 믿음의 창에 지배가치로 각인해 두어라. 당신의 노력에 나침반이 될 수 있는 위대한 도덕적 진리를 찾기 위해 노력하라.

그런 다음, 이렇게 하라. 뭔가 의미 있고 가치 있는 목표를 세우고 일상생활에서 구체적인 행동을 통해 이것을 밀고 나가라. 그렇게 할 때 당신은 당신의 인생, 당신의 운명을 완벽하게 컨트롤할 수 있다. 그리고 그 누구도 빼앗아갈 수 없는 저 우아한 선물인 마음의 평화를 얻게 될 것이다.

프랭클린코비 사(FranklinCovey Company)에 대하여

스티븐 코비 박사는 전 세계적으로 4,000 여 명의 직원을 가진 프랭클린코비 사의 공동 회장이다. 여기서는 개인과 조직, 가족들이 의미 있는 원칙과 자연법칙을 적용함으로써 더욱 효과적인 삶을 살도록 하기 위해 노력하고 있다. 프랭클린코비 사는 개인과 가족들을 위한 상품과 자료를 만들어 내고 그들과 함께 작업하고 있으며, 고객 목록에는 〈포춘〉 100대 기업 중 82개 기업과 포춘 500대 기업 중 2/3이상의 기업, 그 밖에도 수천 개의 중소기업과 지방, 주, 연방 정부 기관이 포함되어 있다.

또 프랭클린코비 사는 원칙 중심의 지역 사회를 만들려는 도시들과 자매 결연을 맺고 있으며, 전국적으로 3,000개 이상의 교육 지역 및 대학의 교수와 교사 및 교육 행정가들에게 7가지 습관을 교육하고 있다. 현재 27개 주 교육계 지도자들과 협력하여 전국 차원의 교육 프로그램을 실시하고 있다.

프랭클린코비 사의 비전은 그들이 스스로를 가르치도록 교육함으로써 결국은 독립할 수 있도록 하는 것이다. 코비 사는 조직이 가족에 우호적이 되도록 격려하고 있으며, 사람들이 일과 가족 생활의 균형을 잡도록 하는 데 도움이 되는 기술과 자료들을 제공하고 있다.

이들은 "물고기 한 마리를 주면, 하루 양식을 주는 것이지만, 물고기 잡는 법을 가르쳐 주면, 평생 먹을 것을 주는 것이다"는 노자의 영원한 격언에 더하여, "어부들의 교사를 양성하면 전체 사회를 고양시킬 수 있다"고 믿고 있다.

이러한 임파워먼트 과정은 북미 지역과 세계 40개국에 산재한 300개 이상의 지역에서 제공되는 공개 워크숍을 통해서는 물론, 유타 주 솔트레이크 시티에 위치한 회사의 각종 시설에서 제공되는 프로그램과 고객 컨설팅 서비스, 개인적 자문과 정례화된 현지 훈련, 고객의 사정에 맞는 훈련 등을 통해 이루어지고 있다.

프랭클린코비 사는 정규 교육 과정을 가르치는 7,000명 이상의 전문가를 보유하고 있으며, 이들은 매년 75만 명 이상을 훈련시키고 있다. 프랭클린 플래너를 포함한 실행 보조 자료들과 각종 오디오 및 비디오 테이프, 서적과 컴퓨터 소프트웨어 프로그램 등을 공급함으로써 고객들이 7가지 습관의 개념과 기술을 습득하고 이를 효과적으로 활용할 수 있게 하고 있다. 프랭클린코비 사가 면밀하게 선정해 인가한 가족 관련 자료들은 북미 지역과 기타 여러 나라에서 설립된 100개 이상의 '프랭클린 플래너 숍'에서 구입할 수 있다.

프랭클린코비 사의 상품과 자료들은 현재 28개 국어로 시판되고 있으며, 이 가운데 효과적인 시간관리를 하게 도와주는 프랭클린 플래너는 세계적으로 4,000만 명이 사용하고 있다. 이 회사는 지금까지 4,500만 부의 서적을 판매했으며, 지금도 매년 250만 부를 판매하고 있다. 〈비즈니스 위크 (Business Week)〉는 코비 박사의 「성공하는 사람들의 7가지 습관」을 기업 관련 베스트셀러의 1위로, 시간 관리 저서인 「소중한 것을 먼저 하라」를 3위에 선정했다. 프랭클린코비 사의 상품과 프로그램의 카탈로그를 얻으려면 아래의 주소와 전화번호를 이용하면 된다. 또 프랭클린코비 사의 한국 파트너인 한국 리더십센터에 문의해도 된다.

프랭클린코비 사 (Franklin Covey Company)
2700 West Parkway Boulevard
Salt Lake City. Utah 84119-2331 USA
팩스 : 801-496-4252 , www.franklincovey.com

전세계가 극찬한 프랭클린코비 프로그램
한국리더십센터에서 만나실 수 있습니다.

한국리더십센터(KLC :KOREA LEADERSHIP CENTER)는 전세계에 자기 개혁과 조직 혁신의 새로운 돌풍을 일으키고 있는 미국 프랭클린코비 사의 한국 파트너입니다.

스티븐 코비 박사에게 직접 교육 및 강사 훈련과정을 이수한 김경섭 박사가 1994년 10월 1일에 설립한 한국리더십센터는 '성공하는 리더들의 7가지 습관'의 효과적인 습득과 실생활 적용을 위한 프랭클린코비 사의 독특한 자기개발 프로그램과 기업교육 노하우를 국내에 소개하고 있습니다.

아울러 우리 실정에 맞는 프로그램을 연구개발, 21세기 한국 기업과 한국인의 '질 향상'에 효과적인 도움을 주려고 노력하고 있습니다.

교육을 통해 누구나 성숙한 인간으로 성장 발전할 수 있다는 인본주의적 관점에서 출발하는 프랭클린코비 사의 프로그램들은 기존의 교육들이 끝나고 나면 잊혀지고 마는 반납교육이었던 것에 비해 체계적이고 논리적인 훈련과 교육, 그리고 교육내용을 구체적으로 실천할 수 있게 해주는 다양한 장치들을 갖추었기 때문에 교육은 더 이상 비용이 아니라 변혁의 시대에 가장 필요한 투자임을 확신시켜 줍니다.

한국리더십센터의 교육 과정을 통해 원칙을 중심으로, 품성에 바탕을 두고, 내면에서부터 변화하여 외부로 향하는 새로운 차원의 패러다임 전환을 경험해 보십시오.

〈포춘〉지가 선정한 500대 기업 중 430여 개의 기업이 전사적으로 도입하고 있고, 세계 초일류 기업과 조직, 개인과 가족 및 단체들이 참여하고 격찬한 '프랭클린코비' 프로그램! 이제 당신도 책에서 접한 이론들을 한국리더십센터의 프로그램을 통해서 실제로 생활화하고 습관화할 수 있습니다.

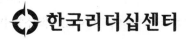

한국리더십센터

전화 : (02)2106-4000 팩스 : (02)2106-4001
www.eklc.co.kr